教育部人文社会科学研究青年基金项目"涉罪未成年人人身危险性评估体系实证研究"（编号：19YJC820013）资助

涉罪未成年人人身危险性评估体系实证研究

付凤　等著

武汉大学出版社

图书在版编目(CIP)数据

涉罪未成年人人身危险性评估体系实证研究/付凤等著. -- 武汉：武汉大学出版社,2025.5. -- ISBN 978-7-307-24938-7

Ⅰ. D922.74

中国国家版本馆 CIP 数据核字第 20259QH836 号

责任编辑:沈继侠　　　　责任校对:汪欣怡　　　　版式设计:马　佳

出版发行: **武汉大学出版社**　　(430072　武昌　珞珈山)

(电子邮箱: cbs22@ whu.edu.cn　网址: www.wdp.com.cn)

印刷:武汉云景数字印刷有限公司

开本:720×1000　1/16　　印张:19.5　　字数:314 千字　　插页:1

版次:2025 年 5 月第 1 版　　2025 年 5 月第 1 次印刷

ISBN 978-7-307-24938-7　　　定价:99.00 元

前　　言

随着未成年人犯罪问题的日益复杂化和多样化，我国少年司法领域面临着前所未有的挑战和机遇。如何在保障未成年人合法权益的同时，兼顾维护社会秩序与公平正义，已经成为法律实践中的一个关键议题。

一、我国正形成"教育为主，惩罚为辅"的未成年人司法保护大格局

近些年，我国在未成年人司法保护方面进行了深入探索和持续改进，力求通过教育与惩罚相结合的方式，构建一个更加完善和人性化的少年司法体系：在司法理念上，基于儿童福利最大化和"向善的建构"原则，国家最大限度地对罪错未成年人进行教育、感化、挽救；在机构设置方面，各级少年警务、未成年人检察和少年法庭的机构及队伍建设正逐步兴起，符合未成年人司法规律的办案机制、管理制度和评价体系也在逐步建立；在法律规范方面，《治安管理处罚法》《刑法》《刑事诉讼法》《社区矫正法》和《监狱法》等法律都包含了对罪错未成年人给予特殊执法和司法处遇的诸多内容，这些法律也是分级干预体系的重要组成部分。例如，《治安管理处罚法》规定了对未满 14 周岁的未成年人不予处罚，已满 14 周岁但未满 16 周岁的未成年人不执行行政拘留等减免处罚的内容；《刑法》规定了不满 12 周岁的未成年人免除刑事责任，已满 12 周岁但未满 14 周岁的未成年人在特定情况下对故意杀人等犯罪负刑责，已满 14 周岁但未满 16 周岁的未成年人对八种法定犯罪承担刑事责任；《刑事诉讼法》则规定了附条件不起诉、合适成年人在场、犯罪记录封存等多项专门适用于未成年人的诉讼制度。此外，《社区矫正法》和《监狱法》也对罪错未成年人的处遇作出了特殊规定。新修订的《未成年人保护法》和《预防未成年人犯罪法》实施后，进一步健全了对未成年人的司法保护制度，特别是加强了对罪错未成年人的教育挽救工作。总体而言，我国目前有

关罪错未成年人的干预与处遇的法律规定，涵盖了不同年龄段未成年人从轻微偏常行为到严重危害社会行为的教育、矫治和处罚等多个环节，既包括预防性处遇，也包括执法和司法处遇；既有实体认定方面的宽缓化处置，也有程序适用方面的特别规定，在一定程度上已经形成了依据不同适用对象、不同年龄段和行为性质，对罪错未成年人进行分别干预、分级处遇的初步体系。

二、低龄未成年人极端案件的处置引发社会安全与公平正义关切

法律体系不断完备的同时，我国未成年人违法犯罪行为也屡屡成为社会关注的热点。诸多恶性案件不断引发公众对刑事责任年龄设置的质疑。例如，2018年12月，湖南益阳一名12岁男孩持刀弑母；同月，湖南衡南一名13岁男孩锤杀亲生父母；2019年3月，江苏盐城一名13岁男孩用菜刀砍死母亲；2019年10月，辽宁大连一名13岁男孩性侵一名10岁女童未遂后残忍将其杀害；2024年3月，河北邯郸3名初中生残忍杀害同学并将其埋尸于蔬菜大棚。这些低龄未成年人实施的严重暴力犯罪引发了舆论关注，公众质疑司法机关姑息作案者。根据最高人民检察院发布的《未成年人检察工作白皮书（2023）》，低龄未成年人犯罪人数呈明显上升趋势。2023年，全国检察机关共受理审查起诉14~16周岁未成年犯罪嫌疑人10063人，同比上升15.5%。[①] 未成年人司法应当以儿童利益最大化为本位，还是以社会安全秩序防控为本位？如何兼顾未成年人的最佳利益与社会的最佳利益，成为社会热议的话题。

当前，经舆论发酵和刑法理论工作者的推动，对犯罪情节恶劣、主观恶性较深的未成年人依法起诉，绝不纵容的观点占据主导地位。2020年《刑法修正案（十一）》规定，对已满12周岁未满14周岁的未成年人，如犯故意杀人、故意伤害罪，致人死亡或以特别残忍手段致人重伤造成严重残疾，情节恶劣，经最高人民检察院核准追诉的，将承担刑事责任。法律修订通过有限度地降低刑事责任年龄，回应了公众对极端恶性案件中涉事低龄未成年人"一放了之"的不满。2024年3月1日，最高人民检察院副检察长宫鸣在新闻发布会上表示："坚持依法惩

---

① 最高人民检察院. 未成年人检察工作白皮书（2023）[EB/OL].（2024-05-31）[2024-06-09]. https：//www.spp.gov.cn/xwfbh/wsfbh/202405/t20240531_655854.shtml.

戒与教育挽救相结合，对涉罪未成年人宽容但不纵容。"①《未成年人检察工作白皮书(2023)》也强调全面、正确地理解依法保护未成年人。2023 年，全国检察机关共批准逮捕未成年犯罪嫌疑人 26855 人，起诉未成年犯罪嫌疑人 38954 人，同比分别上升 73.7%、40.7%。②

三、未成年人人身危险性评估：在宽宥与惩罚之间

对未成年人犯罪"预防就是保护，惩治也是挽救"，是基于我国国情作出的重要抉择。正如有研究者指出的，在不同的经济和历史背景下，司法决策需要回应社会的不同需求，尤其是在涉及重大、恶性犯罪时，"宽宥"往往是一个容易作出的决定，但也可能面临巨大的反噬。对于"少年的恶"，应当"重其重者"。③ 但值得注意的是，前述案例中对未成年人实施的犯罪手段残忍且性质恶劣的判断，多是从心智健全的成年人视角分析得出的，而成年人的认知和情绪控制能力往往与实施这些犯罪的未成年人存在较大差异。而且，这些低龄涉罪未成年人身心发育不均衡的问题十分明显，如前述大连 13 岁男孩杀害 10 岁女孩的案件中，涉案男孩蔡某某作案时其身高已达 170 厘米，体重 70 千克，比部分成年人更加魁梧，在实施犯罪过程中能够轻松压制被害人的反抗。这些身形与心智发展不匹配的涉罪未成年人，既是"脆弱需要帮助的孩子"，也是"对他人构成威胁的人"；既是"需要关注的对象"，也是"社会恐惧的来源"。如何对待他们的罪错行为——是宽宥还是惩罚，仍是摆在司法人员面前的难题。科学全面地评估涉罪未成年人的人身危险性④，并有针对性地实施教育、挽救、帮助策略，以降低其在刑事诉讼程序中的深入程度，有助于解决上述实践难题。

---

① 最高人民检察院.坚持依法惩戒和教育挽救相结合　最大限度教育挽救涉罪未成年人[EB/OL].(2024-03-01)[2024-03-11].https：//www.spp.gw.cn/spp/zdgz/202403/t20240301_646774.shtml.

② 最高人民检察院.未成年人检察工作白皮书(2023)[EB/OL].(2024-05-31)[2024-06-09].https：//www.spp.gov.cn/xwfbh/wsfbh/202405/t20240531_655854.shtml.

③ 比尔·怀特.少年司法实践：做出改变[M].杨旭、姚沁钰，译.北京：社会科学文献出版社，2024.

④ 广义的人身危险性包括再犯可能性和初犯可能性，而狭义仅指再犯可能性。本书采用狭义人身危险性概念，重点关注涉罪未成年人再犯可能性问题。

　　与成年犯罪者相比，涉罪未成年人的主观恶性较小，尚未形成稳固的犯罪心理结构，更容易通过教育感化重塑其人格和行为方式。但在未成年人案件办理过程中，如果司法处置不当，极易对其造成严重的人格损害，从而形成恶性循环。换言之，在涉罪未成年人刑事案件中，科学合理的司法处遇可以有效帮助未成年人矫正罪错行为，顺利回归社会。科学规范的人身危险性评估体系有助于践行宽严相济的未成年人司法政策，以人身危险性为基础的刑罚个别化机制可以更为精准地识别个案涉罪未成年人的再犯可能性，并根据其需求提供针对性的矫正措施。对未成年犯人身危险性的精准评估，既能更加准确地确定惩治涉罪未成年人的刑罚种类和强度，又能在刑罚执行中有效评估执行效果，帮助动态调整刑罚执行方式，从而确保惩治效果，实现挽救的最终目标。正是这样不可替代的价值使得人身危险性评估在未成年人司法中占据着重要地位。

　　故本书希望以涉罪未成年人为具体研究对象，全面探讨人身危险性评估在少年司法中的积极意义。通过对未成年人人身危险性评估，不仅可以做到对未成年犯罚当其罪，充分考虑犯罪主体因素，更加准确且有针对性地落实"教育、感化、挽救"的司法要旨，而且可以更有效地评价涉罪未成年人刑罚执行的情况，判断其是否达到教育改造的目标，从而采取更加有针对性的教育矫正和安置帮教措施，尽可能地规避其再度危害社会的可能。在未成年人刑事司法中充分利用人身危险性评估，既保证不会轻纵人身危险性较高的涉罪未成年人，又能确保其在充分改造后不再危害社会。

　　本书主张在未成年人刑事司法中全面推行和完善人身危险性评估，不是为未成年人逃脱罪责提供"福利"，而是希望通过客观真实地呈现涉罪未成年人的人身危险性，为检察机关的起诉、逮捕等决定以及法院的最终判决结果提供坚实有力的支撑。未成年人案件往往受到社会的高度关注，诉与不诉、如何判决都是人民群众十分关心的问题，因此人身危险性评估可以作为司法机关释法说理的重要依据，以客观真实的科学评估佐证相关决定，努力通过办理具体案件达到政治效果、社会效果和法律效果的统一，以确保公众对司法的信任。在此以实践中多发的低龄未成年人弑母案为例，笔者在实地调研中发现，许多类似案件最高人民检察院及省级检察机关并未核准追诉，当事人及公众对此往往难以接受。此时，通过未成年人人身危险性评估向当事人和公众解释不核准追诉的原因，不失为最佳策略。因为此类案件中未成年人多是受不了母亲的严苛管教而实施的激情杀人行为，行为具有明确的犯罪故意，主观恶性较大，社会危害性大，但却不能必然地说明未成年人人身危险性大或者再犯可能性大。可见，在互联网时代，健全的未成年人人身危险性评估体系，不仅能为司法机关处理未成年人案件提供科学合理的参考，而且能够客观理性地解答公众的质疑，使人民群众更好地行使对司法案件的监督权利。

但坦率地讲，我国涉罪未成年人人身危险性评估在方法和内容上仍处于探索阶段，评估程序尚未实现标准化、系统化和规范化，这在很大程度上限制了评估结果在实践中的接受度和适用性。尽管未成年人社会调查报告已成为少年司法中衡量未成年人人身危险性的重要参考依据，但在法律效力、证据属性以及与刑事责任大小的关联性等现实问题上，我国法律或司法文件尚未予以明确，导致司法工作人员在适用调查报告时存在较大困惑和操作困难。本书的选题源于课题组成员与地方未成年人检察部门近一年的检校合作实践，目的在于解决上述实践问题。通过检验和完善我国未成年人人身危险性评估方法和程序，明确评估结果的法律效力，增强评估体系的实践效用。

四、本书的结构安排

鉴于以往理论研究对未成年人人身危险性在实体法中的功能定位关注较多，而在程序法层面的具体操作和实践效用研究较少；对评估方法和内容的域外经验借鉴较多，但对评估在我国的类型化、动态化、区域化问题关注较少，以及对评估内容在刑事诉讼不同阶段的差异性和评估程序具体运行状态的关注不够，本书将研究重点放在了观察解读涉罪未成年人人身危险性评估在审前逮捕审查、审中定罪量刑、审后刑事责任追究等不同阶段的具体应用上。全书内容分为理论研究和实证验证研究。

第一部分，即第一章和第二章关注涉罪未成年人人身危险性评估的整体性问题。第一章讨论评估的起源与发展，梳理不同种类评估方法背后的理论知识体系。未成年人人身危险性评估是刑法学、犯罪学、犯罪心理学等不同学科共同关注的课题，不同学科研究视角各异；即便在同一学科内部，如犯罪人类学派和犯罪社会学派，对人身危险性的研究路径也有所不同。理解不同学科、不同理论流派对评估方法的各自证成过程，是掌握和运用各类人身危险性评估方法的前提。

第二章采用元分析方法，对当前涉罪人身危险性评估所涉及的内容和要素进行了文本分析，以期从具体的评估要素入手，构建符合我国国情和司法实践现状的涉罪未成年人人身危险性评估内容。我们将当前涉罪未成年人的人身危险性评估研究所涉及的要素总体划分为未成年人个体与社会控制状况、犯罪行为和司法处遇三个部分。这三部分的要素贯穿了涉罪未成年人整个刑事司法过程。在个体与社会控制维度上，主要包括年龄、家庭状况、文化程度、学习成绩、职业状况等评估要素；犯罪行为要素则划分为三个阶段来选择其评估要素；犯罪前行为阶段主要包括是否具有早期不良行为、违法犯罪行为以及前科次数等要素；犯罪过程中行为阶段主要包括罪名、首犯案由、手段残忍强度等要素；犯罪后行为阶段评估要素则主要有接受刑事处罚前的认罪、悔罪态度，包括其对被害人的态度和否定责任强度等。在司法处遇维度上，评估要素划分为监禁刑和社会支持两个部分。其中，监禁刑中涵括的要素包括评估对象的刑期、服刑期间就业技能学习情况、释放前的管理级别(狱中管理的宽严程度)以及服刑期间的会见强度；社会支持维度的评估要素主要有户口落实、安置就业、社会态度以及帮教情况。已有文献运用 χ^2 检验、λ 或 τ 或 E^2 系数，多因素方差分析、二元 Logistic 回归分析等方法，分析具体评估要素与涉罪未成年人再犯可能性的关系，我们对不同文献中涉及的要素和数据进行了二次分析，提取其最大公约数，以验证具体要素与未成年人再犯罪之间的相关性。即本章通过归纳"集体经验做法"，实现评估要素的可操作化，为后续危险性评估在不同诉讼阶段的应用奠定理论基础。

未成年人人身危险性评估不是一次性的单一程序，而是一套环环相扣的复杂系统。在侦查阶段评估其人身危险性，审查未成年人是否有批捕和羁押的必要；在起诉阶段评估其人身危险性，决定未成年人是否附条件不起诉；在审判阶段评估其人身危险性，判断未成年人的刑事责任大小和有无；甚至在矫正阶段也要进行入矫前、矫正中、解矫前和解矫后的多次评估，评价矫正效果和未成年人的再犯可能性。如何处理好评估程序与不同诉讼阶段法律措施的衔接，是未成年人人身危险性评估体系在程序设计方面实现动态化的关键。因此，本书第二部分即第三章至第八章，将从具体、微观的视角切入，按照未成年人刑事司法的流程顺序，分别关注未成年人人身危险性评估在审前程序、量刑、监禁刑执行、社区矫正等环节中的接受程度及现实样态，聚焦司法机关因目的不同而产生的不同适用偏好，关注不同阶段评估程序和效果的衔接，重点解决各阶段评估的个性化问题，以期未来构建贯穿未成年人司法全过程的动态评估机制。

具体而言，第三章采用数据建模与实地访谈相结合的方式，研究逮捕审查中未成年人人身危险性评估的应用。该章在借鉴美国司法部审前风险评估模型的基础上，尝试运用裁判文书对模型进行改进优化，形成符合我国国情的未成年人逮捕社会危险性评估模型，并通过实地调研获取的未成年人逮捕审查具体案例，检验评估模型的可靠性。

第四章以未成年人故意杀人罪刑事裁判文书为分析样本，在深入分析我国未成年人故意杀人罪量刑现状的基础上，研究未成年人人身危险性评估在量刑中的应用，探寻量刑刑期与各因素间的相关关系。

第五章在对 H 省未成年犯管教所实地调研的基础上，从监禁刑执行视角研究人身危险性评估在未成年人刑罚执行中的应用。本章详细介绍了实务工作中开展未成年犯人身危险性评估的形式、内容、主体及结果等各方面的具体情况，并展示了当前开展未成年犯人身危险性评估的评估量表。基于实证调研结果，总结了未成年犯人身危险性评估存在的评估主体、评估内容、评估因子权重等方面的问题，并提出具体的针对性建议。

第六章采用实地调研、结构化访谈和文本分析相结合的方式，研究人身危险性评估在未成年人社区矫正中的应用。该章对社区矫正中调查评估制度的现状进行了详细描绘，并对社区矫正中的调查评估启动、展开以及最终结果的应用进行了全面介绍，总结了当前社区矫正评估调查中在程序、人员、内容、结果及意见采信等方面存在的不足与困境，并提出优化未成年人社区矫正评估调查制度的具体建议。

第七章研究社会危险性评估在未成年人暴恐类案件安置帮教中的应用，分别从宏观和微观的角度分析了暴恐类青少年社会危险性评估要素的种类及特点，提出了安置教育阶段未成年人社会危险性评估中存在的问题及完善路径。

第八章以社会调查报告为研究对象，通过对裁判文书的文本分析和 Y 县检察院、法院实地调研，总结我国当前未成年人社会调查报告制度的实施成效，分析社会调查报告制度实施过程中存在的问题，并提出具体的完善措施。本章重点对未成年人社会调查报告的证据资格进行了全面讨论，关注了三个主要问题：涉罪未成年人社会调查报告的证据功能定位、证明内容以及证据形式。希望通过确定和提升未成年人社会调查报告的证据能力和证明力，进一步促进社会调查报告制度乃至未成年人人身危险性评估的良性发展。

全书由我和我曾经指导的侦查学及未成年人法学研究方向的学生共同撰写而成，最终由我统一审校和定稿。审校期间，张宇豪同学承担了大量的文字编辑和校对工作。各章节分工具体如下：

第一章：王瀚威（中南财经政法大学刑事司法学院硕士）。

第二章：付凤、李世英（河南省南阳市宛城区纪检监察宣传教育基地职员）。

第三章：朱文畅（中南财经政法大学刑事司法学院硕士）。

第四章：贾向汝（河南省洛阳市涧西区人民法院法官）。

第五章：张宇豪（中国人民公安大学侦查学院硕士）。

第六章：雷晴（中南财经政法大学法律硕士）。

第七章：李世英。

第八章：付凤。

本书紧扣我国未成年人刑事司法实务工作，对涉罪未成年人人身危险性评估进行了全流程的研究。我们认为，不应让各环节的人身危险性评估彼此孤立，而应将其紧密联系，形成完整的评估制度和体系。当前各环节分别开展的涉罪未成年人人身危险性评估，如同散落一地的蒙尘明珠，本书的意义就在于将这些明珠一颗颗拾起，擦去灰尘并串联起来，使其重焕光彩。构建全程化的涉罪未成年人人身危险性评估体系，能保证未成年人刑事司法全链条评估标准的一致性，推动未成年人刑事司法的标准化、制度化。同时，全程化、标准化的评估模式更有利于实现对涉罪未成年人的动态化评估，使涉罪未成年人各环节的决策执行有据可循，并且动态化的评估体系能更好地把握涉罪未成年人的教育改造成果，及时调整对涉罪未成年人的惩治和预防措施，真正落实"教育、感化、挽救"的方针和"教育为主、惩罚为辅"的原则，认真贯彻"预防就是保护，惩治也是挽救"的理念。

虽然本书尽可能地通过实证研究对涉罪未成年人人身危险性评估进行了客观分析，但在研究内容和方法上仍存在一定不足。首先，受限于研究时长，本书仅对涉罪未成年人人身危险性评估的现状进行分析，立足现实提出了优化和完善建议，可惜的是未能开展针对具体涉罪未成年人的跟踪回溯研究，尚未用现实数据验证我们所采用的评估要素和构建的评估体系的准确性，只能利用现有案例进行倒推验证，因此本书所提出的一系列设想的实际效果及其中的潜在问题，亟待后续研究进一步验证。其次，在研究方法上，受限于项目组成员的实证研究能力，虽然我们努力学习实证研究范式，但在具体应用过程中仍感觉困难重重、力不从心。尽管本书整体架构采用了实证研究的方法，但在具体运用上仍难免存在一些缺陷和不足。最后，本书的研究对象是涉罪未成年人，在当前司法体制下，司法保护格外强调未成年人保护，因此在进行实证研究时，我们能够获取的涉罪未成年人相关案例和数据非常有限，难以开展大样本大数据分析，只能依靠对小样本小数据的全面深入分析，来反映涉罪未成年人人身危险性评估的具体情况。

本书的研究具有很强的现实意义，能为涉罪未成年人人身危险性评估的全面发展指明方向，也能助力未成年人刑事司法不断向科学化、智能化、客观化方向发展，提高未成年人刑事司法的具体质效。我们希望，本书的出版能够为广大研究者提供一些启发和思路，共同推进我国未成年人司法的蓬勃发展，将关心和关爱未成年人的目标落实在司法工作的实际中。

目　　录

第一章 未成年人人身危险性评估的学科面向与价值导向

从人身危险性的发展源流来看，人身危险性这一抽象表述最早可追溯到犯罪学研究中，随后经刑法研究者的充实和完善，逐渐融入刑事法律活动中，成为刑法学研究的基本范畴。然而，学界对人身危险性基本理论、评估和运用的研究一直以来众说纷纭、莫衷一是，从未达成一致见解，这些分歧的存在必然将影响人身危险性评估在实务中的应用。其实，人身危险性作为行为人特定人格事实和规范评价的客观实体，并不孤立地存在于刑法学研究范畴下，犯罪学、刑事诉讼法学等学科同样关注人身危险性在各自学科领域中功能的发挥，导致学术上争辩的根本原因在于未将"人身危险性"置于刑事法学科背景下考察其具体内涵和判断标准。为此，本书分别从犯罪学、刑事诉讼法学以及刑法学角度阐述各个学科对人身危险性的不同表达与理解，同时将未成年人与成年人人身危险性评估作以比较，最大限度地发挥人身危险性评估的理论与实践价值。

第一节 人身危险性评估的学科面向

一、刑法学视域下的人身危险性

人身危险性源起于刑事实证学派对古典学派自由意志论的批判，其认为驱使犯罪行为产生的意志不是自由的，也并非犯罪人趋利避害的本能，而是受因果法则的制约，由其个体、自然和社会的因素共同决定；他们注重对犯罪人的隔离和矫治，为消除和改正这些具有危险人格的行为人的犯罪倾向，主张不应以犯罪行为造成的客观损害确定刑罚，而应以犯罪人的反社会倾向即人身危险性作不同处遇。人身危险性的提出，标志着刑法理论的一场深度变革，意味着人身危险性将被作为刑罚裁量的依据纳入评价范畴，对刑事立法、司法、政策理论和实践具有极其重要的意义。对未成年人人身危险性评估而言，其定罪、量刑及行刑功能的确立仍以成年人刑事司法体系为基准，目的刑论为内容，个别化处遇为手段，兼具少年司法福利色彩，争取对罪错未成年作宽大处理，尽早复归社会。

（一）人身危险性与社会危害性

社会危害性与人身危险性是刑法学中两个非常重要且不同的研究范畴。社会危害性是犯罪行为对社会合法利益的侵犯，被认为是犯罪的本质属性，是行为人行为的事实特征，具有客观性，通常被称为已然之罪。① 人身危险性属于行为人范畴，是评价主体对客观迹象的主观认同和对潜在行为的合理推断，是行为人的人身特征，主客观相统一，通常被称为未然之罪。换言之，人身危险性是行为人是否会重新犯罪的可能性，其评估是对行为人再犯风险的一种预测，具有不确定性，针对的是行为人。而社会危害性是对现实已经存在的犯罪行为进行客观的法律评价，具有确定性，针对的是行为。

但不可否认，人身危险性与社会危险性也联系紧密。行为人在实施犯罪过程中的行为表现，既体现了犯罪行为的严重危害性，也反映了其反社会性的个性特征，表现了行为人的人身危险性。"一个人的个性特征如果不通过行为表现出来，我们就无从知道、理解和分析。犯罪人的反社会性最明显的表现莫过于通过犯罪行为所表现出的个性。"② 因此，对行为人是否再次犯罪的预测，不能脱离其以往现实的行为表现，尤其是对以往犯罪行为的考察。由于犯罪行为是人身危险性的现实表征之一，对人身危险性的衡量必然涉及对社会危害性的判断，因此二者紧密相连，不可轻易地割裂开来单独评判，如反映犯罪人犯罪中恶劣思想品质的主观恶性，既是人身危险性评估的重要指标，又是犯罪行为社会危害性的具体体

---

① 有研究者认为犯罪的社会危害性是主客观的统一，"犯罪的社会危害性的主客观统一性首先是指犯罪的社会危害性就其形成而言，是主观见之于客观的行为造成的。另一层含义是指犯罪的社会危害程度的大小，不仅取决于犯罪造成的客观损害结果，而且也取决于犯罪人的主观恶性程度"。也是现实危害与可能危害的统一，"现实危害是指犯罪给社会已经造成的危害，可能危害是指犯罪分子再犯罪的趋势"。参见朱建华. 论犯罪的社会危害性的内在属性[J]. 法学研究，1987(01)：49-53.

② 游伟，陆建红. 人身危险性在我国刑法中的功能定位[J]. 法学研究，2004(04)：3-14.

现。人身危险性的评估范畴也涵盖了犯罪前行为人的越轨行为、违法犯罪行为，犯罪后所持态度、所作所为，以及个体与社会控制情况、司法处遇状况等。

简言之，社会危害性和人身危险性都关注犯罪行为，前者关注行为的现实社会危害，侧重于罪刑相适应的处罚；后者通过关注行为推测其再犯可能性，侧重于矫正预防。① 涉罪未成年人人身危险性的判断需要社会危害性予以辅助，行为的社会危害性是考察行为人人格形成的重要内容，不能脱离犯罪行为确定其人身危险状态。

（二）人身危险性与定罪

"人身危险性"的表述虽未直接出现在我国刑法法律条文中，但其价值理念已暗藏其中。例如，在《刑法》总则第 13 条以"情节显著轻微危害不大的，不认为是犯罪"的规定评价了人身危险性在定罪中的地位；② 在刑法分则中，行为人多次实施危害行为可被视为犯罪，行政违法行为成为犯罪前置要件，抗拒执法行为可作为入罪条件，事后积极弥补损失可作为出罪条件；③ 在司法解释中，从犯、初犯、偶犯、未成年人等人身危险性较小的行为人可成为免罪的对象④。

---

① 正如有学者曾指出的："再犯罪的可能性大，是指再犯什么罪的可能性大？再犯罪的可能性小，是指再犯什么罪的可能性小？难道盗窃犯因为再犯盗窃罪的可能性大，人身危险性便大于杀人犯？离开了既已实施的犯罪行为的性质，这样的问题便无法回答。"参见邱兴隆.罪与罚讲演录（第一卷）[M].北京：中国检察出版社，2000：239。

② 我国刑法中关于"情节"的规定，是否单一的行为情节还是行为与行为人情节的综合，目前也是学界争辩的焦点之一，体现在犯罪本质说的界定上。

③ 例如，我国《刑法》第 264 条将多次盗窃视为犯罪，第 153 条将"一年内曾因走私被给予二次行政处罚后又走私的"作为走私普通货物、物品罪的成罪条件，第 351 条将"抗拒铲除"作为非法种植毒品原植物罪的入罪条件，第 201 条将"有第一款行为，经税务机关依法下达追缴通知后，补缴应纳税款，缴纳滞纳金，已受行政处罚的，不予追究刑事责任"作为逃税罪的出罪条件。

④ 2021 年《最高人民法院、最高人民检察院、公安部关于办理电信网络诈骗等刑事案件适用法律若干问题的意见（二）》第 16 条第 3 款规定："对于电信网络诈骗犯罪集团、犯罪团伙中的从犯，特别是其中参与时间相对较短、诈骗数额相对较低或者从事辅助性工作并领取少量报酬，以及初犯、偶犯、未成年人、在校学生等，应当综合考虑其在共同犯罪中的地位作用、社会危害程度、主观恶性、人身危险性、认罪悔罪表现等情节，可以依法从轻、减轻处罚。犯罪情节轻微的，可以依法不起诉或者免予刑事处罚；情节显著轻微危害不大的，不以犯罪论处。"

关于人身危险性能否成为定罪根据，我国刑法学界向来有两种颇具代表性的观点。否定说认为，"'应受惩罚的是行为，而惩罚的是行为人'……'应受惩罚的是行为'，是指定罪的对象只能是行为，其评价的核心是社会危害性，刑事责任之所以能够产生，就在于行为的社会危害性达到了犯罪的程度……'惩罚的是行为人'，是指适用刑罚的对象是犯罪人，犯罪人是刑罚的承担者，其评价的核心是人身危险性，适用刑罚的目的在于预防犯罪人再次犯罪……如果将社会危害性与人身危险性并列作为定罪的依据，无疑将搞乱刑事责任的正常运行机制"①。"人身危险性的表征因素包括犯罪人的素质特性及犯罪前、中、后的表现。它不影响定罪，仅是量刑个别化及行刑个别化的根据。"②肯定说认为，"人身危险性与社会危害性是两个不同的范畴，在犯罪的概念中应当有人身危险性的一席之地……人身危险性涵括在犯罪的特征之中，并且与社会危害性相并列，是犯罪的本质特征，这就是犯罪本质的二元论"③。"从定罪上来说，已然之罪的社会危害性是定罪的主要根据，但未然之罪的人身危险性也应是定罪的重要根据。"④"定罪的根据是犯罪构成，或者行为具有犯罪构成，但这种犯罪构成不是绝对意义上的那种犯罪构成，而是以行为的社会危害性和行为人的人身危险性说明着的犯罪构成。换言之，定罪的根据就是社会危害性和人身危险性基础上的犯罪构成，其落脚点仍然在于犯罪构成。我们所理解的犯罪构成是定罪的根据，并不是指它是唯一的根据，而应当辅之以社会危害性和人身危险性的判断，即在犯罪构成和社会危害性及人身危险性的相互联系之中寻找定罪的根据。"⑤

后续又有部分研究者围绕这两种观点作了部分修正和补充。其中，有研究者反对肯定说，赞同否定说中关于"人身危险性"不能作为认定行为人有罪的根据，但也承认否定说有其不完善之处："在司法实务中，我们可以以行为人没有人身危险性或者人身危险性较小为由，认定行为人的行为不构成犯罪，但不能以行为

---

① 曲新久. 试论刑法学的基本范畴[J]. 法学研究，1991(01)：36-42.

② 叶厚隽. 试论刑罚个别化根据：人身危险性[J]. 河南师范大学学报(哲学社会科学版)，2005(06)：132-134.

③ 陈兴良. 刑法哲学(第5版)[M]. 北京：中国人民大学出版社，2015：186-187.

④ 陈兴良. 论人身危险性及其刑法意义[J]. 法学研究，1993(02)：35-42.

⑤ 王勇. 定罪根据论[J]. 法学研究，1989(04)：28-32.

人存在人身危险性或者人身危险性较大为由，认定行为人的行为构成犯罪。在行为的社会危害程度明显超出刑法最低界限标准时，定罪的过程不必专门考虑人身危险性问题，而将其留至量刑阶段考虑。在定罪阶段，人身危险性所起作用应当是单向的，而不应是双向的。"①即重释了人身危险性在定罪功能上的作用："人身危险性在定罪机制中体现的并不是其积极的入罪功能，而是其消极的出罪功能。人身危险性对定罪的限制性功能主要体现在单独的人身危险性不能作为入罪的理由，换言之，行为人的行为必须是既具有人身危险性又具有严重的社会危害性才可能成立犯罪。"②可见，无论是支持抑或是反对人身危险性作为定罪根据，都充分彰显出人身危险性在刑事司法理论中的重要地位，与犯罪和刑罚相关的论著，都离不开对人身危险性的讨论，这是促进人权保障、社会防护所必然绕不开的话题。

纵观人身危险性评估方法的演变历史，其经历了从直觉到临床观察，再到统计分析的漫长发展历程。早期直觉主要依托评估者的经验，经验不同，评估人身危险性的调查内容也会各有侧重。依据这种主观性很强的评估方法确定行为人的人身危险性，难免有主观归罪之嫌，因此刑法理应对人身危险性评估结果持谨慎保留态度，不能因直觉判断行为人人身危险性较大就处以刑罚。但随着人身危险性评估方法的改进，临床观察以专业人员对行为人进行访谈、行为观察为评估基础，相比直觉更具客观性。统计分析以统计数据为基础，发现与行为人人身危险性相关的影响因素，区分影响因子的权重比和分值从而确定行为人的人身危险性，其评估方法的科学性毫无疑问大大增强。一方面，科学的统计方法使人身危险性评估效果更具客观性；另一方面，人身危险性评估的内容和角度也日渐多元化，包括心理测验、会谈评估、行为评估、生活史调查等方方面面。因此，刑法研究者对人身危险性评估的传统偏见也应有所改变。③

---

① 游伟，陆建红．人身危险性在我国刑法中的功能定位[J]．法学研究，2004（04）：3-14.

② 陈伟．反思人身危险性在定罪机制中的功能定位[J]．法商研究，2010，27（04）：70-78.

③ 付凤，张亚．未成年人社会调查报告证据资格三问[J]．人民检察，2019（07）：35-40.

在未成年人犯罪中，鉴于我国少年司法制度并未独立于成人刑事司法体系，有关罪错未成年人定罪标准问题，仍以刑法中的规定为主要裁量依据，但少年司法中蕴藏的福利价值仍可在众多处遇措施中得以窥见。一是在犯罪情节上设置了出罪的事由，将《刑法》第13条"情节显著轻微"作扩大解释。2010年《最高人民法院关于贯彻宽严相济刑事政策的若干意见》第20条规定："对于未成年人犯罪，在具体考虑其实施犯罪的动机和目的、犯罪性质、情节和社会危害程度的同时，还要充分考虑其是否属于初犯，归案后是否悔罪，以及个人成长经历和一贯表现等因素……对于偶尔盗窃、抢夺、诈骗，数额刚达到较大的标准，案发后能如实交代并积极退赃的，可以认定为情节显著轻微，不作为犯罪处理。"二是在审查起诉中作无罪化处理，设置了专属于未成年人的附条件不起诉制度。2018年《刑事诉讼法》第282条规定："对于未成年人涉嫌刑法分则第四章、第五章、第六章规定的犯罪，可能判处一年有期徒刑以下刑罚，符合起诉条件，但有悔罪表现的，人民检察院可以作出附条件不起诉的决定。"这意味着那些社会危害程度弱、人身危险性低的未成年犯罪人可尽早从冗长的诉讼程序中解放出来。三是重视非刑事化处遇措施，对未成年人的不良行为和严重不良行为及时进行分级预防、干预和矫治。2021年《预防未成年人犯罪法》规定，"不良行为"是指未成年人实施的不利于其健康成长的行为，"严重不良行为"是指未成年人实施的有刑法规定、因不满法定刑事责任年龄不予刑事处罚的行为以及严重危害社会的行为，对不良少年应及时制止并多加管教，而对严重不良少年，公安机关可依法调查处理并实施针对性的矫治教育措施，从而避免未成年人受到刑事制裁之滋扰。综上所述，未成年人定罪条件特殊化遵循儿童利益最大化原则，具有高度的福利色彩，为涉罪未成年人的非犯罪化处理提供了正当依据，不仅有利于未成年人的身心健康发展，使其免受刑事非难，还有利于实现涉罪未成年人刑法保护的制度创新，进一步完善具有中国特色的少年司法体系构建。

（三）人身危险性与量刑

人身危险性的量刑功能主要来自刑事实证学派提出的刑罚个别化原则。新派认为，犯罪并非自由意志的结果，而是由其本身的、自然的和社会的因素共同决定的，不应以犯罪的客观危害作为追究犯罪人刑事责任的依据，而应把惩治和教育对象立足于行为人，从根本上消除那些具有危险人格的行为人的犯罪倾向，阻止其不断侵害社会的犯罪意图，因此应当以犯罪人的反社会倾向即人身危险性区别对待实施客观危害的行为人，在量刑时强调刑罚个别化。但其激进的主观主义刑罚观使其陷入绝对刑罚个别化的泥淖与窠臼，必将忽视刑罚报应的客观存在，从而导致裁判者的恣意擅断对人权的侵犯和对社会公平正义的亵渎。"为调和报应刑论与目的刑论在量刑上的矛盾，折中派主张刑罚的科处应根据刑事责任的原则而定，即在犯罪行为与犯罪人罪责的公正报应所允许的刑罚范围内，务必考虑一般预防与特殊预防目的性的需要，并矫治犯罪人。"①此后，无论是大陆法系国家还是英美法系国家，各国立法在相当程度上都注重犯罪行为的社会危害性和行为人的人身危险性在刑罚裁量中的地位和作用，在量刑上兼顾行为与行为人，以期实现刑罚报应的正义性与目的的正当性、有效性。

在我国刑法理论界，各学者对人身危险性在定罪功能上各执一词，但在承认其作为量刑依据上则不谋而合。"量刑时必须考虑犯罪人的人身危险性，反映了刑罚个别化原则的要求，已经成为各国刑法的通例。某种意义上可以说，离开了对犯罪人的人身危险性的考察，就不可能正确地量刑。量刑时应当考虑犯罪人的人身危险性，业已成为我国刑法学界的共识。"②但是，如果只是简单地将社会危害性与人身危险性结合在一起，而不说明报应根据与预防标准如何分配，那么就无法有效地解决量刑之现实问题。为此，我国刑法研究者对人身危险性在何种程度上影响量刑存在别样观点，其中包括单项功能说：在量刑机制中，人身危险性不能增加刑罚量，只在其较小或没有时，起到减小刑罚量的作用。简言之，"无论在定罪中还是在量刑中，人身危险性只应具备单向性功能"③。双层次量刑根据说："量刑要以已然之罪的社会危害性（主观恶性与客观危害的统一）为基础，同时考虑未然之罪的可能性（再犯可能性与初犯可能性的统一）。当然，在这两者中，前者是主要的，后者是次要的。但两者又是不可分割、不可偏废的，应该在

---

① 陈伟. 人身危险性研究[M]. 北京：法律出版社，2010：139.
② 曲新久. 刑法的精神与范畴[M]. 北京：中国政法大学出版社，2000：219.
③ 游伟，陆建红. 人身危险性在我国刑法中的功能定位[J]. 法学研究，2004（04）：3-14.

量刑中得到兼顾。"①"在分析罪重罪轻和刑事责任大小时，不仅要看犯罪的客观社会危害性，而且要结合考虑行为人的主观恶性和人身危险性，把握罪行和罪犯各方面因素综合体现的社会危害性程度，从而确定其刑事责任程度，适用相应轻重的刑罚。"②本书认为，量刑的单项功能说低估了人身危险性在刑罚裁量中的重要作用，实际上，行为人的已然危害与未然危险对社会造成的损害是无法单独计量的，只有把二者看作一个完整的实体，并将其置于定罪量刑视域下统一评判，才能兼顾公正与公利的双向价值追求，实现实质上的司法公正。基于此，若犯罪的危害程度相同，但人身危险性不同，对其适用的具体刑罚也应不同。人身危险性较大的，适用较重刑罚；人身危险性较小的，适用较轻刑罚。

以社会危害性与人身危险性相统一的双重量刑为根据，符合我国立法理念，与刑事司法实践并行不悖。"我国刑法在借鉴和吸收国外量刑公正观优秀研究成果的基础上，结合本国实际和司法实践经验，形成了具有中国特色的折中主义刑罚论的量刑公正观。它的基本内涵是：法定刑的轻重，应当与犯罪分子所犯罪行相适应；宣告刑的轻重应当与行为的社会危害程度以及行为人的人身危险程度相适应。"③在刑法总则中，大量表示行为人人身危险性的事实情况被纳入量刑情节，例如，《刑法》第24条"对于中止犯，没有造成损害的，应当免除处罚；造成损害的，应当减轻处罚"将行为人主观恶性的削减作为从宽处罚的依据；第61条"对于犯罪分子决定刑罚的时候，应当根据犯罪的事实、犯罪的性质、情节和对于社会的危害程度，依照本法的有关规定判处"确立了包含危险情节的量刑一般原则；第65条以累犯的从重处罚突出具有较大人身危险性罪犯的重刑当罚性，而第67、68条规定的自首、立功情形，意味着人身危险性较小的罪犯可得到从轻、减轻或免除处罚的机会。这种公正观还蕴含在我国司法解释中，作为影响刑事责任大小的因素和决定处罚轻重的根据，具体体现在：2003年《最高人民法院、最高人民检察院关于办理非法制造、买卖、运输、储存毒鼠强等禁用剧毒化

---

① 陈兴良.刑法哲学(第5版)[M].北京：中国人民大学出版社，2015：775.

② 高铭暄，马克昌.刑法学[M].北京：北京大学出版社、高等教育出版社，2017：29-30.

③ 赵廷光.论量刑原则与量刑公正——关于修改完善我国量刑原则的立法建议[J].法学家，2007(04)：43-53.

学品刑事案件具体应用法律若干问题的解释》第 5 条规定："但没有造成严重社会危害，经教育确有悔改表现的，可以依法从轻、减轻或者免除处罚。"2006 年《最高人民法院关于审理未成年人刑事案件具体应用法律若干问题的解释》第 11 条规定："对未成年罪犯量刑应当依照刑法第六十一条的规定，并充分考虑未成年人实施犯罪行为的动机和目的、犯罪时的年龄、是否初次犯罪、犯罪后的悔罪表现、个人成长经历和一贯表现等因素。"第 16 条规定，未成年罪犯是初次犯罪，积极退赃或赔偿被害人经济损失，具备监护、帮教条件的，适用缓刑确实不致再危害社会的，应当宣告缓刑。2016 年《最高人民法院关于审理抢劫刑事案件适用法律若干问题的指导意见》规定："应当根据抢劫的次数及数额、抢劫对人身的损害、对社会治安的危害等情况，结合被告人的主观恶性及人身危险程度，并根据量刑规范化的有关规定，确定具体的刑罚。"2021 年《最高人民法院 最高人民检察院关于常见犯罪的量刑指导意见（试行）》规定："对于有前科的，综合考虑前科的性质、时间间隔长短、次数、处罚轻重等情况，可以增加基准刑的 10% 以下。前科犯罪为过失犯罪和未成年人犯罪的除外。"这些司法解释无不向我们传递了人身危险性在量刑中不可割裂的重要地位，尤其是在涉未成年人犯罪案件中，对于构成犯罪的未成年人，在量刑上更要体现从宽原则，即当罚则罚，但应尽可能从轻或减轻处罚。

人身危险性作为量刑根据已成既定事实，它在量刑中的功用价值并非局限于单向不可逆地减少刑量，同样也可适度扩张增加刑量。人身危险性对刑罚裁量的影响受罪行的制约，对人身危险性作为量刑"度"的把握应建立在罪责刑相适应的基准上，一方面不得僭越社会危害性单独论处人身危险性，即无罪行就无法根据行为人的人身危险性据以刑法上的非难；另一方面不可过分倚重或偏废人身危险性，夸大或放小其作用，而是在二者间寻求平衡，在量刑中得到统筹兼顾。

（四）人身危险性与刑罚执行

人身危险性和社会危害性在刑事立法、刑事裁量与刑事执行中，如车之双轮，鸟之两翼，不分伯仲，缺一不可，但二者在这三个阶段中所处的地位和发挥的作用却不可一概而论。"制刑，主要表现为建立刑罚体系和规定各种具体犯罪的法定刑……比较重视犯罪性质，力求在宏观上保证刑罚与犯罪性质相适应，同时兼顾犯罪情节与犯罪人的人身危险性。量刑，是在认定犯罪性质及其法定刑的基础上，依案件情节和犯罪人的人身危险性程度不同，实行区别对待方针，具体选定适当的宣告刑或者决定免予刑罚处罚的审判活动。所以，它重在审查犯罪情节，同时考虑犯罪人的人身危险性……行刑的直接目标，在于使服刑人接受教育改造，消除其再犯罪的危险性。各犯罪人在服刑期间的表现并不相同，反映了各自的人身危险性程度消长变化情况不一致。行刑机关就是要根据这种不一致，及时有针对性地分别进行有效的改造教育；对于其中确有悔改立功表现、再犯罪的危险性明显降低的服刑人员，还可以依法予以减刑、假释。显然，行刑重在犯罪人的人身危险性程度的消长变化，兼及犯罪性质和情节。"①可见，行刑的根本目的在于通过矫治改造犯罪人，消除其危险人格并回归社会，最终实现刑罚的特殊预防，这一过程深度体现了行刑个别化理念，是刑事实证学派所倡导的刑罚个别化的延伸。行刑个别化要求行刑者以行刑对象的人身危险性作标尺，根据行刑对象主观恶性的大小、再社会化的难易程度以及反复实施犯罪的可能性，包括其个人成长经历、生活环境、性格特点、自控能力、心理状况、悔罪态度等客观表现，决定施以处遇和矫治的类型、措施、场所和时间，在狱政管理、教育改造、刑罚变更、刑满帮教等不同事项上做到因人施刑、因人施教。

在监禁刑中，罪犯危险性评估是行刑个别化得以施展的具体依据，旨在通过专门的技术和方法，系统性评估罪犯对监狱秩序与社会安全存在的危险倾向，可分为狱内危险行为评估和再犯危险评估，囊括了入监危险性评估、中期危险性评估、出监危险性评估和即时危险性评估四个阶段。

1. 入监危险性评估

入监危险性评估在罪犯入监教育阶段完成，主要根据新收押罪犯的危险类别与危险等级实施分类关押。为更好地满足对罪犯监管与改造的需求，我国《监狱法》第39条贯彻行刑个别化理念，以实现犯罪人的个别处遇为目标，规定："监狱对成年男犯、女犯和未成年犯实行分开关押和管理，对未成年犯和女犯的改造，应当照顾其生理、心理特点。监狱根据罪犯的犯罪类型、刑罚种类、刑期、改造表现等情况，对罪犯实行分别关押，采取不同方式管理。"在行刑实践中，除

---

① 张明楷．新刑法与并合主义[J]．中国社会科学，2000(01)：103-113，206-207.

了按照犯罪人性别、年龄分类监管的监狱外，也有根据其人身危险性设置配套的监管场所，比如，"高度戒备监狱主要关押被判处 15 年以上有期徒刑、无期徒刑或者死刑缓期两年执行的罪犯、累犯、惯犯，判刑 2 次以上的罪犯或者其他有暴力、脱逃倾向等明显人身危险性的罪犯。中度戒备监狱主要关押刑期不满 15 年的罪犯。低度戒备监狱主要关押人身危险性较低的罪犯，包括经分类调查认为适合在低度戒备监狱服刑的过失犯，刑期较短的偶犯、初犯"①。这些举措汇聚成以犯罪人为核心的罪犯分级分类处遇制度，不仅有利于降低行刑成本、提升监管安全、阻断犯罪人之间的交叉感染，更是人权保障与人格矫治的需要，对促进我国行刑实践迈向更加科学化、规范化、人性化高度，推动监狱事业改革发展的意义斐然。

2. 中期危险性评估

中期危险性评估是监狱对服刑期间罪犯开展的危险性评估，目的在于更有效地实施对罪犯的教育管控。对确定为高度危险以上等级的罪犯，一般每 6 个月进行一次危险性评估，对确定为中度危险以下等级的罪犯，一般每 1 年进行一次危险性评估。② 矫正罪犯是现代监狱的核心任务和使命，监狱行刑必须以消除犯罪人人身危险性为目标，而有效矫治罪犯的前提是立足于犯罪人，在循证矫正理论指导下，科学认识影响罪犯危险性的各种原因，从而明确矫正需求和方向，优化配置教育管理资源，通过干预手段最大限度地降低或消除再犯可能性，使对罪犯的人文关怀不但在罪犯处遇方面有所体现，而且在教育改造措施上也会更具针对性。

3. 出监危险性评估

出监危险性评估是监狱对即将刑满释放或拟提请假释、暂予监外执行罪犯开展的危险性评估，目的在于更有针对性地实施安置帮教和社区矫正工作，侧重于再犯危险性评估。出监危险性评估一般在罪犯刑满释放 3 个月前完成，拟提请假释、暂予监外执行罪犯的出监危险性评估一般在提请前完成；实际服刑期限不足 6 个月的罪犯可以结合入监危险性评估同时实施；对暴力恐怖罪犯和极端主义罪

---

① 施建芳. 罪犯分类行刑实践与思考[J]. 犯罪与改造研究，2022(04)：57-61.
② 参见 2016 年司法部《关于开展罪犯危险性评估工作的意见(试行)》第 10 条。

犯，应开展出监后的社会危险性评估。① 出监危险性评估是变更刑罚的重要依据，我国《刑法》第 78 条将罪犯是否具有"悔改表现"视为减刑的必要条件，那些认罪悔罪，遵守法律法规及监规，积极参加学习、劳动或有立功表现的人身危险性较小的罪犯可依法适用减刑制度，尽早复归社会。出监危险性评估也是正确执行刑罚的重要依据，根据即将出监罪犯再犯危险性评估情况，决定是否适用假释、监外执行制度，以及在罪犯刑满释放后采用何种安置帮教措施。

4. 即时危险性评估

即时危险性评估是监狱对有脱逃、行凶、自杀等征兆或出现对抗管理教育、患有重大疾病、突发家庭变故、受到处罚、遭受伤害等情形的罪犯开展的危险性评估，主要应用于应急处置工作。② 即时危险性评估结果可作为狱情研判的重要内容，通过识别罪犯危险等级，了解和掌握犯情，分析制定可操作性强、科学性高的预防措施，有的放矢地抓好监狱管理，最大限度地消除安全隐患，推动罪犯改造工作的精细化、常态化、长效化发展。

在非监禁刑中，人身危险性评估是衡量能否适用、如何适用具体刑罚的必要条件。非监禁刑在行刑体系中的适用都是不可或缺的，它避免了罪犯间的交叉感染，减少了其再犯的可能性，有利于防止罪犯与社会脱轨，缓解羁押场所监禁压力，降低行刑成本，促进社会和谐。2020 年《社区矫正法》第 18 条规定："社区矫正决定机关根据需要，可以委托社区矫正机构或者有关社会组织对被告人或者罪犯的社会危险性和对所居住社区的影响，进行调查评估，提出意见，供决定社区矫正时参考。"其中调查内容主要包括被告人或罪犯的基本情况、一贯表现、社会关系、拟禁止事项、犯罪行为后果及影响、被害人意见等，体现了以判断犯罪主体再犯可能性为核心内容的行刑个别化理念，有利于实现对被告人或罪犯的个别化处遇，强化及保证执行手段的针对性和有效性。

对未成年人而言，非监禁刑中的人身危险性评估是教育、感化、挽救方针，教育为主、惩罚为辅原则的深入体现，具有浓厚的福利色彩。第一，未成年人的人身危险性可视为缓刑适用的特殊要件。《刑法》第 72 条规定了缓刑适用的一般

---

① 参见 2016 年司法部《关于开展罪犯危险性评估工作的意见(试行)》第 11 条。

② 参见 2016 年司法部《关于开展罪犯危险性评估工作的意见(试行)》第 12 条。

条件，其中对符合条件的成年人可以适用，而对未成年人则应当适用。此外，2006 年《最高人民法院关于审理未成年人刑事案件具体应用法律若干问题的解释》第 16 条规定，未成年罪犯是初次犯罪，积极退赃或赔偿被害人经济损失，具备监护、帮教条件的，适用缓刑确实不致再危害社会的，应当宣告缓刑。第二，社区矫正制度体现了我国对未成年人的特别保护、优先保护。我国《社区矫正法》在第 7 章对未成年人的社区矫正作了特殊规定，要求"社区矫正机构应当根据未成年社区矫正对象的年龄、心理特点、发育需要、成长经历、犯罪原因、家庭监护教育条件等情况，采取针对性的矫正措施"。以此根据每个未成年犯罪人的犯罪特点予以特殊化观护并处以类型化教育。第三，放宽对未成年犯罪人减刑、假释的适用条件。2017 年《最高人民法院关于办理减刑、假释案件具体应用法律的规定》第 19 条要求将"认罪悔罪，遵守法律法规及监规，积极参加学习、劳动"的未成年人视为确有悔改表现，"减刑幅度可以适当放宽，或者减刑起始时间、间隔时间可以适当缩短，但放宽的幅度和缩短的时间不得超过本规定中相应幅度、时间的三分之一"。第四，通过特赦提前终止对未成年人的刑罚执行。在2015 年、2019 年特赦对象中，都涵盖了犯罪时不满十八周岁，被判处三年以下有期徒刑或者剩余刑期在一年以下的不具有人身危险性的未成年犯罪人，体现了我国刑事司法对未成年人的特殊关怀，贯彻了教育为主、惩罚为辅的刑事政策，有利于这些罪错未成年人早日回归社会。

综上，人身危险性评估几乎贯穿于监禁刑和非监禁刑实施全方位，它的根本目的在于通过提供一个可操作的科学量化指标表征罪犯危险人格，以制定符合罪犯个人特点的个别化处遇措施，最终实现刑罚的矫治功能，消除罪犯的人身危险性，防止其再犯。人身危险性评估是刑事司法理论与实践对个别化处遇公正价值与刑罚惩治教育效益价值的双向追求，其在定罪、量刑以及行刑中功能的积极有效发挥，已然成为刑事法学科未来发展的基本向度。

二、犯罪学视域下的人身危险性

在犯罪学中，人身危险性是探究犯罪原因、规律及预防措施的重要因素，来源于刑事实证学派（实证犯罪学派）对犯罪人的研究。并且为密切关注社会弱势群体，理论界又逐渐延伸出社会控制理论与社会支持理论用以寻求未成年人犯罪深层次原因，阻滞犯罪的发生与发展，帮助涉罪未成年人尽早摆脱犯罪困境。

（一）人身危险性与犯罪原因

刑事实证学派将人身危险性作为探究犯罪原因的重要因素。他们重视犯罪行为发生与犯罪人人身特征之间的内在关联，将犯罪行为视为犯罪人反社会人格特征的外在表征，推动理论研究的重点由犯罪行为转至犯罪人。其中，刑事人类学派代表龙勃罗梭把人类基于遗传和体态等人类学因素而产生的犯罪倾向评价为人身危险性，加罗法洛把危险状态视为某人变化无常、内心固有的犯罪倾向，将人身危险性视为未然之罪的可能性，他指出，"社会的危险并不是个人已经遭受的危险，而是持续下来的危险。就危险本身来说，已经遭受的危险并不具有社会性的意义，其意义仅在于它是一种能够使我们确定将来所面临危险的因素"①。刑事社会学派代表菲利、李斯特主张："刑事责任的本质是防卫社会，其根据是犯罪人的社会危险性，构成责任的不是各个具体的行为，而是对社会造成危害的行为者的危险性格。""应被惩罚的不是由素质和环境所导致的宿命的犯罪行为，而是表现于行为的行为人的社会危险性以至具有危险性的犯罪人本身。"②在刑事人类学派与刑事社会学派的共同努力下，犯罪学开始关注导致犯罪行为的个体，并试图从这些个体本源挖掘犯罪产生的原因，归纳犯罪运行的规律以及预防犯罪的措施手段，他们以实证研究的方法验证了人身危险性的存在，评估了人身危险性的大小，为人身危险性理论栖居于刑事司法环境提供了客观依据和判别标准。

来源于刑法理论的"人身危险性"起初并不属于犯罪学中有关潜在犯罪人危险状态的表述。"人身危险性虽然是作为犯罪行为人的人身特征随着近代刑事人类学派和刑事社会学派的产生而出现的，但在刑事人类学派和刑事社会学派那里并不叫人身危险性，而是被表述为行为人的社会危害性或者被理解为由特定原因决定的行为人倾向于犯罪的危险状态。"③结合上文对刑事实证学派核心观点的阐述，"人身危险性"被定义为"社会的危险""未然的危险""犯罪人的社会危险性"

---

① 加罗法洛. 犯罪学[M]. 耿伟，王新，译. 北京：中国大百科全书出版社，1995：263.
② 赵永红. 人身危险性概念新论[J]. 法律科学·西北政法学院学报，2000（04）：75-82.
③ 徐久生. 保安处分新论[M]. 北京：中国方正出版社，2006：66.

以及"行为人的社会危险性"，主要原因在于，行为人或犯罪人在人格上的犯罪倾向(人身危险性)最终以侵犯国家、社会或他人利益的形式客观呈现，体现为对法所保护的秩序和利益的侵害性与威胁性，具有严重危害社会的可能性，因此行为人或犯罪人的人身危险性只能是其行为对社会的危险性，故而将"人身危险性"称为"(人的)社会危险性"①。

尽管"社会危险性"与"人身危险性"均蕴含着行为人的行为对社会的危险性，但犯罪学意义上的社会危险性与刑法学意义上的人身危险性在外延上仍有些许差异。根据罪刑法定原则，"法无明文规定不为罪""法无明文规定不处罚"，只有触犯刑法依法应当受刑法处罚的行为才是犯罪，人身危险性面向的客体应是违反刑法禁止性规定的个体，因此特指犯罪人再次犯罪的可能性，而不包括有犯罪倾向的人初次实施犯罪的可能性。而犯罪学中的犯罪泛指具有严重社会危害性的行为，其面向的客体不仅包括触犯刑法应受刑法处罚的犯罪人，也包括违法或越轨应受法律非难和道德谴责的个体；不仅包括具有刑事责任能力、达到刑事责任年龄的犯罪人，也包括不承担刑事责任但实施了违法犯罪或者严重越轨行为的未成年人、精神病人等；不仅包括已受刑事制裁的已决犯，也包括具有犯罪倾向的未决犯。因此犯罪学视域下的人身危险性是再犯可能性与初犯可能性的统一，兼具违法可能性与犯罪可能性。

简言之，刑法学在研究视角上更关注未成年个体的人身危险性，以便更科学和有针对性地对每一位具体的未成年人进行司法处遇，达到惩罚、教育、挽救的目的。犯罪学中有关犯罪原因的研究立足于青少年群体，对造成青少年群体违法犯罪的各种相关因素进行回溯性分析，进而干预和控制这些相关因素以预防犯罪。

(二)基于社会控制和支持理论的未成年人人身危险性评估

在犯罪学中，对未成年人人身危险性的评估脱离不掉对社会控制理论和社会

---

① 此处参考了陈伟教授的观点，他认为，"从法益侵害说的立场出发，人身危险性只能是行为人的行为对社会的危险性，这种客观的人身危险性既非主观的随意揣测，也非罪过、主观恶性的同义反复，而是危害行为侵犯社会的现实可能性"。他主张把"人身危险性"转换为"(人的)社会危险性"。陈伟.人身危险性研究[M].北京：法律出版社，2010：41.

支持理论的讨论。其一，社会控制理论以强制力手段加强个体与社会间的联系，阻碍犯罪的发生，达到犯罪预防与控制的效果；其二，社会支持理论以福利性措施修补个体与社会间的间隙，引导潜在违法犯罪人积极参与社会主流生活并远离越轨或犯罪行为。社会控制是社会支持得以实施的基础，而社会支持是实现有效社会控制的根本途径，结合运用社会支持的社会控制才能更有效地控制犯罪。

　　社会控制理论奠定了未成年犯罪人犯罪因子筛选的理论基石。社会控制理论以赫希的社会凝聚理论最为典型，该理论区别于传统犯罪学理论，认为人性本恶，每个人都是潜在的犯罪人，如若放纵个人欲望，即会受内心驱力压迫自然选择犯罪，因此犯罪学研究的偏向应致力于"人为什么不犯罪"而非"人为什么犯罪"。犯罪控制理论者认为，犯罪是个体与社会之间的纽带联系薄弱或破裂的结果，个人与社会联系越紧密，违反社会准则的越轨与犯罪行为越稀疏，"社会联系是指一个人与传统社会之间的联系，也就是说一个人对传统社会的依附。社会联系由依恋、奉献、卷入以及信念等四个要素组成，这四个要素形成强大的抑制力。个人与社会的联系可以阻止个人进行越轨和犯罪，当这种联系或纽带薄弱时，个人就会无约束地随意进行犯罪行为"①。对未成年人犯罪而言，依恋他人的程度越高，犯罪的可能性越小，造成犯罪的危险因子来源于对父母、学校以及同辈朋友的依恋；缺乏对传统价值观的奉献，未将时间和精力致力于日常学习、工作、家务和社会性事务中，则将为个体犯罪创造危险条件；对社会主流行为特别是教育和职业发展等方面的投入越多，犯罪系数越小，而那些将行为投入诸如吸烟、饮酒等非传统活动的未成年人越发有犯罪的可能；丧失人们所共同信奉和遵守的道德观念和价值体系预示着更有可能实施越轨及犯罪行为。赫希的社会控制理论的影响是深远的，当今研究者所设计和研发的诸多危险性评估工具，实际上都借鉴并吸收了赫希对未成年人犯罪危险因子的界定，例如 VRAG（Violence Risk Appraisal Guide，暴力风险评估指南）评估内容包括"12 周岁以前是否与父母生活在一起""小学阶段是否出现行为障碍及障碍程度如何""父母是否存在酗酒史"等，HCR-20（Historical, Clinical, and Risk Management-20，历史、临床和风险管理评估）评估内容包括"是否出现过早年的监护失败现象""是否存在反社会、

―――――――――

①　吴宗宪. 西方犯罪学[M]. 北京：法律出版社，2006：386.

敌意、愤怒的负面社会态度""是否暴露于不稳定的生活条件中"等。①

社会支持理论是修复和重建未成年犯罪人与社会之间联系的治理举措。社会支持理论最早出现于精神病学文献中，经美国犯罪学家弗兰西斯·卡伦等人的开创性研究后，开始关注犯罪发生的原因与治理，逐渐成为犯罪学研究的新领域。卡伦认为，对犯罪行为的研究不仅要关注社会控制理论注重的外部社会控制和内部自我控制，还应关注各种社会支持行为为支持对象提供的积极正向作用，"社会控制理论塑造的是一种外在性控制和强迫性控制的被动预防形象，正是基于对社会控制理论忽视社会支持作用的不满，卡伦将以积极预防姿态示人的社会支持理论引进犯罪学研究视域"②。在社会支持理论研究中，诸多研究者以测量的方式验证社会支持与违法犯罪间的关联程度，挖掘与犯罪人相关的犯罪危险因子，例如 1997 年钱林（M. B. Chamlin）和科克伦（J. K. Cockran）从卡伦的社会支持理论中提炼出社会利他主义，考察其对财产犯罪与暴力犯罪的现实影响，提出特定地区的捐献人数、报税人数的比例与财产犯罪率及暴力犯罪率成正比；2001 年卡伦和赖特（J. P. Wright）通过研究父母支持与犯罪行为关系，发现父母支持影响儿女犯罪的可能；2002 年普拉特（T. C. Pratt）和戈德西（T. W. Godsey）在国家层面探求社会支持与谋杀犯罪的相关性，得出国家在社会福利上的投入有利于减少犯罪率。③ 然而，社会支持理论作为发展中的理论，有关社会支持范畴的概念在各个学科间尚未达成统一，如何筛选危险评估预测因子成为支持人身危险性评估的理论难点。鉴于社会支持理论在预防、矫治和减少犯罪中的重要地位，可兼顾实证研究中的社会支持与社会控制，在依恋、奉献、卷入、信念四要素评估中，统筹支持和控制要素，全方位衡量造成犯罪的具体成因，为未成年人人身危险性评估提供可靠依据。

---

① 参见马皑，孙晓，宋业臻. 犯罪危险性智能化评估的理论与实践[M]. 北京：中国法制出版社，2020：38-40.

② 崔海英. 人身危险性评估——以违法未成年人为样本[M]. 北京：法律出版社，2020：119.

③ 参见高玥. 社会支持理论的犯罪学解析与启示[J]. 当代法学，2014，28(04)：50-58.

三、刑事诉讼法学视域下的人身危险性

我国《刑事诉讼法》中既有"人身危险性"的直接表述，也有"社会危险性"的具体表述。相比而言，"社会危险性"的表述更多，其作为强制措施适用的依据，法律对其内涵的规定也更为具体。未成年人刑事诉讼程序中的社会调查制度体现了未成年人司法与福利双重价值导向，决定了未成年人刑事诉讼程序启动标准，有利于实现对涉罪未成年人的个别化处遇和特殊保护，对深入了解未成年人犯罪背景、进行有效干预、实现司法分流等意义斐然。

（一）人身危险性与社会危险性

《刑事诉讼法》中"人身危险性"的表述主要针对强制医疗的对象。如我国《刑事诉讼法》第 306 条规定："强制医疗机构应当定期对被强制医疗的人进行诊断评估。对于已不具有人身危险性，不需要继续强制医疗的，应当及时提出解除意见，报决定强制医疗的人民法院批准。"2021 年《最高人民法院关于适用〈中华人民共和国刑事诉讼法〉的解释》第 305 条规定："庭审期间不得对被告人使用戒具，但法庭认为其人身危险性大，可能危害法庭安全的除外。"第 647 条规定："（一）被强制医疗的人已不具有人身危险性，不需要继续强制医疗的，应当作出解除强制医疗的决定，并可责令被强制医疗的人的家属严加看管和医疗；（二）被强制医疗的人仍具有人身危险性，需要继续强制医疗的，应当作出继续强制医疗的决定。"此外，2019 年《最高人民法院、最高人民检察院、公安部、国家安全部、司法部关于适用认罪认罚从宽制度的指导意见》第 9 条规定："对罪行较轻、人身危险性较小的，特别是初犯、偶犯，从宽幅度可以大一些；罪行较重、人身危险性较大的，以及累犯、再犯，从宽幅度应当从严把握。"上述法律条文并未解释人身危险性的评估要素及程序等内容。

相较而言，《刑事诉讼法》规定的"社会危险性"内容明确具体。有关"社会危险性"的表述主要体现在强制措施的适用和非监禁刑的执行。《刑事诉讼法》第 67 条规定了适用取保候审的条件，将社会危险性视为羁押必要性审查的前提，规定犯罪嫌疑人、被告人"可能判处有期徒刑以上刑罚，采取取保候审不致发生社会危险的""患有严重疾病、生活不能自理，怀孕或者正在哺乳自己婴儿的妇女，采

取取保候审不致发生社会危险的"，可以取保候审。第81条关于逮捕的规定明确列举了犯罪嫌疑人、被告人具有社会危险性的五种情形：①可能实施新的犯罪的；②有危害国家安全、公共安全或者社会秩序的现实危险的；③可能毁灭、伪造证据，干扰证人作证或者串供的；④可能对被害人、举报人、控告人实施打击报复的；⑤企图自杀或者逃跑的。上述五种情形可归集为"再犯可能性""现实危险性""扰乱诉讼秩序可能性"三个方面。并且法律规定应当"将犯罪嫌疑人、被告人涉嫌犯罪的性质、情节，认罪认罚等情况，作为是否可能发生社会危险性的考虑因素"。可见，社会危险性针对已实施犯罪行为的犯罪人，而非潜在犯罪人，特指再犯可能性而不包括初犯可能性；它不仅注重未知的隐患，也关注现实之危险；与犯罪学、刑法学相比，刑事诉讼法学视域下的人身危险性还关注蔑视司法权威，扰乱诉讼秩序的行为。

有研究者将逮捕决定中需要考量的社会危险性，视为犯罪嫌疑人实施上述五种特定危害行为的可能性，是人身危险性的外在表现，认为"这些危害行为是在犯罪嫌疑人主观意志支配下实施的，是其人身危险性的外在表现。人身危险性用以表达因行为人基于人格特质可能实施危害行为的各种倾向，比如犯罪嫌疑人再次实施犯罪的可能性，或者犯罪嫌疑人曾欠债不还，长时间到外地躲债的，可以成为评估其可能逃跑的依据。因而，在判断羁押必要性时，可以用人身危险性涵盖上述五种行为倾向"。但其认为二者也有细微差异，"不能将人身危险性直接等同于社会危险性。犯罪嫌疑人的人身危险性能否外化为社会危险性，还要受到外部条件的制约。同样的人身危险性，如果外部条件不同，其外化为现实社会危险的可能性也会不同。比如，人身危险性相当的未成年犯罪嫌疑人，如果监护条件、帮教措施不同，其社会危险性就会不同。因而，社会危险性由人身危险性和外部阻却因素两部分构成。评估犯罪嫌疑人的社会危险性，不单要评估人身危险性，还要评估这种危险外化为现实社会危险的阻却因素。但是，这种外部条件只能影响人身危险性外化为社会危险性的程度，对其影响的评估应当在明确了人身危险性之后再进行"①。可见，在我国刑事诉讼程序中，表示行为人危险状态的

---

① 秦宗文. 羁押必要性判断中的"一贯表现"证据研究[J]. 法学研究，2023，45（06）：187-205.

社会危险性，其本质属性在于行为人的再犯可能性、现实危险性以及扰乱诉讼秩序可能性，涵盖了人身危险性以及阻碍危险转化的管理控制、教育矫正和服务帮扶等外部因素，社会危险性作为人身危险性在特定时空背景下的外在表征，只有在明确人身危险性的前提下，才能正确评估行为人的社会危险性。

需要特别说明的是，也有研究者认为逮捕中的"社会危险性"是社会危害性与人身危险性的综合，涵盖了犯罪行为的社会危害性与犯罪行为人再犯的可能性。其认为："社会危险性主要包含两个方面：一是罪行危险性，即犯罪嫌疑人涉嫌的犯罪事实已有证据证明，且该犯罪事实本身说明该犯罪嫌疑人可能给社会带来的危险性。二是人身危险性，具体包括：（1）可能妨碍刑事诉讼的危险性；（2）可能再次犯罪的危险性。"①"运用刑法理论上的人身危险性和社会危害性理论对审查逮捕社会危险性评估的核心问题——社会危险性进行二元分解，可以发现，逮捕条件中所说'社会危险性'实际上就是通过综合考虑犯罪嫌疑人、被告人的人身危险性和犯罪行为的社会危害性而评估的犯罪嫌疑人、被告人是否具有妨碍诉讼顺利进行的潜在危险。"②我们认为此观点值得商榷，因为将罪行危险性等同于社会危害性，显然是将犯罪行为的未然状态与已然状态完全等同了。社会危害性不应成为社会危险性的下位概念。

故本书认为，就社会危险性、社会危害性和人身危险性三者的关系而言，社会危险性是人身危险性的外在表现，对社会危险性的预测可通过人身危险性评估实现，二者具有内在一致性，没有必要将社会危险性当作人身危险性与社会危害性的总和区别看待。前述观点之所以将人身危险性与社会危害性寄于"社会危险性"篱下，是因为没有认识到社会危险性实际上就是行为人对社会实施违法行为的盖然性或倾向性，即行为人的人身危险性。本书将与人身危险性相关的概念进行整合，形成图1-1，以期更加清晰地呈现它们之间的关系。罪过和主观恶性既是人身危险性的要素又是社会危害性的要素，也就是说在判断人身危险性和社会危害性的过程中都需要考量罪过和犯罪恶性，而犯罪人格则

---

① 杨秀莉，关振海．逮捕条件中社会危险性评估模式之构建［J］．中国刑事法杂志，2014（01）：63-70.

② 王贞会．审查逮捕社会危险性评估量化模型的原理与建构［J］．政法论坛，2016，34（02）：70-80.

仅作为人身危险性的构成要素。① 当然，这里的人身危险性特指立案后犯罪嫌疑人、被告人及罪犯的危险倾向性，讨论的是各主体犯罪后的危险状态，不包括一般人的初犯可能性。

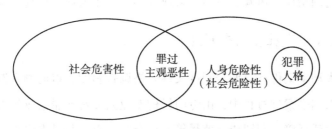

图 1-1　人身危险性、社会危险性与社会危害性关系图

　　综上，在刑事诉讼领域，有关"人身危险性""社会危险性"等内涵和外延的界定也存在争议。我们当然倡导学术界百花齐放、百家争鸣的议辩氛围，但上述概念的含义本身的不统一，严重阻碍了学术的深入推进与广泛交流，无法彰显人身危险性的合理价值，无形之中加深了理论与实践间的鸿沟，是人身危险性理论难以成为指导刑事司法实践依据的重要原因。时至如今，学界对"社会危险性"的表达仍多以特定前缀作述，把社会危险性当作适用强制措施的具体依据，比如"论取保候审'社会危险性'条件的司法认定"②"逮捕羁押审查中社会危险性的证明问题研究"③"逮捕社会危险性条件中犯罪嫌疑人逃跑风险评估研究"④等。同样，概念表述不一也为刑事立法与司法带来较大困扰，比如我国 2017 年最高人民检察院发布的《未成年人刑事检察工作指引（试行）》第 38 条第 2 款规定：

---

　　①　陈伟教授认为，社会危害性容纳了行为人所持故意或过失心态的罪过与主观恶性要素，罪过和主观恶性在相当程度上与人身危险性呈正相关关系；犯罪人格是行为人人身危险性的实质内容，人身危险性形式内容所指的犯罪可能性在实体层面就是由犯罪人格推动的。参见陈伟．人身危险性研究［M］．北京：法律出版社，2010：28-38。

　　②　郭烁．论取保候审"社会危险性"条件的司法认定［J］．学习与探索，2017（09）：63-71.

　　③　张琳．逮捕羁押审查中社会危险性的证明问题研究［J］．中国刑事法杂志，2023（05）：125-140.

　　④　张吉喜．逮捕社会危险性条件中犯罪嫌疑人逃跑风险评估研究［J］．中国法学，2023（04）：281-304.

"(三)综合评价,包括对未成年犯罪嫌疑人的身心健康、认知、解决问题能力、可信度、自主性、与他人相处能力以及社会危险性、再犯可能性等情况的综合分析。"此处的"社会危险性""再犯可能性"就存在规定模糊、指向不明的问题,可能导致法律适用错误的风险,不当扩大或限缩未成年人社会调查范围。

(二)未成年人社会调查制度

未成年人刑事案件社会调查制度又称人格调查制度、审前调查制度,是指在办理未成年人刑事案件过程中,由专门机构专业人员对涉罪未成年人的个人基本情况、家庭生活环境、犯罪成立背景等进行全面调查,并对未成年人的人身危险性、社会危险性进行客观公正、科学合理的系统评估,形成书面报告,为公检法作出决定、裁定以及判决提供重要参考的制度。该制度对于了解未成年人犯罪的背景、进行有针对性的处置和教育、实现司法分流等意义重大,"不但决定未成年违法行为进入刑事司法体系的评判标准之一,而且在进入刑事程序以后,与基本的犯罪行为事实共同决定了未成年被告人的定罪、量刑和行刑"①。体现了未成年人司法与福利双重价值导向,有利于实现对涉罪未成年人的个别化处遇和特殊保护。

未成年人社会调查制度肇始于美国的缓刑资格调查制度,主要针对犯罪人能否适用缓刑的问题,直到20世纪30年代才逐渐演变为量刑前调查制度。美国未成年人社会调查制度通常在量刑阶段发挥作用,由缓刑官出于对社会公共利益和未成年个人利益的考虑,启动案件社会调查程序,这种庭前调查并非像检察官所实施的为了确定被告人是否有罪,而是为案件的非正式处理提供依据。只有那些严重罪错的未成年人才会被正式起诉,这些未成年人在起诉后将面临缓刑官进一步的社会调查,即判刑前调查,形成的调查报告供法官在量刑时予以参考。美国缓刑官社会调查制度的顺利实施不仅得益于其独立的少年司法运行体制,还在于其以审判为中心的诉讼模式以及严密的证据制度使定罪量刑程序可以分离而立。与之相比,我国线性诉讼结构以及定罪量刑相统一的审判模式,使"对未成年人

---

① 陈立毅. 我国未成年人刑事案件社会调查制度研究[J]. 中国刑事法杂志,2012(06):73-82.

刑事案件的社会调查可以存在于立案、侦查、审查起诉以及审判、执行各个阶段。而且，我们认为，在立案之前的初查阶段社会调查有利于确定对涉嫌犯罪的未成年人是否应当立案；立案之后，社会调查有助于确定是否有必要对未成年犯罪嫌疑人进行逮捕；在审查起诉阶段，未成年犯罪嫌疑人是否应当起诉或者不起诉、暂缓起诉也有赖于社会调查报告的内容；在审判阶段，未成年被告人是否应当判处刑罚，处以何种刑罚更加有利于被告人回归社会也需要以社会调查作为依据"①。

　　在条件与需求的驱使下，我国相继出台一系列法律文件以支持未成年人刑事案件社会调查制度体系的构建。2001年《最高人民法院关于审理未成年人刑事案件的若干规定》第21条、2002年最高人民检察院印发的《人民检察院办理未成年人刑事案件的规定》第16条规定了审前调查制度，明确调查主体可以是控辩双方或者人民法院，调查对象包括未成年犯罪嫌疑人或被告人个性特点、家庭情况、社会交往、成长经历以及实施被指控的犯罪前后的表现等情况。至2010年，《中央综治委预防青少年违法犯罪工作领导小组、最高人民法院、最高人民检察院、公安部、司法部、共青团中央关于进一步建立和完善办理未成年人刑事案件配套工作体系的若干意见》的出台，我国形成了较为系统的未成年人刑事案件社会调查制度，是完善我国未成年人司法制度、建立完备的未成年人司法配套体系的内在需求。它将社会调查的主体规定为司法行政机关社区矫正部门，社会调查的内容涵盖"性格特点、家庭情况、社会交往、成长经历、是否具备有效监护条件或者社会帮教措施，以及涉嫌犯罪前后表现等情况"，社会调查程序要求从侦查阶段的公安机关即启动社会调查，并依次向审查起诉、案件审判和刑罚执行阶段纵向延伸，在流转过程中不断丰富内容，为深入了解未成年人犯罪的背景、开展有针对性的教育、实现司法分流转处提供详尽的客观依据。随后，在各地司法机关的不断探索、总结和完善下，2012年《刑事诉讼法》最终将该项制度以立法的形式予以明确，解决了长期以来社会调查制度法律地位不明的尴尬，其中第268条规定："公安机关、人民检察院、人民法院办理未成年人刑事案件，根据情况可以对未成年犯罪嫌疑人、被告人的成长经历、犯罪原因、监护教育等情况进行调

---

① 杨雄.未成年人刑事案件中社会调查制度的运用[J].法学论坛，2008(01)：25-30.

查。"但上述法律只是笼统地概括了社会调查的内容，真正将其细化的是 2017 年最高人民检察院发布的《未成年人刑事检察工作指引（试行）》，主要包括：基本要求；调查条件；调查主体；调查方式、程序；调查内容；报告形式；注意事项等。① 可见，从法律渊源上来看，反映未成年人人身危险性的主客观因素始终贯穿于社会调查的全过程，对未成年人危险性的评估本质上就是社会调查的根本目的，社会调查普遍适用于所有的未成年人刑事案件，调查的主要任务是收集评估未成年人人身危险性信息，进而确定是否应定罪量刑、追究其刑事责任。因此，促进社会调查制度的进步也就必将推动未成年人人身危险性评估更加科学化、标准化、规范化、专业化。

尽管最高人民检察院出台了社会调查的具体细则，但我国社会调查主体不局限于检察机关，还包括公安机关、人民法院以及受其委托的相关组织和机构，使得社会调查在实践中仍存在不少问题。比如，调查评估人员的专业性无法保障，使得调查评估报告的科学性备受质疑；由于调查机关在刑事诉讼中的职能各不相同，难免会在调查评估内容上各有倚重，导致评估结果不一，甚至出现相互冲突、相互矛盾的结论，影响其准确性、可信度。这些问题最终影响社会调查报告的证据效力。如何进一步加强公检法以及其他机关、社会机构或组织在办理未成年人刑事案件中的衔接和配合，平衡未成年人权益保障和犯罪打击，是当前急需解决的实践难题。

---

① 《未成年人刑事检察工作指引（试行）》第 36 条规定："社会调查主要包括以下内容：（一）个人基本情况，包括未成年人的年龄、性格特点、健康状况、成长经历（成长中的重大事件）、生活习惯、兴趣爱好、教育程度、学习成绩、一贯表现、不良行为史、经济来源等；（二）社会生活状况，包括未成年人的家庭基本情况（家庭成员、家庭教育情况和管理方式、未成年人在家庭中的地位和遭遇、家庭成员之间的感情和关系、监护人职业、家庭经济状况、家庭成员有无重大疾病或遗传病史等）、社区环境（所在社区治安状况、邻里关系、在社区的表现、交往对象及范围等）、社会交往情况（朋辈交往、在校或者就业表现、就业时间、职业类别、工资待遇、与老师、同学或者同事的关系等）；（三）与涉嫌犯罪相关的情况，包括犯罪目的、动机、手段、与被害人的关系等；犯罪后的表现，包括案发后、羁押或取保候审期间的表现、悔罪态度、赔偿被害人损失等；社会各方意见，包括被害方的态度、所在社区基层组织及辖区派出所的意见等，以及是否具备有效监护条件、社会帮教措施；（四）认为应当调查的其他内容。"

第二节 未成年人刑事司法的价值导向

涉罪未成年人人身危险性评估是实现对涉罪未成年人分流转处、监督观护、精准帮教以及平衡未成年人个体权利与社会利益关系的核心和关键，应恪守以刑罚个别化为核心的司法价值导向和以儿童利益最大化为核心的福利价值导向。在双向价值追求的指引下，一是要以涉罪未成年犯罪行为人为中心，根据其人身特征科学判断和评估个体的人身危险性，寻求对未成年犯罪人的个别化处遇；二是要奉行儿童福利理念，根据未成年人特殊的身心发展状况，准确把握未成年人犯罪行为及规律，在惩治犯罪的同时注重对涉罪未成年人利益的最大保护。

一、以刑罚个别化为核心的公正价值导向

刑罚个别化原则缘起于刑事实证学派对古典学派自由意志论的批判。19世纪末，刑事实证学派以目的刑论为内容，主张人身危险性是意志决定论的产物，认为驱使犯罪行为产生的意志不是自由的，也并非犯罪人趋利避害的本能，而是受因果法则的制约，由其本身的、自然的和社会的因素共同决定；他们注重对犯罪人的隔离和矫治，为消除和改正这些具有危险人格的行为人的犯罪倾向，主张不应以犯罪行为造成的客观损害确定刑罚，而应以犯罪人的反社会倾向即人身危险性作不同处遇。在未成年人司法中，这一原则体现在对未成年犯罪人的个别化评估和处置上，即实现刑罚对罪行的处罚向刑罚对犯罪人的处罚之转化，有利于加速完善未成年人司法保护制度进程，对制定符合未成年人身心特征的科学刑罚方法和内容具有指导意义。具体体现在以下四方面：

第一，轻微罪行的非犯罪化处理。评估未成年人罪错行为的法律性质，是构建未成年人司法处遇体系的初始环节，我国在立法层面通过两种途径，实现了对未成年人轻微罪行的非犯罪化处理。其一，依据情节的非犯罪化处置。即当未成年人的行为虽触犯《刑法》的禁止性规定，但因"显著轻微"的情节而被排除在刑事违法性评价之外，从而实现由"罪"向"非罪"的转变。其二，通过不起诉决定实现非犯罪化路径。我国专为罪错未成年人设置了附条件不起诉制度，从制度层面将客观上已符合刑法犯罪构成且满足起诉条件的行为，予以非犯罪化处理，体

现了对未成年人的特殊司法关怀。

第二，从宽处罚和不适用死刑原则的适用。我国《刑法》第 17 条第 4 款规定，"追究刑事责任的不满十八周岁的人，应当从轻或者减轻处罚"。未成年人作为社会中的特殊群体，身心发育尚未成熟，对事物的认知和判断能力相对较弱。从宽处罚原则旨在通过教育、感化、挽救的方式，帮助他们及时认识到自身的罪错行为。在司法实践中，从宽处罚原则是确保审判人员综合未成年人的年龄、犯罪性质、情节、悔罪表现等个性因素，依法作出公正判决的应然要求，也是司法正义价值的全然体现。在不适用死刑原则的适用上，《刑法》第 49 条规定，"犯罪的时候不满十八周岁的人和审判的时候怀孕的妇女，不适用死刑"。该原则从人权保障的立场出发，强调对未成年人生命权的绝对保障，彰显出刑法的人道主义精神和宽严相济的刑事政策，有利于更好地发挥刑法的社会调节功能。

第三，非监禁刑适用条件的明确。一是在缓刑适用上，2011 年《刑法修正案（八）》第 11 条规定："将刑法第七十二条修改为：对于被判处拘役、三年以下有期徒刑的犯罪分子，同时符合下列条件的，可以宣告缓刑，对其中不满十八周岁的人、怀孕的妇女和已满七十五周岁的人，应当宣告缓刑。"首次确立了未成年人犯罪适用缓刑的条件，为刑罚个别化的实施指明了方向。二是对未成年人适用社区矫正。我国社区矫正法通过设立未成年人社区矫正专门章节，使未成年人在正常的社区环境中接受教育矫治，避免监禁可能带来的交叉感染，体现出刑罚个别化的灵活性。三是放宽对未成年人减刑、假释的条件，扩大监禁刑执行变更。《最高人民法院关于审理未成年人刑事案件具体应用法律若干问题的解释》第 18 条规定："未成年罪犯能认罪伏法，遵守监规，积极参加学习、劳动的"，视为"确有悔改表现"予以减刑，减刑幅度可适当放宽，符合刑法规定的假释适用条件，可以假释。四是通过特赦制度终结对未成年人监禁刑的执行。特赦作为司法制度的重要组成部分，既体现了国家对未成年罪犯的人文关怀，又有助于未成年人减轻刑罚负担和心理压力，减少再犯可能性，是刑罚个别化原则的深度体现。

第四，犯罪记录封存和免除前科报告制度的适用。犯罪记录一旦生成，对未成年人的不利影响往往深远且持久。这种影响不仅难以消除，还会随着年龄的增长、社会接触的增多以及人生阅历的变迁而越发凸显，成为未成年人重新融入社会、实现个人价值的重大阻碍。为了从根本上消除犯罪记录给未成年人带来的长期不利影响，我国《刑事诉讼法》第286条规定了对犯罪时不满十八周岁、被判处五年有期徒刑以下刑罚的人的相关犯罪记录予以封存，不得向任何单位和个人提供；《刑法》第100条规定了犯罪时不满十八周岁、被判处五年有期徒刑以下刑罚的未成年人无须向有关单位履行报告义务。这一系列特殊制度、程序和要求不仅有利于消除因犯罪记录而产生的"标签效应"，帮助涉罪未成年人重新回归社会，同样也兼顾了社会秩序的维护，是双向保护原则的集中体现。

人身危险性概念的提出、发展和扬弃，为刑罚个别化提供了强有力的学理支撑，奠定了刑事司法社会调查制度的理论根基，有利于司法决定者根据未成年人犯罪的具体成因进行分级分类管理并提供相应的处遇措施，对探究未成年人犯罪现状、原因、特点及规律，有针对性地开展帮扶说教，防范未成年人踏上犯罪道路，帮助罪错未成年重归社会，具有重大的现实意义和广泛的实践价值。而刑罚个别化原则又与以未成年人人格特征为核心，予以个别化处置的儿童福利理念相契合，体现出刑事司法政策与理念对未成年人的特殊关怀，实现了对未成年人利益的最大保障。

二、以儿童利益最大化为核心的福利价值导向

未成年人具有不同于成年人的身心特点，其生理心理发展尚不成熟，认知和控制能力相对不足，易受外界影响而做出出轨行为，意味着对未成年人犯罪的刑事司法处遇应当与成人司法区别对待。从域外国家立法来看，少年司法的福利模式发端于英美国家，以衡平法的"国家亲权"思想为理论基础，并深受"拯救少年于成长过程中的道德危机"保育理念的影响，其目的在于维护少年儿童福利，①而维系少年司法体系平稳运行和健康发展的动力源泉在于儿童福利理念，它关涉未成年人刑事司法的原则、规则、程序和制度，是实现罪错未成年个别化处遇、康复性治疗和社会调查的重要依据，指引着未成年人人身危险性评估的具体方向。因此，有必要着重审视少年司法中的儿童福利理念，遵循儿童利益最大化原则，构建具有福利色彩的未成年人司法制度，推动未成年人司法机构和程序福利化，实现未成年人司法责任与福利保障的兼容并蓄。

---

① 狄小华. 中国特色少年司法制度研究［M］. 北京：北京大学出版社，2017：106.

(一)儿童福利嵌入未成年人刑事司法的基本途径

儿童福利是社会福利在特殊群体中的具体体现。广义的儿童福利面向所有家庭的儿童，旨在以制度化的福利体系积极地促进儿童生理、心理的健康发展，体现出公平、平等、公正的社会价值理念，具有普适性的发展取向，是一种制度型儿童福利；狭义的儿童福利针对特定儿童群体，主要指处于不幸境地的儿童，并不包括在家庭中已获得充分需求满足的儿童，倾向于救助、保护、矫治和扶助等恢复性功能，其本身具有应急性质的残补性取向，是一种消极的儿童福利。① 少年司法中的儿童福利不局限于对具有行为偏差的罪错未成年的管教，而是将全体未成年人置于预防、保护和制止犯罪的背景下，着眼于未成年人犯罪的预防、教育、挽救和改造，关乎未成年人生命、自由、发展及权利保护等多项内容，需要采取全面的、普适的、预防的积极福利措施，因此属于广义的儿童福利范畴。

将制度型儿童福利嵌入少年司法的立论基础、正当依据在于国家亲权理念。"国家亲权"可追溯到古罗马时期，意为国王有责任也有权力对其臣民，特别是对缺少保护能力的未成年人或精神病人施以保护。现代意义的国家亲权理念来自"国家是少年儿童最高监护人，而不是惩办官吏"的衡平法思想，② 是普通法系未成年人司法制度设立的重要基石。它的核心内涵在于，当未成年人父母或监护人不能履行教养责任或履行不周时，国家有权也有责代位行权，对未成年人进行强有力的干预和保护，决定儿童最佳利益。"国家亲权理念对刑法变革的最大影响在于促使传统刑法放弃了对犯罪少年报应刑观念，而树立起了教育、保护的观念"③，它的根本目的在于为罪错少年开展个别化的教育矫治而非惩戒控制，使其免受身体上的痛苦和精神上的折磨。至此，国家亲权理念下的强制手段和保护观念为国家干预未成年人刑事司法提供了充分的法律依据和正当条件，为开启现代未成年人刑事司法制度的大门打下坚实基础。

---

① 陆士桢，常晶晶.简论儿童福利和儿童福利政策[J].中国青年政治学院学报，2003(01)：1-6.

② 康树华，郭翔.青少年法学概论[M].北京：中国政法大学出版社，1987：269.

③ 王贞会.罪错未成年人司法处遇制度完善[J].国家检察官学院学报，2020，28(04)：134-148.

而儿童利益最大化原则为儿童福利司法化提供具体操作规程。儿童利益最大化原则是指在关涉儿童的任何决策或行动时，应优先考虑儿童的利益，并确保这些决策或行动对儿童福祉有积极的正向作用。联合国1989年《儿童权利公约》第3条第1款明文规定，"关于儿童的一切行为，不论是由公私社会福利机构、法院、行政当局或立法机构执行，均应以儿童的最大利益为一种首要考虑"。1990年《保护被剥夺自由少年规则》第1条指出："少年司法系统应维护少年的权利和安全，增进少年的身心福祉，监禁办法只应作为最后手段加以采用。"意味着儿童的需求和权利应当被置于优先地位，决策者在作出任何可能影响儿童利益的决定时，必须要先考虑儿童的安全、健康、发展和幸福。因此，在抉择保护抑或惩罚罪错未成年时，更需强化儿童的福利理念，即使是对主观恶性大、手段残忍、屡教不改的未成年犯罪人，也应最大限度地保障其权利，最大限度地为其提供全面、有效的司法保护。可以说，儿童利益最大化原则赋予了司法惩戒职能以福利属性，为少年司法制度增添了区别于成人司法的教育保护理念，使未成年人刑事司法有了与一般刑事司法制度相分离的可能。

（二）儿童福利与未成年人刑事司法的交互关系

儿童福利事业的发展进步几乎与未成年人刑事司法的分离独立同步展开。中世纪的欧洲，襁褓中的孩子因存活率低而被忽视，有关"儿童"的观念并不存在。17世纪，英国的《济贫法》将孤儿、弃儿和部分贫困儿童包括在"值得帮助"的穷人中，与"不值得帮助"的穷人区分开来，① 那些无人照看、违规违纪的流浪儿童或孤儿将受到社会的关照，但这种救济并未使"失依儿童"与成人相区分，他们与成年人共同混居在济贫院，受到相同待遇。积极的福利措施也并未在少年司法中体现。19世纪以前，英国的立法和司法实践并不区分未成年犯罪人与成年犯罪人，对涉嫌犯罪的未成年人适用与成年犯罪人一样的诉讼规则和程序，在定罪量刑及刑罚执行上也与成年人没有差别。② 同时期其他国家的立法和司法实践亦是

---

① 乔东平，谢倩雯. 西方儿童福利理念和政策演变及对中国的启示[J]. 东岳论丛，2014，35(11)：116-122.

② 宋英辉等. 未成年人刑事司法改革研究[M]. 北京：北京大学出版社，2013：231.

如此。19 世纪，随着人类学研究的进步，儿童利益越来越被重视，他们逐渐成为权利主体，不再被视为"小型的成人"，而是一个需要被特别照顾和教育的群体，西方儿童福利出现由残补型走向普惠型、由关注"失依儿童"扩展到全体儿童的趋势。① 儿童福利事业的快速发展，为少年司法制度的产生创造了条件，这种趋势下，儿童福利理念向司法领域纵深发展，不仅成为遵从儿童利益最大化的司法推断标准，也开始陆续出现将未成年犯罪人与成年犯罪人区别对待的法令。英国 1847 年《未成年犯罪人法》规定了特定条件下的未成年人认罪，可适用简易程序审理；英国 1857 年《工读学校法》致力于帮助那些尚未犯罪但有犯罪可能性的未成年儿童，以期实现对犯罪的预先控制；美国伊利诺伊州在 1899 年陆续颁布的《无人照顾、疏于管理以及非行少年处遇和监管法令》和《伊利诺伊少年法院法》建立了世界上第一个少年法庭，创设了具有福利和康复性质的未成年人司法制度，标志着现代未成年人司法制度的诞生。

美国少年法院的创设是具有划时代意义的。它将着眼点由触法行为转移到触法未成年人，更加注重对触法少年的帮助救治而非惩戒控制；它确立了少年法院的管辖范围，规定了特殊的庭审方式和多元执行模式；淡化了对抗式的审理程序，赋予了未成年儿童更多的福利保障；实现了未成年人司法与成人司法的分离，形成了独立适用于未成年人的法律术语；建立了观察保护制度，贯彻了少年法院以福利价值为导向的定位。

少年法院的问世对后继法律理念和制度的影响是深远的，它使得少年司法制度在此数十年的发展演变中均维持了福利模式，具有强烈的福利色彩。英国 1908 年《儿童法》秉持儿童福利理念，认为应从社会预防的角度看待未成年人犯罪，不宜将未成年人径直送入成人刑事司法程序，而是通过设立专门少年法院，确立区别于成年人刑事司法的未成年人刑事司法制度；法国 1912 年《关于少年法庭及监视自由制度的法律》倡导教育理念，将未成年人视为可改造的人，设立了少年法庭和监视自由制度，以教育和矫正措施替代严厉的强制措施；德国在 1923 年制定了以教育改造为主要特征，集组织法、实体法和程序法于一体的《少年法院

---

① 乔东平，谢倩雯. 西方儿童福利理念和政策演变及对中国的启示[J]. 东岳论丛，2014，35(11)：116-122.

法》，意图构建一个福利和司法并存的双轨运行模式处理未成年人犯罪问题；1936 年芬兰《儿童福利保护法》以体现少年需要为立法理念，主张少年法有照顾儿童和少年需要的作用，儿童犯罪问题应与成人刑事司法管辖区分开，为实现对儿童利益的最大保护，社会福利委员会有权把儿童监护权转移至委员会；① 日本 1949 年开始实施的《少年法》基于保护主义目的对非行少年进行特别处理，规定了处置少年案件的组织机构、保护程序和办法，是一部带有福利性质的行政法，即保护法。从制度发展的普遍特点来看，未成年人司法不单单是作为防御未成年人违法犯罪而出现的，更为重要的是，它亦是社会公共福利政策进步的重要组成部分。② 概言之，未成年人刑事司法理念、政策和制度高度体现了福利价值取向，在儿童福利与少年司法深度融合的趋势鼓动下，二者互为表里，难舍难分，将更加紧密地联系在一起，共同促进未成年人刑事司法体系朝科学化、民主化、平等化和规范化方向迈进，为未成年人的个别化处遇和康复性治疗提供更加有力的司法保障。

　　然而，少年司法的过度福利化一味偏向对未成年犯罪人的纯粹社会化处理，理所当然地将未成年人刑事司法系统视为对未成年人的福利保护而非权利限制，忽视了司法指控和惩治犯罪功能。随着社会经济的快速发展，未成年人暴力犯罪案件激增，成为困扰社会治理的一大难题，人们开始质疑少年司法福利化的应用价值，呼吁对未成年犯罪人采取强硬的态度，推动刑事司法程序和少年司法改革，"少年司法和儿童福利的做法与程序开始出现不同步调，少年司法制度开始由福利理念导向转变为权利意识的萌动与发展"③。这一阶段，为适应犯罪情势的变化，各国相继对其少年司法制度作部分调整与修正，既要通过福利保障未成年人的合法权利，又要强化对罪错未成年人的司法处遇，以平衡福利与司法二元交互关系。例如，英国 1982 年《刑事司法法》恢复了对抗式的审理程序，赋予未成年人获取法律帮助的权利，1993 年《刑事司法法》将未成年犯罪人前科案底纳

---

　　①　侯东亮. 芬兰少年司法福利模式及其启示[J]. 预防青少年犯罪研究，2012(01)：59-65.

　　②　王广聪. 变迁时代的福利司法未成年人刑事审前程序的完善[M]. 北京：法律出版社，2019：71.

　　③　侯东亮. 少年司法模式研究[M]. 北京：法律出版社，2014：75.

入量刑范围；美国在 1992 年至 1997 年，除 3 个州外，其他各州在不同程度上作了以下修改：移交成人法院审理，改革量刑法律，限制前科封存制度，强化被害人权利，削弱矫治；法国《1945 年法令》规定禁止对未成年人适用现行轻罪的简易程序及直接传讯程序，要求少年法官深入调查未成年人家庭经济及情感状况、性格及前科情况，以采取更符合未成年人格、更有利于其矫正的措施。① 可见，少年司法有向成人司法靠拢的趋势，但少年司法福利化仍然是少年司法制度改革的主旋律、主基调，福利化倾向并不意味着对未成年人的过分宠溺，而是根据罪错未成年人的人格、处境和罪行匹配与之得当的刑事诉讼程序、刑罚措施和矫治手段，实现罪责刑相一致、教育与惩罚相协调。因此，作为评估罪错少年人格处境的社会调查制度，影响着未成年犯罪嫌疑人或被告人强制措施的择取、刑罚种类的确定、量刑情节的适用和跟踪帮教的内容，契合儿童福利理念意旨，符合追求救治保护罪错未成年人的少年司法理念，是实现未成年人个别化处遇的重要依据。

我国未成年人刑事立法、政策和司法虽未明确规定福利理念，也并未确立不同于成人司法的特殊程序和实体处置措施，但其中诸多原则、规则与福利理念追求的儿童利益最大化这一根本价值目标具有内在一致性。比如，2020 年《预防未成年人犯罪法》第 2 条规定："预防未成年人犯罪，立足于教育和保护未成年人相结合，坚持预防为主、提前干预，对未成年人的不良行为和严重不良行为及时进行分级预防、干预和矫治。"2020 年《未成年人保护法》第 4 条规定："保护未成年人，应当坚持最有利于未成年人的原则。"第 113 条规定："对违法犯罪的未成年人，实行教育、感化、挽救的方针，坚持教育为主、惩罚为辅的原则。"2019年《社区矫正法》第 52 条规定："社区矫正机构应当根据未成年社区矫正对象的年龄、心理特点、发育需要、成长经历、犯罪原因、家庭监护教育条件等情况，采取针对性的矫正措施。""对未成年人的社区矫正，应当与成年人分别进行。"2018 年《刑事诉讼法》第 277 条规定："对犯罪的未成年人实行教育、感化、挽救的方针，坚持教育为主、惩罚为辅的原则。"2006 年《最高人民法院关于审理未成

---

① 宋英辉等. 未成年人刑事司法改革研究[M]. 北京：北京大学出版社，2013：231-267.

年人刑事案件具体应用法律若干问题的解释》第 11 条规定："对未成年罪犯适用刑罚，应当充分考虑是否有利于未成年罪犯的教育和矫正。"上述条文一方面体现了对未成年违法犯罪人的严管厚爱：在教育、感化、挽救方针的指引下，从最有利于涉罪未成年人的立场出发，根据未成年违法犯罪人的身心特点，实施精准帮教，以帮助其更好地回归社会，防止再犯的可能性；另一方面体现了对未成年违法犯罪人的宽容但不纵容：结合未成年人犯罪行为的社会危害性及未成年犯罪人的人身危险性，对主观恶性大、手段残忍、屡教不改的依法惩处，以体现法治威严，实现犯罪的特殊与一般预防。

综上所述，无论是国外的少年司法制度还是我国的"教育、感化、挽救"方针、"教育为主、惩罚为辅"原则，均将儿童福利理念贯穿始终，以实现儿童最大利益为目标，坚持教育与惩罚并重，不仅致力于如何保护和帮助涉罪未成年人摆脱致罪因素，回归正常的人生轨迹，重新被社会认可和接纳，也强调根据涉罪未成年人的人格特点、生长环境和罪错行为，科以相应处分或刑罚。这些理念、目标和手段搭建起未成年人人身危险性评估的底层逻辑、价值导向和策略方法，对未成年人人身危险性评估体系的构建具有鲜明的指导性意义。

第二章　未成年人人身危险性评估
要素相关性分析

科学判断和评估未成年人的人身危险性，即再次实施犯罪的可能性，是分流转处、监督观护涉罪未成年人，实现其精准帮教的核心与关键。理论研究者虽提出了未成年人人身危险性评估的方法，但对评估要素的确立及其相关性验证还难以达成共识。在未成年人人身危险性评估体系构建中，最核心和基础的工作就是评估要素的选定。并且这项工作的完成，更多地依赖于定量的、经验性研究方法的运用。为此，我们以国内学者的相关实证数据为分析基础，同时结合司法实务中社会调查报告的有关内容，对涉及未成年人人身危险性评估的要素进行整合筛选：一方面，梳理出相关性已被我国学者多次检验证明的评估要素，将其纳入未成年人人身危险性评估体系；另一方面，找出相关性研究存在争议或结论不一致的评估要素，比较分析不同结论背后检验方法和数据样本的差异性。此外，对相关性仍停留在理论思辨或意识形态阶段的评估要素，我们也逐一分析列明，希冀后续通过同仁们的共同努力，能用更翔实的数据材料对其相关性加以验证。我们的初衷是尽量使用现有学者已经反复检验的评估要素，不刻意标新立异，但也不轻信未经实证检验的主流观念或个人体验，以避免评估要素选取中可能存在的误导和偏见。

第一节　人身危险性评估要素的检验逻辑与分析维度

一、未成年人人身危险性评估要素的检验逻辑

人身危险性作为刑事法学科研究的重要内容，面临的最大问题是缺乏实践可

操作性。这可能源于传统规范法学多采取教义学研究进路，少有学者围绕人身危险性展开专门、系统、实证的定量研究。长期以来，我国有关未成年人违法行为及原因分析的定量研究多由犯罪学者完成。基于此，本章部分研究也以犯罪学相关文献为基础，不仅学习与借鉴社会控制、社会学习、不同交往等成熟的犯罪学理论作为分析框架，评估要素也涉及个体性因素、父母教养、家庭环境、学校教育、社区环境、不良交往、不良资讯等多项犯罪学研究中的经验性指标。[①]

换言之，本章研究的初衷是希望借鉴和比较犯罪学相关研究成果，找寻刑法学中人身危险性评估的具体测量方法和评估要素。这种找寻的过程分三步进行：第一步，依据现有刑法理论对未成年人人身危险性评估要素进行预设；第二步，分析这些人身危险性评估要素中，哪些要素与犯罪的相关性已得到定量研究的检验，即哪些评估要素与涉罪未成年人再犯可能性相关，已被验证，验证到何种程度；第三步，列明并检视那些尚未被定量检验的、仍停留于理论假说或域外经验层面的评估要素，作为今后研究涉罪未成年人人身危险性的重点。

二、未成年人人身危险性评估要素的分析维度

将现有涉罪未成年人人身危险性评估的理论著述和实践调查报告进行整理归纳，我们不难发现其评估内容和要素主要涉及三个维度：未成年人个体与社会控制状况、犯罪行为和司法处遇。三个维度的要素贯穿了未成年人人身危险性评估的整个历程，检察机关在决定对涉罪未成年人是否批捕、法官在进行定罪量刑以及监狱或社区矫正部门等都需要对未成年人进行相应的人身危险性评估，只是由于所处阶段的不同，各部门在进行评估时涉及的要素就必然存在一定的差异，侧重点也有所区别。相较而言，检察院与法院注重前两个维度，而监狱或社区矫正等部门则集中于第三个维度即司法处遇阶段。但就未成年人人身危险性评估本身而言，其是一个整体动态的体系，不能轻易将其割裂看待。

（一）个体与社会控制维度

未成年人的个体因素即个人基本情况，主要包含年龄、性别、身体健康状况

---

① 陈伟．"人身危险性"与"社会危险性"的纠缠与厘定［J］．法治研究，2016（03）：58-64.

等生物学因素和涉及个性倾向与特征的心理学因素。① 社会控制因素包括未成年人的家庭状况、学校教育、社会环境、不良交往等评估要素。这两方面的因素与犯罪行为并无直接关联，也不体现反社会性质，但却是全面了解未成年人犯罪的重要背景材料和解释未成年人犯罪的根源性要素。

表 2-1 列出了未成年人在个体与社会控制维度，其人身危险性可能包含的具体评估要素。

表 2-1　　　　　　　　**个体与社会控制维度的经验性评估要素**

个体与社会控制					
个体	生理	性别		年龄	
	心理	需要	能力	气质	性格
社会控制	家庭	家庭关系及犯罪史	经济状况	住址性质	看护强度
	学校	师生关系	同学关系	文化程度	学习成绩	辍学、休学、转学
	社会	亚文化与社区环境	社会交往	职业状况	法律法规认知状况

现有未成年人社会调查报告对个体因素的考量尤为突出，有的甚至还涉及了未成年人的健康状况。② 社会控制状况则是从与未成年人密切关联的家庭、学校与社会三个层面展开。对此，理论研究者设定的评估因子大同小异，而实践运用的社会调查报告中则出现了一些不同的要素，如未成年人已采取的司法处理情况、法律法规认知状况等。③ 为避免重复评价，我们将这些要素归入犯罪行为和司法处遇两个维度。

(二)犯罪阶段的行为表现

正如此前论证人身危险性与社会危害性的关联所述，评估涉罪未成年人人身

---

① 王奎.论人身危险性的评价因素[J].政治与法律，2007(03)：152-157.

② 桂林市中级人民法院课题组.社会调查报告收集和审查机制的实证研究——以桂林市两级法院未成年人刑事案件为研究对象[J].中国应用法学，2017(06)：113-130.

③ 路琦，席小华.未成年人刑事案件社会调查理论与实务[M].北京：中国人民公安大学出版社，2012：289.

危险性离不开对其先前犯罪行为的全面认知。犯罪阶段的行为表现具体可分为犯罪前、中、后三个阶段。

犯罪前阶段，主要是对涉罪未成年人有无偏差越轨行为以及行为出现的频率、持续性和违法违规记录情况的考察，一般认为具有累犯、惯犯等情节的未成年人再次犯罪的可能性会更大。犯罪中阶段，是针对涉罪未成年人的具体作案情节，譬如犯罪实施的时空条件、犯罪的原因动机、采取的手段、导致的后果以及犯罪对象等要素。犯罪后阶段，重点考察涉罪未成年人是否有毁灭痕迹物证、伪造犯罪现场、对被害人的态度、有无积极补救、赔偿损失、自首、坦白、立功等①，以评定未成年人的悔罪心理状态。

表2-2列明了在犯罪行为维度，涉罪未成年人人身危险性所可能包含的经验性评估要素。

表2-2　　　　　　　　　**犯罪行为维度的经验性评估要素**

犯罪行为	犯罪前	是否存在越轨行为	行为出现的频率、持续性		是否存在违法犯罪行为	
	犯罪中	犯罪原因和动机	时空条件	手段	对象	后果	犯罪类型
	犯罪后	对被害人的态度	是否认罪认罚、自首、坦白、立功		有无积极补救行为	是否毁灭、伪造犯罪痕迹物证

补充说明的是，犯罪行为维度集中考察行为人的不良行为记录、犯罪过程以及犯罪后的行为表现。现有研究在此方面多设置静态的评估要素，少数学者提出了动态性的评估要素，如通过未成年人犯罪的组合方式、时间间隔等更为清晰地体现其人身危险性发展变化的程度。②

(三)司法处遇

司法处遇维度也具体分为执行和执行完毕两个子阶段。在执行阶段，以往学者的研究大多将关注点放在了狱内评估，但对涉罪未成年人而言，司法处遇的方

---

①　王奎. 论人身危险性的评价因素[J]. 政治与法律，2007(03)：152-157.

②　陈伟. 未成年人的人身危险性及其征表[J]. 西南政法大学学报，2011(01)：49-56.

式更多的是非监禁刑，而非监禁刑的狱外评估只有少数学者有所涉及。① 执行完毕阶段，主要关注家庭和社会对涉罪未成年人的接纳情况以及其能否适应并回归正常生活。对此，社会调查报告所包括的内容更为详尽明确，并强调心理评估、帮教、矫正等措施的综合运用。

表 2-3 列明了在司法处遇阶段，涉罪未成年人人身危险性评估所包含的经验性评估要素。

表 2-3　　　　　　　　　　　司法处遇维度的经验性评估要素

		监禁刑	监规遵守表现	悔悟表现	管教服从状况	劳动改造表现	个人控制力表现	
司法处遇	执行阶段	非监禁刑	父母管教状况	生活环境	生活习惯与态度	处事方式	人际交往	学习情况
	执行完毕	家庭氛围	学习和工作状况	社会交往情况	特定时间后无危害行为出现	社区反映	获得社会支持状况	帮教成效

整体而言，个体和社会控制、犯罪行为、司法处遇是我们评估未成年人人身危险性的三个重要维度。其中，个体和社会控制维度，关注未成年人的个体特性及家庭、学校、社会因素对未成年人的影响，此部分的考察需贯穿后续犯罪阶段和司法处遇阶段，且其中的某些要素会处于动态变化之中，相应对其再犯风险也有不同的影响，属于动态评估要素。而犯罪阶段所涵盖的评估要素则是指向已经发生的客观犯罪事实，属于静态性的要素。司法处遇阶段的要素多为动态要素，需要进行持续性的评估考察。

第二节　相关性已被定量检验的评估要素

上述列明的与未成年人人身危险性相关的评估要素，大多还停留在理论思辨

---

① 陈伟. 论人身危险性评估的体系构建[J]. 中国人民公安大学学报(社会科学版)，2011(01)：131-140.

或经验层面，其与人身危险性大小是否真正相关，有待科学规范的测量方法加以检验，从中排除"虚假相关"的评估要素。由于评估工作是一项系统工程，不可能一蹴而就，以笔者现有的研究能力，尚不足以凭借一手数据形成科学合理的评估方案。故本部分的研究以文献分析为主，比较分析哪些评估要素与涉罪未成年人再犯可能性相关，已被研究者测量验证，验证具体情况如何。[1] 必须承认，本书将不同文献针对同一评估要素得出的相关系数值进行对比有很大的局限性，只能在一定程度上起到互为补充或修正作用，后续仍需同仁们共同努力，用更多一手数据对其相关性进行补充效验。

　　基于相关文献主要由三种不同测量方法得出，我们首先对这三种方法的特性及本部分的分析思路做以简要说明：第一种方法是 χ^2 检验、λ 或 τ 或 E^2 系数；第二种是 χ^2 检验、详析模式分析方法；[2] 第三种是多因素方差分析、二元 Logistic 回归分析。下文表格中的 P 值表示的是变量间存在差异的显著性水平，即确定变量间存在关系的可信程度，然而"变量间是否存在关系"与"变量关系的强弱"是完全不同的问题，显著性水平的高低并不能说明关系的强弱，因此需要分析表示变量间关系强弱的各种系数。在社会科学统计研究中，系数值为 0 代表不相关，达到 0.10 时为弱正相关，到 0.30 时为中度正相关，到 0.60 时为强正相关，到 1.00 则代表完全正相关，对应系数值为负值时同理。[3] 在运用第三种方法即多因素方差分析、二元 Logistic 回归分析之时，从其系数的正负可得出相关性的正负方向，得出的 OR 值表示当自变量增加或者减少 1 个单位时，因变量重新犯罪的

---

　　① 另需说明的是，中央综治委预防青少年违法犯罪领导小组办公室、中国青少年研究中心曾对全国十省市未管所在押未成年犯进行调查，近两年赵军博士对未成年人犯罪的量化研究也具有代表性，但这些成果均是对未成年人初犯可能性的考察，样本选取为在押未成年犯和普通中学生，与本书研究的未成年人再犯可能性评估在样本选取和评估维度上存在根本性不同，故而未纳入本书比较范畴。

　　② 详析模式分析方法是由观察到的两变量间的经验关系出发，依据有关理论和对于研究问题的理解，引入第三类的检验变量，通过分析、比较引入这一新变量之后变量间的原初关系模式的变化，来检验、辨别、阐明变量间相互关系的实质，揭示隐藏在表面关系背后的深层次影响因素，从而获得变量间的真实因果关系。参见李沛良. 社会研究的统计应用[M]. 北京：社会科学文献出版社，2001：212。

　　③ 杰克·莱文，詹姆斯·艾伦·福克斯. 社会研究中的基础统计学(第九版)[M]. 王卫东，译. 北京：中国人民大学出版社，2008：272-308.

风险与之相应的变化关系，即是原先犯罪风险的多少倍。

总体而言，多因素方差分析属于参数检验，需要满足测量是在定距水平上、所研究的特性在总体中呈正态分布的要求，[①] 而 χ^2 检验属于非参数检验，数据类型不限于连续数据，还可为离散数据，不需要总体满足正态分布的要求。回归分析能对有相关关系的变量，根据其关系形态拟合出合适的数学模型，更进一步进行因果分析和预测。[②] 笔者认为对涉罪未成年人再犯可能性的评估要素先进行相关性检验，在此基础上进行回归分析，建立相应的数学预测模型可能是更为理想的量化研究方法。但就当前三种统计方法及研究成果而言，并无评价优劣之分，方法选择更多的是基于数据样本的不同而产生的适用程度上的差异。

一、个体与社会控制维度

此维度之下，通过量化分析的评估要素包括年龄、家庭方面、文化程度、学习成绩、职业状况等。

（一）年龄要素

尽管犯罪发展理论论证了年龄在解释个体持续、终止犯罪中的重要作用，但其忽视了意外事件、生活境遇等其他因素对个体行为的影响，为克服此不足，学者们在研究年龄要素时更为关注个体生命中年龄转折的重要性。[③] 涉罪未成年人从犯罪到司法处遇历经刑事诉讼全过程，往往持续时间较长，因此学者们在统计年龄要素时选取的时间节点并不相同：有的统计未成年人犯罪特别是初次犯罪时的年龄；有的统计未成年人被司法机关采取强制措施限制人身自由时的年龄；还有的统计未成年人承担刑事责任的年龄。鉴于逮捕使未成年人处于羁押状态，是所有强制措施中最严厉的一种，强制措施阶段的年龄统计以第一次逮捕时的年龄为主。在监狱内执行刑罚是刑事责任中最重的一种，对未成年人生理和心理等各

---

① 杰克·莱文，詹姆斯·艾伦·福克斯. 社会研究中的基础统计学(第九版)[M]. 王卫东，译. 北京：中国人民大学出版社，2008：272.

② 风笑天. 现代社会调查方法(第四版)[M]. 武汉：华中科技大学出版社，2009：239.

③ 曾赟. 逐级年龄生平境遇犯罪理论的提出与证立——以重新犯罪风险测量为视角[J]. 中国法学，2011(03)：137-147.

方面的影响也最大，承担刑事责任的年龄统计以出狱时年龄为主。

将上述三个年龄都设置为评估要素会使评估变得过于烦琐而不易操作。那么，这些年龄要素中该选取哪些作为最优的评估要素呢？

从表 2-4 我们可以看出，初犯年龄的 P 值小于 0.05，具有统计意义，而且根据其原数据样本的统计分析情况，初犯的年龄越小，重新犯罪的风险就越大，即呈负相关关系。① 但其相关系数为 0.04②，表明其与再犯可能性相关程度很低，与我们通常认为的初犯年龄与再犯可能性之间密切相关的经验认知明显不符。究其原因，可能是在系数的得出过程中，研究者将本为连续变量的初犯年龄人为地加以离散化处理，使得系数值产生一定的偏差。

表 2-4　　　　　　　　　　　　年龄要素相关性验证

类别	P 值	系数	样本数	分析方法
初犯年龄	<0.05	0.04	2977	χ^2检验、详析模式分析方法
第一次 逮捕年龄	0.000	0.231	644	χ^2检验、λ 或 τ 或 E^2 系数
	0.188	−0.07	1238	多因素方差分析、二元 Logistic 回归分析
出狱时年龄	0.000	0.240	618	χ^2检验、λ 或 τ 或 E^2 系数
	0.000	−0.842 （OR = 0.431）	1238	多因素方差分析、二元 Logistic 回归分析

对于第一次逮捕年龄与再次犯罪是否相关，不同测试方法和数据得出的结论截然不同：运用 χ^2 检验、λ 或 τ 或 E^2 系数的方法进行验证筛选，第一次逮捕年龄与重新犯罪之间的系数值为 0.231，即弱相关，且首次逮捕年龄越小，再犯可能

① 需要说明的是，表中有关 χ^2 检验、详析模式分析方法所得系数值以及 λ 或 τ 或 E^2 系数的值，在表中只具有数量大小的比较意义，不代表相关关系的正负方向。故此处负相关，为本书对原始数据所载文献进一步分析获得。

② 孔一教授在《少年再犯研究——对浙江省归正青少年重新犯罪的实证分析》原文中系数值为 0.004。基于原始文献对其进行了还原计算，证实此处的相关系数属原文刊载有误，应为 0.04。

性越大；但若采用多因素方差分析与二元 Logistic 回归分析，其 P 值为 0.188（大于 0.05），说明其没有显著的差异性，不具有统计意义。因此，第一次逮捕年龄是否与重新犯罪相关也需进一步检验。

运用 χ^2 检验、求 λ 或 τ 或 E^2 系数的方法得到出狱时年龄与重新犯罪之间的系数值为 0.240，即弱相关，另外，出狱时年龄越小，再犯的概率就越大；若采用多因素方差分析与二元 Logistic 回归分析，出狱时年龄的系数为 -0.842，即第一次犯罪出监年龄与再犯风险呈负相关。且 OR 值为 0.431 表明：当出狱时年龄增加一个单位，则再犯的风险就是原来的 0.431 倍，即会减少 56.9%。不同的样本数据与统计方法得出的结论虽然有所差别，但在出狱时年龄与重新犯罪的风险呈负相关上结论一致，彼此得到了互相验证。

（二）家庭方面

家庭方面主要涉及有家庭住址性质（城镇或是农村）、家庭经济、家庭关系、早年家庭看护强度（即父母对子女在外行踪的掌握程度）。家庭经济情况的评判指标有好、一般、差和极困难四个等级，家庭关系分为好、一般及差三个等级。[①]

表 2-5 中，家庭住址性质、家庭经济情况、家庭关系的 P 值均小于 0.001，具有统计意义。除了家庭住址性质与再犯可能性是正相关关系，即居住在城镇比在农村的重新犯罪风险更高，家庭经济情况与家庭关系则分别都为负相关关系。三者的系数值分别为 0.019、0.007 和 0.025，表明这三个要素与再犯风险的相关性很弱。但本书在分析其样本数据后，认为对家庭经济状况这一评估要素的验证结果需谨慎对待。因为样本数据中家庭经济条件一般占整体样本的 80%，另外，家庭条件好、差和极困难三个等级合起来占样本量的 20% 左右。也就是说，0.007 的相关系数只能表明，家庭条件一般与再犯风险的相关程度很低，而难以体现家庭条件好、差、极困难三种状况对再犯风险的影响。简言之，由于样本抽

———————

① 孔一．少年再犯研究——对浙江省归正青少年重新犯罪的实证分析[J]．中国刑事法杂志，2006（04）：95-103.

取不具备整体代表性，后续研究中不应轻易将家庭经济状况这一评估要素排除。

表 2-5　　　　　　　　家庭方面评估要素相关性验证

类别	P 值	系数	样本数	分 析 方 法
家庭住址性质	<0.001	0.019	2977	χ^2检验、详析模式分析方法
家庭经济情况	<0.001	0.007	2977	χ^2检验、详析模式分析方法
家庭关系	<0.001	0.025	2977	χ^2检验、详析模式分析方法
早年家庭看护强度	0.000	-0.779 (OR=0.459)	1238	多因素方差分析、二元 Logistic 回归分析

运用多因素方差分析、二元 Logistic 回归分析得出早年家庭看护强度系数为 -0.779，即早年家庭看护强度与再犯风险呈负相关；OR 值为 0.459，表明早年家庭看护的强度增加一个单位，再犯风险就是原来的 0.459 倍，即下降了54.1% [1]。

(三)学校方面

就文化程度即评估对象的受教育水平而言，有研究者将文化程度分为文盲、小学、初中、高中以及大专以上五个等级。[2] 表 2-6 数据显示，采用多因素方差和二元 Logistic 回归分析，P 值为 0.000，具有统计意义。OR 值为 0.931，即当文化程度上升一个等级，那么再犯风险就是之前的 0.931 倍，即减少了 6.9%。但若是使用 χ^2检验等方法，其在 P 值方面均大于 0.05，没有显著差异性，即文化程度与再犯可能性之间不具有相关性。因此，两者是否存在相关关系有待进一步检验。

---

[1]　曾赟. 服刑人员刑满释放前重新犯罪风险预测研究[J]. 法学评论，2011(60)：131-137.

[2]　孔一. 少年再犯研究——对浙江省归正青少年重新犯罪的实证分析[J]. 中国刑事法杂志，2006(04)：95-103.

表 2-6 　　　　　　　　　　学校方面评估要素相关性验证

类别	P 值	系数	样本数	分析方法
文化程度	0.000	−0.072 （OR＝0.931）	1238	多因素方差分析、二元 Logistic 回归分析
	0.119	0.047	701	χ^2 检验、λ 或 τ 或 E^2 系数
	>0.05	0.002	2977	χ^2 检验、详析模式分析方法
学习成绩	0.910	0.006	672	χ^2 检验、λ 或 τ 或 E^2 系数

学习成绩这一评估要素的 P 值为 0.910，大于 0.05，表明其与是否再犯无关。对此，笔者也认为，成绩的好坏在当前语境下只代表学生文化知识获取能力甚或应试能力的强弱。学习成绩好，并不代表其道德修养高、人身危险性弱。传统观念所认为的学习成绩决定了学生品行好坏的偏见和刻板印象急需改变。

（四）职业状况

对于职业状况，虽然不同研究者划分的标准和类别有所不同，如有研究者将其分为工商、农业、干部、学生、待业和其他;[1] 也有研究者细分为农民、工人、生意人、职员、公务员、学生、无业和其他。[2] 但数据分析结果都表明职业状况与再犯风险呈负相关关系，特别是无业者，其再犯概率更大。此外，表 2-7 显示不同分析方法得出的 P 值都小于 0.001，具有统计意义，系数分别为 0.231 和 0.103，表明职业状况与再犯风险具有弱相关性。

表 2-7 　　　　　　　　　　职业状况要素的相关性验证

类别	P 值	系数	样本数	分析方法
职业状况	0.000	0.231	644	χ^2 检验、λ 或 τ 或 E^2 系数
	<0.001	0.103	2977	χ^2 检验、详析模式分析方法

---

① 孔一. 少年再犯研究——对浙江省归正青少年重新犯罪的实证分析[J]. 中国刑事法杂志，2006(04)：95-103.

② 黄兴瑞. 人身危险性的评估与控制[M]. 北京：群众出版社，2004：111-163.

二、犯罪行为维度

涉罪未成年人在犯罪阶段的行为表现可具体划分为犯罪前、犯罪过程中以及犯罪后三个阶段。

(一)犯罪前行为表现

犯罪前的行为表现包括评估对象是否具有早期不良行为、违法犯罪行为以及前科的次数等内容。学者们对此进行了相关的数据验证：早年不良行为、不良行为模式、前科次数、早年隐秘发展道路模式(即个体早年偷窃行为强度)、成年早期违法行为模式(即个体成年早期遭受行政处罚强度)以及现实表现等。这里的早年是指评估对象 14 周岁以前，成年早期是指本次犯罪逮捕前 2 年。① 现实表现的评定分为好、一般、差三个等级。②

表 2-8 中早年不良行为与不良行为模式，这两个要素的 P 值虽然有些微差别，但都小于 0.05，具有统计意义；两者的相关系数也十分相近，都接近于 0.1；且两者在操作化定义上有许多共同的地方：早年不良行为包括行为人打架、偷盗、吸烟、逃学、说谎；不良行为模式包括行为人不良交友、酗酒、吸毒、文身、开支无度。③ 两者主要的区别是早年不良行为要求行为发生在 14 岁以前，而不良行为模式没有年龄限制。早年隐秘发展道路模式即其是否存在小偷小摸行为，通过多因素方差和二元回归分析，其 OR 值为 1.037 表明：如果前期有小偷小摸的行为，那么再犯的风险就是之前的 1.037 倍，即比之前增加了 3.7%。这也从另一角度印证了评估对象早年不良行为与再犯风险的相关性。

---

① 曾赟. 服刑人员刑满释放前重新犯罪风险预测研究[J]. 法学评论，2011(06)：131-137.

② 孔一. 少年再犯研究——对浙江省归正青少年重新犯罪的实证分析[J]. 中国刑事法杂志，2006(04)：95-103.

③ 黄兴瑞. 人身危险性的评估与控制[M]. 北京：群众出版社，2004：111-163.

表 2-8　　　　　　　　　　　犯罪前行为表现相关性验证

类别	P 值	系数	样本数	分析方法
早年不良行为	0.003	0.097	667	χ^2 检验、λ 或 τ 或 E^2 系数
不良行为模式	0.000	0.096	637	χ^2 检验、λ 或 τ 或 E^2 系数
早年隐秘发展道路模式	0.000	0.037 (OR=1.037)	1238	多因素方差分析、二元 Logistic 回归分析
成年早期违法行为模式	0.000	0.463 (OR=1.588)	1238	多因素方差分析、二元 Logistic 回归分析
前科次数	0.000	0.151	608	χ^2 检验、λ 或 τ 或 E^2 系数
现实表现	<0.001	0.341	2977	χ^2 检验、详析模式分析方法

成年早期违法行为模式与前科次数这两个要素的 P 值均为 0.000，都具有统计意义，前者对再犯风险有较大的影响，在排除其他因素的影响下，个体成年早期违法行为模式发展强度增加一个单位，再犯风险就相应增加 58.8%；后者与再犯风险也呈弱相关关系。现实表现与再犯风险为负相关关系，系数值为 0.341 表明两者呈中度相关，但现实表现的操作化定义太过笼统，几乎涵盖了前述行为表现的全部内容，需进一步细化以提高评估效度。

(二)犯罪过程中的行为表现

犯罪过程中的行为表现主要有罪名、首犯案由、手段迷乱强度(指个体采用非常或极端手段达到目的强度)。其中，首犯案由的内容包括抢劫、盗窃、强奸、诈骗、贪污、挪用、流氓、伤害、杀人、贩毒及其他。[1] 罪名包括杀人、伤害、强奸、抢劫、盗窃、诈骗、职务犯罪及其他。[2]

---

① 孔一. 少年再犯研究——对浙江省归正青少年重新犯罪的实证分析[J]. 中国刑事法杂志，2006(04)：95-103.
② 黄兴瑞. 人身危险性的评估与控制[M]. 北京：群众出版社，2004：111-163.

表 2-9　　　　　　　　　　　　犯罪过程中的行为表现相关性验证

类别	P 值	系数	样本数	分 析 方 法
首犯案由	<0.001	0.040	2977	χ^2 检验、详析模式分析方法
罪名	0.000	0.182	577	χ^2 检验、λ 或 τ 或 E^2 系数
手段迷乱强度	0.000	0.451 (OR=1.570)	1238	多因素方差分析、二元 Logistic 回归分析

　　罪名与首犯案由这两个要素分别采用了不同的分析方法进行验证，但在 P 值上都具有统计意义。罪名的相关系数是 0.182，与再犯风险具有相关性。此外，还有学者细分不同罪名后发现，若第一次犯盗窃罪，则再犯风险增加 125.2%；若第一次犯故意杀人罪、故意伤害罪、抢劫罪、走私、贩卖、运输、制造毒品罪，则再犯风险分别减少 37.4%、36.1%、47.6%、59.1%。① 首犯案由的相关系数虽为 0.040，但在一定程度上验证了前述学者有关罪名与再犯风险存在相关性的研究。本书认为，罪名和首案犯由两个要素指向的内容并无本质上的差别，可将其统一归为犯罪类型。手段迷乱强度即个体采用非常或极端手段达到目的强度，其 P 值为 0.000，系数为 0.451，与再犯风险呈正相关；OR 值为 1.570 表明采用极端手段的强度若增加一个单位，那么再犯的风险就是原先的 1.570 倍，即增加了 57%。

(三)犯罪后的行为表现

　　犯罪后的行为表现考察的是行为人在接受刑事处罚前的认罪、悔罪态度，包括其对被害人的态度和否定责任强度(自我归责的程度)。

　　表 2-10 数据表明，对被害人的态度和否定责任强度，P 值均为 0.000，具有统计意义。对被害人态度与再犯风险明显是负相关关系，系数值为 0.135 表明其与再犯可能性具有弱相关关系。否定责任强度的 OR 值为 1.09，表明若是否定责任的强度增加一个单位，再犯的风险就会增加 9%。

---

① 曾赟. 服刑人员刑满释放前重新犯罪风险预测研究[J]. 法学评论, 2011(60)：131-137.

表 2-10　　　　　　　　　犯罪后行为表现相关性验证

类别	P 值	系数	样本数	分析方法
对被害人的态度	0.000	0.135	669	χ^2 检验、λ 或 τ 或 E^2 系数
否定责任强度	0.000	0.086 (OR=1.09)	1238	多因素方差分析、二元 Logistic 回归分析

三、司法处遇维度

未成年人司法处遇维度，经过量化分析的评估要素集中于监禁刑方面，对于非监禁刑以及执行完毕后的其他要素尚未能进行数据分析验证。

(一) 监禁刑

监禁刑方面，现有定量研究具体包括评估对象的刑期、服刑期间就业技能学习情况、释放前的管理级别(狱中管理的宽严程度)以及服刑期间会见强度与再犯可能性的关系。

从表 2-11 中我们可以看出，不同统计方法证实刑期与再犯风险的相关性有所不同：χ^2 检验、λ 或 τ 或 E^2 系数得出的系数为 0.185；多因素方差和二元 Logistic 回归分析得到的 OR 值为 0.401，表明刑期每增加一个单位，重新犯罪的风险就会减少 59.9%。但经 χ^2 检验、详析模式分析方法得出的系数值仅为 0.003，表明刑期与再犯风险的相关性非常弱。但除去结果数值上的差异，整体上这三种方法的结论都证实了刑期与再犯可能性存在的负相关关系，其数据样本统计的情况皆表明刑期越短，重新犯罪的可能性就越大。

表 2-11　　　　　　　　　监禁刑方面各要素的相关性验证

类别	P 值	系数	样本数	分析方法
刑期	0.000	0.185	524	χ^2 检验、λ 或 τ 或 E^2 系数
	0.000	−0.917 (OR=0.401)	1238	多因素方差分析、二元 Logistic 回归分析
	<0.01	0.003	2977	χ^2 检验、详析模式分析方法

类别	P 值	系数	样本数	分 析 方 法
服刑期间是否学到就业技能	0.000	0.356	670	χ^2检验、λ 或 τ 或 E^2 系数
释放前的管理级别	0.000	0.158	605	χ^2检验、λ 或 τ 或 E^2 系数
服刑期间会见强度	0.000	-0.04 (OR = 0.961)	1238	多因素方差分析、二元 Logistic 回归分析

　　服刑期间就业技能学习情况、释放前的管理级别以及服刑期间的会见强度，其 P 值均为 0.000，具有统计意义。其中，就业技能学习情况与再犯风险是负相关关系，系数值为 0.356 表明两者是中度相关。毫无疑问，职业技能的学习，直接影响行为人服刑结束之后的生存状况，若能有职业专长，顺利就业，在一定程度上会减少再犯概率。释放前管理级别的宽严程度系数值为 0.158，表明其与再犯风险呈弱相关性。服刑期间会见强度的 OR 值为 0.961，表明会见强度增加一个单位，再犯风险就减少了 3.9%，对再犯风险的影响相对较小。

（二）获得社会支持状况

　　就涉罪未成年人而言，若能深刻反省自己的错误，增强法治意识与道德观念，具有比较明确的人生规划，往往能得到家庭和其他社会关系的接纳与包容，有效克服诸多不利因素，顺利融入社会生活。因此，良好的社会支持系统对涉罪未成年人而言，意义重大。现有关于社会支持方面的评估要素包括户口落实、安置就业、社会态度以及帮教情况。[①]

　　户口落实、安置就业和社会态度与重新犯罪的风险都是负相关关系，由表2-12可知，这三者的 P 值均小于 0.001，具有统计意义。户口落实的系数为0.015，与再犯风险的相关性弱；社会态度指公众对其是否关心或歧视等，其相

－－－－－－－－－－

① 孔一. 少年再犯研究——对浙江省归正青少年重新犯罪的实证分析[J]. 中国刑事法杂志，2006(04)：95-103.

关系数为 0.060，虽系数值不高，但从司法经验角度来看，社会对涉罪未成年人接纳程度对其再犯的可能性确实产生影响。若社会大环境对其接纳与包容，其更容易回归正常社会生活；若社会整体对其持冷漠甚至是歧视的态度，则其可能产生消极情绪，自暴自弃，甚至再次犯罪。相比而言，安置就业的系数值为 0.103，高于户口落实和社会态度。即相对稳定的工作和学习状态，更能减小涉罪未成年人再犯的可能性。

表 2-12　　　　　　　　　　社会支持状况相关性验证

类别	P 值	系数	样本数	分析方法
户口落实	<0.001	0.015	2977	χ^2检验、详析模式分析方法
安置就业	<0.001	0.103	2977	χ^2检验、详析模式分析方法
社会态度	<0.001	0.060	2977	χ^2检验、详析模式分析方法
帮教情况	>0.05	0.001	2977	χ^2检验、详析模式分析方法

值得注意的是，表中帮教情况由于 P 值大于 0.05，不具有差异显著性，表明其对重新犯罪不产生影响。这与当前我国未检部门加大未成年人帮教力度的司法现状似乎不符。对研究者选取的样本进一步分析，笔者发现：在开展帮教的主体中，乡村干部帮教占有相当大的比例，高达 67.60%，其次是警民帮教，占 14.40%，再次是居委会干部帮教，占 11.80%，这三种帮教方式共占比 93.80%，但显然这三类帮教主体都属于非专业人员，实践中，其帮教效果自然会大打折扣。

第三节　相关性急需定量检验的评估要素

对涉罪未成年人人身危险性进行评估是一项宏大工程，其评估要素除上述已经过定量检验的要素之外，还存有诸多相关性尚未经过定量检验的要素，这些要素或源于少年司法工作者的认知和经验，或与再犯风险是否相关存在争议。

一、未成年人个性心理特征与再犯风险

行为是心理的外化表现，评估未成年人再犯风险，离不开对涉罪未成年人个性心理的刻画，且专业心理量表的引入能使评估的结论更加科学精确。目前大部分社会调查报告都会涉及对涉罪未成年人心理状况的考察。① 本书在实践调研中也发现，有部分基层检察机关在社会调查报告中采用国内修订的卡特尔人格量表（16PF）或艾森克人格问卷（EPQ）对涉罪未成年人进行心理测评。这些量表的应用有助于我国未成年人人身危险性评估进入多元量表发展期，但量表评估维度和方法的差异性，也给人身危险性评估要素的标准化和体系化带来操作困难。此外，相较于成年人，未成年人在心理状况层面更易受不良环境的影响，其生理、心理都处在不断动态变化之中，使其人格形成的不稳定性包含着多种可能。未来需要在检验未成年人个性心理与再犯风险相关性基础上，针对涉罪未成年人心理特征建立"精算式"动态量表评估要素。

二、亚文化与未成年人再犯风险

亚文化主要包括帮派思想、崇尚暴力、逞强好胜、文身和暗语等。② 之前较少有学者将这部分的内容单独整合列为一个评价因子，然而亚文化对未成年人犯罪的影响是深层次的。一方面，未成年人本身心理机制发展还不成熟健全，极易受到外界社会各种不良文化的影响诱导；另一方面，未成年人渴望获得他人的认同，想要融入所处的群体圈子，会受到从众心理的影响进而主动或者被动地接受该群体组织的亚文化，由此产生违法犯罪行为。有些未成年人还由于规则意识淡薄而实施犯罪，因此对涉罪未成年人法律法规认知状况的准确评估考察，可以在后期的帮教过程中有针对性地对其进行教育引导，促使其具备良好的法治意识，从而更好地回归社会。

---

① 四川省高级人民法院课题组. 未成年人刑事案件审理中社会调查制度的实际运用与分析[J]. 法律适用，2014（06）：117-121.

② 狄小华. 罪犯心理的危险性评估[J]. 河南司法警官职业学院学报，2004（02）：13-17.

第四节　评估要素相关性检验的思考与建议

一、注重评估要素的概念化和可操作性

现有关于人身危险性评估的研究中，学者们设定的一些评估要素过于抽象，未适当地概念化，形成操作化定义，这无疑会影响评估要素的信度和效度。如"否定责任强度"和"手段迷乱强度"等，若这些要素的具体含义和评价标准等不明确，就难以明晰这些要素所指向的评估内容。未成年人人身危险性评估要素设定的最终目的在于服务具体司法实践的需要，其首要任务就是让评估主体或者实际操作人员能够理解评估的内容，对一些抽象复杂的概念进行合理的操作化定义。再如"现实表现"，其字面意思理解起来并没有难度，进行量化研究时设定的评价标准是"好""一般""差"。但问题是，现实表现如何标定"好""一般"或者"差"？如果未成年人在一段时间内表现好，但在另一时间阶段却表现一般或者差，现实表现该如何认定？因此，对这种主观性较强的评估要素，在降维赋值时应尽可能详细地说明客观化的操作标准。

二、评估要素应突出未成年人自身特点

目前我国人身危险性评估，研究对象大多还不是针对涉罪未成年人。特别是司法处遇阶段人身危险性评估，关注的对象大多是被监禁的成年犯罪人。但与成年人不同，未成年人更多地适用非监禁刑的刑事处罚方式或者暂缓起诉等其他司法处遇措施。在这种处分方式之下，未成年人的人身自由并没有受到过多的限制，也未断绝与外界社会的联系，依旧处在原有的生活环境之中，与被判处监禁刑的人相比，对其人身危险性评估所需的各种信息更为繁杂多变，收集起来的难度更大，但这项工作却是必不可少并急需解决的，我们应密切关注此种情境之下的未成年人人身危险性的动态发展状况。

三、统一并细化社会调查报告适用标准

社会调查报告是针对涉罪未成年人人身危险性评估的具体制度设计，其既是

司法工作人员经验的总结与提炼，也是检察官决定是否羁押及法官量刑的重要参考。但由于实践中社会调查报告基于各地实施主体(包括警察、社会工作者、检察官等多种主体)和标准、程序的不同，使其具体操作过程在实践中差异较大。此外，社会调查报告在内容上多为原则性规定，较少进行具体化的评估要素设置。实践中司法机关对社会调查报告往往本着"自由心证"的方式对未成年人作出裁量决定。因此，理论研究者和司法实务人员应相互配合，扩大社会调查报告的效用范围，统一其适用标准，依托社会调查报告，创设符合未成年人身心发展规律的科学合理的人身危险性评估体系。

四、确保抽样方法的科学化

正如本章第二部分所分析的那样，学者们针对人身危险性同一评估要素可能会选取不同的量化分析方法，如第一次逮捕年龄、出狱时年龄、文化程度、刑期等要素的分析，不同分析方法得出的结论大不相同，甚至相互矛盾。这些方法各具特色，无法简单划分优劣，需要后续分析验证，特别是对样本状况的检验。但现有研究不仅对使用的统计分析方法介绍过于简单，而且很少说明其抽样方法和过程，更不用说提供样本数据检索途径了。在量化分析中，样本数据的选取是至为关键的源头环节。定量研究往往通过典型样本分析，推知整体实际状况。样本的代表性，依赖于抽样方法的科学。在少数说明样本数据来源的研究中，我们发现其抽样还远远达不到随机性要求，而是一种"随意"抽样或者说"便宜"抽样。如第二部分提到的家庭经济条件及帮教情况与涉罪未成年人再犯相关性分析，由于家庭经济条件、帮教情况选取的样本集中于某一类，不具有整体代表性，其结论的局限和偏差就在所难免。

综上所述，当前我国未成年人人身危险性评估虽取得进展，但尚未形成科学的评估体系。针对涉罪未成年人，其评估应包括三个维度：个体与社会控制状况、犯罪行为和司法处遇。现有文献已证实的评估要素包括年龄、家庭住址性质、家庭经济情况、家庭看护强度、早期不良行为、犯罪类型、犯罪后对被害人的态度和否定责任强度、社会支持及帮教情况等要素。而个性心理特征、亚文化等要素是否增大涉罪未成年人再犯风险有待后续定量检验。未成年人人身危险性评估要素的研究与确立，应在实现评估要素可操作化的同时，突出未成年人的自身特点；以统一规范的社会调查报告为基础，确保抽样方法的科学化。

第三章　未成年人人身危险性评估在逮捕审查中的应用

2018—2022 年，我国未成年人犯罪总数呈上升趋势，检察机关受理审查起诉未成年人犯罪 32.7 万人，年均上升 8.3%。2022 年，未成年人犯罪不捕率、不诉率分别为 66.6%、57.6%，较 2018 年同期上升 32.2%、34.4%。对罪行严重的起诉 17.9 万人，较前五年下降 36.9%。对罪行轻微、有认罪悔罪表现的，附条件不起诉 7.1 万人，适用率由 2018 年的 12.2% 上升至 2022 年的 36.1%，[①] 即便在 2023 年全国检察机关批捕、起诉未成年人犯罪总体呈上升趋势的情况下，全年对未成年犯罪嫌疑人附条件不起诉率仍小幅上升至 37.4%。[②] 可见，在未成年人犯罪总量持续上升的背景下，严重暴力犯罪占比下降，社会危险性较小的轻缓犯罪日益增多。未成年人具有不同于成年人的身心特点，对未成年人适用逮捕羁押措施并不利于社会关系的修复。对罪行较轻、主观恶性较小的未成年人适用分级处遇，尽量减少对未成年人人身自由的剥夺，避免其因被逮捕羁押而受到更多不良影响，降低司法成本。

有关未成年人逮捕社会危险性评估的规定零散分布于《刑事诉讼法》《人民检察院刑事诉讼规则》《人民检察院办理未成年人刑事案件的规定》等法律法规中。根据我国刑事诉讼法的规定，逮捕犯罪嫌疑人需要同时审查证据(有证据证明有

---

① 最高人民检察院关于人民检察院开展未成年人检察工作情况的报告[EB/OL].（2022-10-29）[2023-08-29]. https：//www. spp. gov. cn/spp/xwfbh/wsfbh/202210/t20221029 _ 591185. shtml.

② 最高人民检察院. 未成年人检察工作白皮书（2023）[EB/OL].（2024-05-31）[2024-06-09]. https：//www. spp. gov. cn/xwfbh/wsfbh/202405/t20240531_655854. shtml.

犯罪事实）、刑罚（可能判处徒刑以上刑罚）和社会危险性三大要件。其中证据要件和刑罚要件是逮捕审查的前提，而社会危险性要件是逮捕审查的核心。相较于前两者，社会危险性要件在评估内容和评估方法层面尚不成熟，虽然学界对此展开了一系列研究，但尚未达成统一的共识。为此，本章尝试对涉罪未成年人逮捕审查中危险性评估的内容和方法进行探索，以期提升此阶段未成年人人身危险性评估的客观性、可操作性和透明度。

第一节　逮捕审查阶段未成年人人身危险性评估概述

《刑事诉讼法》第 81 条列举了社会危险性的五类情形：一是可能实施新的犯罪的；二是有危害国家安全、公共安全或者社会秩序的现实危险的；三是可能毁灭、伪造证据，干扰证人作证或者串供的；四是可能对被害人、举报人、控告人实施打击报复的；五是企图自杀或者逃跑的。前两种情形可以归结为再犯可能性，后三种情形可以归结为诉讼可控性。逮捕作为最严厉的强制性侦查措施，首要目的便是保障刑事诉讼顺利进行，因此将诉讼可控性纳入逮捕的社会危险性条件不存在疑问。但问题是，透过该法条，我们如何理解社会危险性，尤其是社会危险性与人身危险性的关系。虽然《刑事诉讼法》在逮捕条件中明确使用了"社会危险性"的表述，但并未阐明社会危险性的内涵和外延。"社会危险性"并非国际通用概念，而是我国法律基于本国国情创设出来的一个概念，类似于英美法系国家的"审前风险"。根据学界的解读，社会危险性的证明对象是未来发生危险行为的可能性，其证明逻辑是根据诉讼过程中搜集到的各类证据，证明基础事实的存在，进而由基础事实推定未来风险发生可能性的大小。因此，社会危险性本质上是未然风险的概率，且是一种对人的风险评估，是对犯罪嫌疑人未来行为的预测。① 除明确社会危险性的内涵外，更重要的是厘清社会危险性的外延，进而为社会危险性评估奠定理论基础。对于社会危险

---

① 高童非．由案到人：审查逮捕的社会危险性评估［EB/OL］．（2024-04-30）［2024-05-30］．https：//www.cssn.cn/skgz/bwyc/202404/t20240430_5748834.shtml.

性的外延，学界观点不一。不少研究者认为逮捕审查中的社会危险性范畴大于人身危险性，但给出的解释并不完全相同，大体包括两种。第一种认为社会危险性包含罪行危险性（涉嫌犯罪的事实）和人身危险性（可能妨碍刑事诉讼的危险性和可能再次犯罪的危险性）①。第二种认为人身危险性属于实体风险，一般指再犯风险，而社会危险性不仅包含实体上的再犯风险，还包括犯罪嫌疑人伪造证据、干扰证人、逃跑等妨碍诉讼的程序风险。② 本书认为，上述两种观点都值得商榷，其对社会危险性外延的认定要么过宽，要么过窄。详言之，第一种观点主张社会危险性包括罪行危险性和人身危险性，并将罪行危险性解释为涉嫌犯罪的事实，这等于是将刑法中行为的"社会危害性"转换成了"罪行危险性"的表述，即社会危险性包括社会危害性和人身危险性。而这与刑事诉讼法关于逮捕的条件规定相悖，因为刑事诉讼法规定逮捕犯罪嫌疑人需要同时满足证据（有证据证明有犯罪事实）、刑罚（可能判处徒刑以上刑罚）、社会危险性三大要件，表明在逮捕审查中社会危险性与犯罪事实（行为的社会危害性）不是包含关系，而是并列关系。因此，若将社会危害性完全包含在社会危险性评估中，将社会危险性的外延界定得过宽，不仅存在重复评价的问题，也与前述社会危险性的内涵不符。第二种观点将社会危险性的外延界定得过窄，即该观点将人身危险性限缩为实体法上的再犯可能性风险，将社会危险性限缩为程序法上的诉讼可控性风险。此观点虽注意到实体法和程序法风险内容的不同，但却忽视了实体法和程序法的统一性，与当前刑事一体化的潮流不符。人身危险性关注人本身，而谈社会危险性亦不能脱离人，关注的仍是行为人对社会可能造成的风险。因此，本书认为《刑事诉讼法》第81条所指的社会危险性，即是犯罪嫌疑人在逮捕审查阶段的人身危险性。人身危险性既可涵盖实体法角度行

---

① 杨秀莉，关振海．逮捕条件中社会危险性评估模式之构建[J]．中国刑事法杂志，2014（01）：63-70；高通．轻罪案件中的逮捕社会危险性条件研究——以故意伤害罪为例[J]．政法论坛，2021，39（02）：73-89；王贞会．审查逮捕社会危险性评估量化模型的原理与建构[J]．政法论坛，2016，34（02）：70-80．

② 郭烁．论取保候审"社会危险性"条件的司法认定[J]．学习与探索，2017（09）：63-71．

为人再次犯罪的风险，也可包括程序法角度行为人妨碍诉讼的风险。人身危险性评估应是动态的、长期的、多次的，且在不同的诉讼阶段有不同的评估侧重点。

为行文方便，本章以下内容采用与刑事诉讼法一致的社会危险性表述指代人身危险性。且再次重申，本书第一章已详述了社会危险性和社会危害性的区别，表明两者评价内容完全不同。但通常情况下，犯罪的社会危害性越大，可能被判处的刑罚越重，行为人基于趋利避害的心理，逃避刑事处罚的可能性越高，实施逃跑、干扰证人作证等妨碍刑事诉讼行为的可能性越高，逮捕必要性越高。因此，行为的社会危害性是判断犯罪嫌疑人是否具有逮捕必要性的一项重要指标，① 在司法实践中通常与社会危险性相结合以判断有无逮捕必要。

一、逮捕审查中未成年人社会危险性的法律规定

(一)逮捕审查中社会危险性的通用规定

《刑事诉讼法》关于逮捕社会危险性的规定历经了两次主要变化。第一次是1979 年《刑事诉讼法》第 40 条规定：对主要犯罪事实已经查清，可能判处徒刑以上刑罚的人犯，采取取保候审、监视居住等方法，尚不足以防止发生社会危险性，而有逮捕必要的，应当依法逮捕。这是"社会危险性"首次出现在我国法律文件中。1996 年《刑事诉讼法》对逮捕社会危险性未作重要修订，只是将"主要犯罪事实已经查清"替换为"有证据证明有犯罪事实"，将逮捕的证据条件门槛降低，即只要有证据证明部分犯罪事实即可逮捕，而无须完全查清。第二次是 2012 年《刑事诉讼法》对逮捕的社会危险性作出重要修订，列举了 5 类具有社会危险性的情形，在 1979 年和 1996 年的基础上，通过列举的方式细化了社会危险性的范围，增强了可操作性，并就逮捕、取保候审和监视居住之间的转处问题作出规定，赋予了办案人员更多的自由裁量空间。2018 年《刑事诉讼法》就 2012 年的条

---

① 王贞会. 审查逮捕社会危险性评估量化模型的原理与建构[J]. 政法论坛，2016，34（02）：70-80.

款作出进一步解释,以增强社会危险性的实践可操作性。

除《刑事诉讼法》外,其他法律法规也对逮捕的社会危险性作出过一系列规定。2003 年最高人民检察院颁布的《审查逮捕证据参考标准(试行)》,系我国首部具体规定逮捕社会危险性情形的法律文件。其后,2010 年《人民检察院审查逮捕质量标准》对逮捕社会危险性的情形作出修订,2015 年《关于逮捕社会危险性若干问题的规定》对 2012 年《刑事诉讼法》5 类社会危险性情形分别进一步阐述,2019 年《人民检察院刑事诉讼规则》对罪行较轻无逮捕必要的情形作出规定(参见表 3-1)。

表 3-1 逮捕审查中社会危险性通用规范一览表

年份	名称	主　要　内　容
2003	部分罪案《审查逮捕证据参考标准(试行)》	一、审查逮捕通用证据参考标准 (二)实体方面 …… 3. 有逮捕必要:犯罪嫌疑人具有社会危险性,即采取取保候审、监视居住等方法不足以防止发生社会危险性。 ①犯罪嫌疑人有行政刑事处罚记录,包括:受过刑事处罚,曾因其他案件被相对不起诉,受过劳动教养、治安处罚及其他行政处罚; ②属于危害国家安全犯罪、恐怖犯罪、有组织犯罪、黑社会性质组织犯罪、暴力犯罪等严重危害社会治安和社会秩序的犯罪嫌疑人,累犯或多次犯罪、犯罪集团或共同犯罪的主犯,流窜犯罪;属于犯罪情节特别严重;具有法定从重情节;犯罪嫌疑人没有悔罪表现; ③犯罪嫌疑人可能逃跑、自杀、串供、干扰证人作证以及伪造、毁灭证据等妨害刑事诉讼活动的正常进行的,或者存在行凶报复、继续作案的可能,如曾以自伤、自残方法逃避侦查,持有外国护照或者可能逃避侦查;已经逃跑或逃跑后抓获的; ④属于违反刑诉法第五十六条、第五十七条规定,情节严重的。

续表

年份	名称	主 要 内 容
2006	《最高人民检察院关于在检察工作中贯彻宽严相济刑事政策的若干意见》	13. 对轻微犯罪中的初犯、偶犯依法从宽处理。对于初次实施轻微犯罪、主观恶性小的犯罪嫌疑人，特别是对因生活无着偶然发生的盗窃等轻微犯罪，犯罪嫌疑人人身危险性不大的，一般可以不予逮捕；符合法定条件的，可以依法不起诉。确需提起公诉的，可以依法向人民法院提出从宽处理的意见。
2010	《人民检察院审查逮捕质量标准》	第5条"采取取保候审、监视居住等方法，尚不足以防止发生社会危险性，而有逮捕必要"，是指犯罪嫌疑人具有以下情形之一的： （一）可能继续实施犯罪行为，危害社会的； （二）可能毁灭、伪造、转移、隐匿证据，干扰证人作证或者串供的； （三）可能自杀或者逃跑的； （四）可能实施打击报复行为的； （五）可能有碍于本案或者其他案件侦查的； （六）犯罪嫌疑人居无定所、流窜作案、异地作案，不具备取保候审、监视居住条件的； （七）对犯罪嫌疑人不羁押可能发生社会危险性的其他情形。
（2012）2018	《刑事诉讼法》	第81条：采取取保候审尚不足以防止发生下列社会危险性的，应当予以逮捕： （一）可能实施新的犯罪的； （二）有危害国家安全、公共安全或者社会秩序的现实危险的； （三）可能毁灭、伪造证据，干扰证人作证或者串供的； （四）可能对被害人、举报人、控告人实施打击报复的； （五）企图自杀或者逃跑的。 批准或者决定逮捕，应当将犯罪嫌疑人、被告人涉嫌犯罪的性质、情节，认罪认罚等情况，作为是否可能发生社会危险性的考虑因素。

年份	名称	主 要 内 容
2015	《最高人民检察院、公安部关于逮捕社会危险性条件若干问题的规定(试行)》	第5条：犯罪嫌疑人"可能实施新的犯罪"，应当具有下列情形之一：(一)案发前或者案发后正在策划、组织或者预备实施新的犯罪的；(二)扬言实施新的犯罪的；(三)多次作案、连续作案、流窜作案的；(四)一年内曾因故意实施同类违法行为受到行政处罚的；(五)以犯罪所得为主要生活来源的；(六)有吸毒、赌博等恶习的；(七)其他可能实施新的犯罪的情形。 第6条：犯罪嫌疑人"有危害国家安全、公共安全或者社会秩序的现实危险"，应当具有下列情形之一：(一)案发前或者案发后正在积极策划、组织或者预备实施危害国家安全、公共安全或者社会秩序的重大违法犯罪行为的；(二)曾因危害国家安全、公共安全或者社会秩序受到刑事处罚或者行政处罚的；(三)在危害国家安全、黑恶势力、恐怖活动、毒品犯罪中起组织、策划、指挥作用或者积极参加的；(四)其他可能毁灭、伪造证据，干扰证人或者串供的情形。 第7条："可能毁灭、伪造证据，干扰证人作证或者串供"，应当具有下列情形之一：(一)曾经或者企图毁灭、伪造、隐匿、转移证据的；(二)曾经或者企图威逼、恐吓、利诱、收买证人，干扰证人作证的；(三)有同案犯罪嫌疑人或者与其在事实上存在密切关联犯罪的犯罪嫌疑人在逃，重要证据尚未收集到位的。 第8条："可能对被害人、举报人、控告人实施打击报复"，应当具有下列情形之一：(一)扬言或者准备、策划对被害人、举报人、控告人实施打击报复的；(二)曾经对被害人、举报人、控告人实施打击、要挟、迫害等行为的；(三)采取其他方式滋扰被害人、举报人、控告人的正常生活、工作的；(四)其他可能对被害人、举报人、控告人实施打击报复的情形。 第9条："企图自杀或者逃跑"，应当具有下列情形之一：(一)着手准备自杀、自残或者逃跑的；(二)曾经自杀、自残或者逃跑的；(三)有自杀、自残或者逃跑的意思表示的；(四)曾经以暴力、威胁手段抗拒抓捕的；(五)其他企图自杀或者逃跑的情形。 第10条：人民检察院对于以无社会危险性不批准逮捕的，应当向公安机关说明理由，必要时可以向被害人说明理由。对于社会关注的重大敏感案件或者可能引发群体性事件的，在作出不捕决定前应当进行风险评估并做好处置预案。

年份	名称	主　要　内　容
2019	《人民检察院刑事诉讼规则》	第 140 条：犯罪嫌疑人涉嫌的罪行较轻，且没有其他重大犯罪嫌疑，具有下列情形之一的，可以作出不批准逮捕或者不予逮捕的决定： （一）属于预备犯、中止犯，或者防卫过当、避险过当的； （二）主观恶性较小的初犯，共同犯罪中的从犯、胁从犯，犯罪后自首、有立功表现或者积极退赃、赔偿损失、确有悔罪表现的； （三）过失犯罪的犯罪嫌疑人，犯罪后有悔罪表现，有效控制损失或者积极赔偿损失的； （四）犯罪嫌疑人与被害人双方根据刑事诉讼法的有关规定达成和解协议，经审查，认为和解系自愿、合法且已经履行或者提供担保的； （五）犯罪嫌疑人认罪认罚的； （六）犯罪嫌疑人系已满十四周岁未满十八周岁的未成年人或者在校学生，本人有悔罪表现，其家庭、学校或者所在社区、居民委员会、村民委员会具备监护、帮教条件的； （七）犯罪嫌疑人系已满七十五周岁的人。

表 3-1 显示，随着时间的推移和立法技术的进步，《刑事诉讼法》等法律法规对"社会危险性"的规定更加完善，不仅从正面列举"有社会危险性"应当逮捕的情形，还从反面列举"无社会危险性"不应逮捕的情形，为办案人员在逮捕审查阶段评估犯罪嫌疑人"社会危险性"提供了规范指引，但由于司法规范内容的有限性与案件事实的无限性之间的张力，具体案件中犯罪嫌疑人社会危险性的评估往往还是需要依靠司法人员的主观经验判断。

（二）未成年人逮捕审查中社会危险性的专门规定

我国对未成年人一直秉持"少捕慎押"的原则，相关法律主要围绕"社会危险性较小""无逮捕必要"进行规定。2012 年《最高检关于进一步加强未成年人刑事检察工作的决定》规定应当综合考虑未成年人的性格特点、家庭情况、社会交往、成长经历、犯罪原因、犯罪后态度、帮教条件等因素，衡量逮捕的必要性，慎重作出逮捕决定。2013 年最高人民检察院颁布的《人民检察院办理未成年人刑事案件的规定》规定对于罪行较轻，具备有效监护条件或社会帮教措施，没有社会危险性或社会危险性较小，不逮捕不致妨碍诉讼正常进行的未成年犯罪嫌疑人，应当不批准逮捕。对于罪行比较严重，但主观恶性不大，有悔罪表现，具备有效监护条件或社会帮教措施，满足特定情形的未成年犯罪嫌疑人，可以不批准逮捕。逮捕后经审查无羁押必要的，应当予以释放或变更强制措施。2017 年《最高人民检察院未成年人刑事检察工作指引（试行）》规定了人民检察院审查未成年人社会危险性的资料来源，在 2013 年的基础上进一步细化了无社会危险性不捕的情形，并就应当不捕、证据不足不捕、无社会危险性不捕的情形分别作出说明。2019年《人民检察院刑事诉讼规则》就 2017 年的有关条款作出进一步修订和简化（参见表 3-2）。

表 3-2　　　　　　　　未成年人逮捕审查中社会危险性专用规范一览表

年份	名称	主 要 内 容
2012	《最高人民检察院关于进一步加强未成年人刑事检察工作的决定》	第 2 条第 5 款：坚持依法少捕、慎诉、少监禁。要综合犯罪事实、情节及帮教条件等因素，进一步细化审查逮捕、审查起诉和诉讼监督标准，最大限度地降低对涉罪未成年人的批捕率、起诉率和监禁率： （一）对于罪行较轻，具备有效监护条件或者社会帮教措施，没有社会危险性或者社会危险性较小的，一律不捕； （二）对于罪行较重，但主观恶性不大，真诚悔罪，具备有效监护条件或者社会帮教措施，并具有一定从轻、减轻情节的，一般也可不捕； （三）对已经批准逮捕的未成年犯罪嫌疑人，经审查没有继续羁押必要的，及时建议释放或者变更强制措施。
2013	《人民检察院办理未成年人刑事案件的规定》	第 19 条：对于罪行比较严重，但主观恶性不大，有悔罪表现，具备有效监护条件或者社会帮教措施，具有下列情形之一，不逮捕不致妨害诉讼正常进行的未成年犯罪嫌疑人，可以不批准逮捕： （一）初次犯罪、过失犯罪的； （二）犯罪预备、中止、未遂的； （三）有自首或立功表现的； （四）犯罪后如实交代罪行，真诚悔罪，积极退赃，尽力减少和赔偿损失，被害人谅解的； （五）不是主犯或首要分子的； （六）已满十四周岁不满十六周岁或系在校生； （七）其他可以不批准逮捕的情形。

续表

年份	名称	主 要 内 容
2017	《未成年人刑事检察工作指引(试行)》	第160条：对于罪行较重，但主观恶性不大，有悔罪表现，具备有效监护条件或者社会帮教措施，具有下列情形之一，不逮捕不致再危害社会和妨害诉讼正常进行的，可以不批准逮捕： (一)初次犯罪、过失犯罪的； (二)犯罪预备、中止、未遂的； (三)防卫过当、避险过当的； (四)犯罪后有自首或者立功表现的； (五)犯罪后如实交代罪行，真诚悔罪，积极退赃，尽力减少和赔偿损失，与被害人达成和解的； (六)不是主犯或首要分子的； (七)属于已满十四周岁不满十六周岁的未成年人或者系在校学生的； (八)身体状况不适宜羁押的； (九)系生活不能自理人的唯一扶养人的； (十)其他可以不批准逮捕的情形。
2019	《人民检察院刑事诉讼规则》	第463条：对于罪行较轻，具备有效监护条件或者社会帮教措施，没有社会危险性或者社会危险性较小的未成年犯罪嫌疑人，应当不批准逮捕。 对于罪行比较严重，但主观恶性不大，有悔罪表现，具备有效监护条件或者社会帮教措施，具有下列情形之一，不逮捕不致发生社会危险性的未成年犯罪嫌疑人，可以不批准逮捕： (一)初次犯罪、过失犯罪的； (二)犯罪预备、中止、未遂的； (三)防卫过当、避险过当的； (四)有自首或者立功表现的； (五)犯罪后认罪认罚，或者积极退赃，尽力减少和赔偿损失，被害人谅解的； (六)不属于共同犯罪的主犯或者集团犯罪中的首要分子的； (七)属于已满十四周岁不满十六周岁的未成年人或者系在校学生的； (八)其他可以不批准逮捕的情形。 对于没有固定住所、无法提供保证人的未成年犯罪嫌疑人适用取保候审的，可以指定合适的成年人作为保证人。

表 3-2 显示，最高人民检察院对未成年人逮捕审查的规定围绕"无社会危险性不捕"展开，相较于上文对逮捕社会危险性的基本法律规定，最高人民检察院对未成年人逮捕社会危险性的列举更为细致，能够为办案人员评估其社会危险性提供更具操作性的指引。

二、国内外逮捕审查中社会危险性评估方法与模型的既有研究

关于风险评估方法，以评估依据为标准，可以分为经验方法和统计学方法两类。前者根据生活常识和工作经验进行评估，后者则是根据统计分析结果进行评估。我国关于逮捕社会危险性的评估主要采取经验方法，只有少量学者尝试运用统计学方法进行评估。相较而言，运用统计学方法进行评估在欧美发达国家更为普遍。

（一）国外未成年人逮捕社会危险性评估方法与模型研究

20 世纪 50—70 年代，欧美早期学者通过非结构化的主观判断来预测被告人再犯风险，一般由精神医生或心理专家对评估对象进行观察和询问，出具专家临床评估证言，此种方法由于灵活性和个性化较强，在很长一段时间内受到美欧国家的青睐。后来结构化经验评估逐渐替代非结构化经验评估，评估前会预设以经验为基础的评估因素。但结构化经验评估在应用过程中暴露出诸多问题，如评估者的专业背景、从业经验、个人喜好等因素都会影响评估结果的客观性和准确性。同一评估对象面对不同的评估者可能会出现两种截然相反的评估结果，同一评估者在不同时期可能会改变评估标准，导致以往的评估结果出现偏差。[①] 20 世纪 70 年代以来，欧美国家运用统计评估逐渐替代经验评估成为犯罪嫌疑人风险评估的主流方法。统计学评估通过对较大数量的犯罪样本进行研究，筛选出犯罪群体的共同特征，构建评估模型并开发对应的评估工具，计算评估对象的风险数值，归于对应的风险位阶，属于定性研究与定量研究的结合。其中发展历史最悠久、成果最丰富的当属美国的风险评估工具。1950 年，哈佛大学 Gluck 夫妇发表

---

① 卢欣妍. 涉罪未成年人人身危险性评估量表的本土化建构研究［D］. 甘肃政法大学，2022：17.

了《少年不良行为的解释》，开启了未成年人危险性评估研究的先河。Gluck 夫妇选择感化院 500 名涉罪少年与学校 500 名无罪少年，两个群体在年龄、智力、种族、宗教信仰等方面保持一致，筛选出 6 岁之前共 403 项可能导致犯罪的因素，进行多年跟踪调查，运用统计学方法分析各因素对犯罪是否具有重要价值，并制作出最早的少年风险预测表，预测准确率高达 91%。[1] West（1973）、Elliott（1976）、Reiner（1998）等学者先后对未成年人风险评估展开实证研究并研发出一系列针对未成年人的风险评估量表，其中具有代表性的是 Elliott（1976）的"全美犯罪少年调查量表"，评估准确性高达 70%；Reiner 等（1998）的青少年风险评估男孩版/女孩版，着重从性别角度预测男性少年和女性少年的犯罪风险大小；Butler 等（1999）的未成年人暴力危险结构评估，将动态因素和静态因素相结合，广泛应用于北美洲；Krakow（2002）风险评估量表，采用实证研究和临床试验的方法，根据未成年人不同的年龄阶段设计不同的评估标准；Hog 等（2002）的少年服务等级与个案管理量表，筛选出 8 大共 42 项未成年人风险因素，并设计出个性化管理方案；Fox 等（2003）的青少年精神病态目录，采用半结构化访谈的方法评估未成年人的精神疾病特质；Barnskey（2004）的华盛顿州少年法庭评估，基于计算机模型评估 12~18 岁的未成年人再犯风险（参见表 3-3）。[2]

表 3-3　　　　　　　　　　　国外未成年人风险评估工具一览表

时间	研究者	评估工具名称	侧重点
1950	Gluck 夫妇	Juvenile Delinquency Early Prediction Scale	将正常未成年人和涉罪未成年人进行对照试验
1998	Reiner	Early Assessment Risk List for Boys/Girls	分别预测男性和女性未成年人的犯罪风险

---

① 卢欣妍. 涉罪未成年人人身危险性评估量表的本土化建构研究［D］. 甘肃政法大学，2022：9.

② 黄兴瑞. 人身危险性的评估与控制［M］. 北京：群众出版社，2004：97-100.

续表

时间	研究者	评估工具名称	侧重点
1999	Butler	Structured Assessment of Violence Risk in Youth	将静态评估因素和动态评估因素结合
2002	Krakow	Risk Assessment Scale	根据未成年人不同的生长发育阶段设计不同的评估标准
2002	Hog	Youth Level of Service/Case Management Inventory	量化评估与个性化管理相结合
2003	Fox	Psychopathy Checklist：Youth Version PL：Y	精神疾病
2004	Barnskey	Washington State Juvenile Court Assessment	运用计算机模型评估风险水平
2009	美国联邦司法部	Federal Pretrial Risk Assessment Instrument	使用 Logistic 方程计算审前风险

值得关注的是，上述风险评估工具虽针对未成年人，但多应用于审判后刑罚执行阶段。仅美国联邦司法部的风险评估用于计算审前风险①，但其并非专门针对涉罪未成年人。2009 年美国联邦司法部收集了 2001 年 10 月至 2007 年 10 月在联邦司法系统登记在册的约 20 万名犯罪嫌疑人的相关数据，从中提炼了 70 余项影响因素，运用单因素分析和多因素分析对变量进行筛选，并建立犯罪嫌疑人的审前风险评估模型：$P = 1/(1 + e(-1*(-4.295927 - 0.192627*x1 + 0.574686*x2 + 0.073198*x3 + 0.413158*x4 + 0.576092*x5 + 0.479341*x6 + 0.049754*x7 + 0.208549*x8 + 0.334963*x9 + 0.117116*x10 + 0.187130*x11 + 0.758612*x12 + 0.391476*x13 + 0.552084*x14 + 0.499456*x15 + 0.192049*x16 + 0.199966*x17 + 0.299147*x18 + 0.321848*x19 + 0.197955*x20 + 0.527241*x21 + 0.462293*x22 +$

---

① 审前风险指犯罪嫌疑人、被告人被法官决定不予羁押后，拒绝出庭或继续危害社会的可能性。

0.369623 * $x23$+0.276433 * $x24$+0.123880 * $x25$+0.182050 * $x26$)))。其中，P 代表犯罪嫌疑人审前风险数值（P 越大，则犯罪嫌疑人释放后拒绝出庭或继续危害社会的可能性就越大）；e 为自然对数底，约等于 2.718；$x1$ 至 $x26$ 代表影响犯罪嫌疑人审前风险的变量。为了准确区分不同犯罪嫌疑人审前风险水平，协助审前服务官和法官作出是否羁押犯罪嫌疑人的决定，美国司法部以样本数的 20% 为界，将犯罪嫌疑人审前风险水平划分为五个位阶。其中 0.0111—0.0419 为第一风险位阶，0.0419—0.0673 为第二风险位阶，0.0673—0.0965 为第三风险位阶，0.0965—0.1410 为第四风险位阶，0.1410—0.3497 为第五风险位阶。随着风险位阶的提高，犯罪嫌疑人在获释后拒绝出庭或继续危害社会的比率也在提高。处于第一风险位阶的犯罪嫌疑人，获释后拒绝出庭或继续危害社会的比率为 2.3%，第二位阶为 6.0%，第三位阶为 9.2%，第四位阶为 11.8%，第五位阶为 15.5%。基于此，美国司法部提出，处于第一和第二风险位阶的犯罪嫌疑人，审前风险较低，建议法官作出释放决定；处于第三和第四风险位阶的犯罪嫌疑人，审前风险中等，可以适用其他转处措施；处于第五风险位阶的犯罪嫌疑人，审前风险较高，但美国司法部并未就此类人群的处置措施提出建议，由法官综合案情自由裁量。[①] 美国司法部审前风险评估模型建立在大量数据统计和严密的数学方程基础之上，对本书探索未成年人逮捕的社会危险性具有重要的借鉴意义。

（二）国内未成年人逮捕社会危险性评估方法与模型研究

在最高人民检察院《审查逮捕证据参考标准（试行）》颁布之前，我国的法律法规并没有规定审查逮捕社会危险性应当评估的具体因素，对社会危险性的评估停留在非结构化经验评估时代。2003 年最高人民检察院发布的部分罪案《审查逮捕证据参考标准（试行）》第 3 条首次规定了具有社会危险性应当逮捕的四种情形，我国由此进入结构化经验评估时代。随着逮捕社会危险性法律法规以及专门针对未成年人的相关法律的日趋完善，我国有关逮捕社会危险性的规定持续优化，为司法实践提供了一定的参考和指引。但法律法规对逮捕社会危险性评估因

---

① 张吉喜，梁小华.美国司法部审前风险评估模型及其对我国的启示[J].中国刑事法杂志，2010(07)：106-112.

素的规定较为笼统和有限，无法精确划分社会危险性的大小，难以满足司法实践复杂且多样化的需求。值得关注的是，我国已有部分学者运用统计学方法研究逮捕社会危险性评估因素。如张吉喜(2014)以 C 市 Y 区人民法院的 3825 份裁判文书为样本，运用卡方检验和 Logistic 回归分析对被取保候审的犯罪嫌疑人是否再次实施犯罪的影响因素进行分析，得出学历、职业、犯罪类型、可能适用缓刑、可能判处 3 年有期徒刑以上刑罚、可能单处罚金、违法犯罪记录，对犯罪嫌疑人取保候审期间是否再次实施犯罪具有统计学意义上的显著性，并建立了犯罪嫌疑人取保候审期间再犯的风险评估模型。① 王贞会(2016)以 H 区人民检察院 226 件刑事案件为样本，通过 Logistic 回归分析，得出在校生、患有严重疾病或怀孕、有合适的保证人、累犯、初犯偶犯、过失犯罪、主犯、犯罪预备中止未遂、逃避刑事追究、刑事和解、被害人过错共 11 个因素具有统计学意义上的显著性，构建审查逮捕的社会危险性评估模型，划分风险位阶，并结合案例进行模型检验。② 郭烁(2017)选取 5 万余份盗窃案件，通过单因素分析，发现自首、累犯、盗窃数额对是否采取取保候审具有显著影响。③ 高通(2021)以 1600 份裁判文书为样本，通过 Logistic 回归分析研究故意伤害致人轻伤案件中逮捕社会危险性审查模式的影响因素，发现性别、年满 75 周岁或不满 18 周岁、外地户籍、累犯、前科、主犯、曾被网上追逃、严重疾病、获得谅解、情节简单、持械等因素对侦查阶段的逮捕适用具有显著意义；而外地户籍、累犯、曾被网上追逃、共犯在逃、存在伤残、严重疾病和剩余刑期，对逮捕变更具有显著意义。④ 张吉喜(2023)收集犯罪嫌疑人在取保候审期间逃跑和未逃跑共计 4000 余份样本，通过单因素和多因素分析，得出户籍地、受教育程度、就业状况、年龄、前科、盗窃罪、诈骗类犯罪、可能判处的刑罚对犯罪嫌疑人在取保候审期间逃跑具有显著影

①　张吉喜. 统计学方法在评估"逮捕必要性"中的运用[J]. 广东社会科学，2014(06)：221-230.

②　王贞会. 审查逮捕社会危险性评估量化模型的原理与建构[J]. 政法论坛，2016，34(02)：70-80.

③　郭烁. 论取保候审"社会危险性"条件的司法认定[J]. 学习与探索，2017(09)：63-71.

④　高通. 轻罪案件中的逮捕社会危险性条件研究——以故意伤害罪为例[J]. 政法论坛，2021，39(02)：73-89.

响，同时构建了犯罪嫌疑人逃跑风险评估模型，划分四大风险等级，并开发对应的风险评估工具(参见表 3-4)。①

表 3-4　　　　　　　　　国内逮捕社会危险性评估研究一览表

时间	研究者	数据来源	研究方法	研究对象
2014	张吉喜	C 市 Y 区 3825 份裁判文书	单因素分析、回归分析	取保候审期间再犯风险
2016	王贞会	H 区人民检察院 226 件刑事案卷	回归分析	综合衡量社会危险性
2017	郭烁	21 省市 77 家法院 3 万份判决书；北大法意案例数据库	单因素分析	盗窃案件社会危险性
2021	高通	"聚法案例" 1600 份裁判文书	单因素分析、回归分析	故意伤害致人轻伤案件社会危险性
2023	张吉喜	"法意科技" 4000 份裁判文书	单因素分析、回归分析	取保候审期间逃跑风险

通过梳理国内外逮捕社会危险性评估方法和工具可以得出：欧美国家对审前风险评估方法和工具的研究较早，基本上已经实现了从经验评估到统计评估的过渡，研究成果较为丰硕，且不同研究者研究的审前风险评估类型各异，有的针对暴力犯罪，有的针对非暴力犯罪，有的偏向于社会层面，有的偏向于心理层面，关于未成年人的评估工具主要应用于假释和矫正阶段，逮捕和羁押阶段的评估工具较少。国内关于逮捕阶段社会危险性评估的研究成果虽日渐增多，但针对未成年人的较为稀缺，尚未形成对逮捕社会危险性评估方法的系统认识，难以为逮捕社会危险性评估提供可靠的依据，② 对应的逮捕社会危险性评估工具也尚处于探索阶段。

---

① 张吉喜．逮捕社会危险性条件中犯罪嫌疑人逃跑风险评估研究[J]．中国法学，2023(04)：281-304.

② 杨秀莉，关振海．逮捕条件中社会危险性评估模式之构建[J]．中国刑事法杂志，2014(01)：63-70.

第二节 我国逮捕审查中未成年人社会
危险性评估的成效与问题

一、逮捕审查中未成年人社会危险性评估的成效

(一)全国多地开展独具特色的量化评估试点项目

随着逮捕社会危险性法律规范的日渐完备,全国各地公安司法机关针对逮捕社会危险性评估进行了一系列的有益探索,积累了丰富的经验。2005 年,上海市闵行区检察院创建的未成年人非羁押可行性量表,设置高中低三档风险,评估未成年人的犯罪行为、个体情况、家庭环境、社会支持等因素,包含年龄、犯罪类型、学校教育等 26 个因素,量化统计得分。对低风险的未成年人不予逮捕,中风险的未成年人酌情处理,高风险的未成年人进行逮捕,开创了我国地方探索未成年人逮捕社会危险性评估的先河。[①] 2019 年,广州市南沙区围绕诉讼可控性、人身危险性、社会危害性开发的逮捕社会危险性量化评估系统,除法律规定的 27 个因素外,还从案例中提炼出 16 个因素,通过专家给分的方式进行赋权,将各项分数累计后得出社会危险性数值,评估系统实施期间当地无社会危险性不捕的案件数同比上升 17.24%。[②] 2019 年,浙江省绍兴市检察院开发的羁押必要性审查智慧系统,通过对相对固定要素进行筛查,对可能判处十年以上有期徒刑、累犯等案件进行自动过滤,暂不进行羁押必要性审查,而将包括未成年人在内的轻缓案件、初犯和老年人等羁押人员作为重点关注对象,使办案人员可以将有限的精力集中在筛选出来的重点对象上,进而集中精力分析相对可变要素,如是否有同案犯在逃、是否取得被害人谅解等,在系统内建立相应文件夹,将审查条件尚不完备的案件归入对应文件夹内,并通过持续跟踪案件办理进展,对同类

---

① 王贞会. 审查逮捕社会危险性评估量化模型的原理与建构[J]. 政法论坛,2016,34 (02):70-80.

② 高通. 逮捕社会危险性量化评估研究——以自动化决策与算法规制为视角[J]. 北方法学,2021,15(06):131-144.

案件进行有针对性的动态审查,该系统实施期间当地释放和变更强制措施的案件数增长 1.5 倍。① 需要补充说明的是,南沙区逮捕社会危险性量化评估系统和绍兴市羁押必要性审查智慧系统并不专门针对未成年人,而是将未成年人作为系统中的一项评估因素或特殊事项来对待,例如绍兴市智慧审查系统通过固定要素筛查,将未成年人作为优先审查对象,进而着重分析其相对可变要素以判断有无羁押必要。

(二)逮捕未成年人社会危险性评估内容日益丰富

实践中,我国未成年人逮捕社会危险性评估的内容和要素也更加丰富。如上海市闵行区创建的未成年人非羁押可行性量表和继续羁押必要性量表,前者包含个体情况、犯罪行为、家庭环境、学校教育、社会支持等共计 26 项评估因素,后者包含监管情况、刑事和解、重新犯罪等共计 20 项评估因素。② 广州市南沙区逮捕社会危险性量化评估系统包含人身危险性、社会危害性、诉讼可控性共计 43 项评估因素。③ 太原市逮捕必要性量化评估机制将《刑事诉讼法》列举的 5 类社会危险性情形拓展为个体情况、犯罪行为、社会背景等 22 项共性因素,并从不同类型的个案中总结出可能影响逮捕的 109 项个性因素。④ 从整体来看,国内主流的逮捕社会危险性评估在因素确立上已达成一定共识,整体上围绕个体自然情况、个体人格和习性、犯罪行为和犯罪后表现四个基本面及八项核心指标展开。八项核心指标具体包括:①犯罪历史或妨碍诉讼历史,如自杀自残经历、经传唤不到案或逃跑、威胁恐吓被害人或证人、毁灭物证等;②反社会人格,如多次作案、连续作案、流窜作案、看守所表现恶劣、暴力抗击抓捕、密谋其他犯罪等;③认罪悔罪态度,如自首、积极赔偿退赃、被害人谅解等;④犯罪情况,如

---

① 参见最高人民检察院官网,https://www.spp.gov.cn/zdgz/201907/t20190704_423899.shtml。

② 宋英辉,何挺,王贞会.未成年人刑事司法改革研究[M].北京:北京大学出版社,2013:144.

③ 高通.逮捕社会危险性量化评估研究——以自动化决策与算法规制为视角[J].北方法学,2021,15(06):131-144.

④ 王贞会.审查逮捕社会危险性评估量化模型的原理与建构[J].政法论坛,2016,34(02):70-80.

被害人过错、故意犯罪、数罪、犯罪对象、犯罪预备或中止或未遂等；⑤教育背景和工作情况，如年龄、教育程度、职业、身体残疾或精神障碍等；⑥家庭和服役情况：有无固定居所等；⑦药物滥用：是否有药物滥用等情况；⑧生活恶习，如是否有吸毒、赌博等恶习。① 其中，第2项反社会人格、第7项药物滥用和第8项生活恶习可归入人身危险性层面；第1项犯罪历史或妨碍诉讼历史和第3项认罪悔罪态度可归入诉讼可控性层面；第4项犯罪情况可归入社会危害性层面；第5项教育背景、工作情况及第6项家庭和服役情况属于对评估对象个体自然情况的描述(见表3-5)。

表3-5　　　　　　　　逮捕社会危险性评估常用指标一览表

一级指标	二级指标	三 级 指 标
自然情况	教育背景和工作情况	年龄、教育程度、职业、身体残疾或精神障碍等
	家庭和服役情况	有无固定居所等
人格与习性	反社会人格	多次作案、连续作案、流窜作案、看守所表现恶劣、暴力抗击抓捕、密谋其他犯罪等
	药物滥用	是否存在药物滥用
	生活恶习	是否存在吸毒、赌博等恶习
犯罪行为	犯罪类型和具体情况	被害人过错、故意犯罪、数罪、犯罪对象、犯罪预备或中止或未遂等
犯罪后表现	犯罪历史或妨碍诉讼历史	自杀自残经历、经传唤不到案或逃跑、威胁恐吓被害人或证人、毁灭物证等
	认罪悔罪态度	自首、积极赔偿退赃、被害人谅解等

① 八项核心指标是项目组在既有研究基础上修改而来，参见高通. 逮捕社会危险性量化评估研究——以自动化决策与算法规制为视角[J]. 北方法学，2021，15(06)：131-144。项目组将第3项"犯罪态度"改为"认罪悔罪态度"；第4项"犯罪联系"改为"犯罪情况"；第8项"休闲娱乐情况"改为"生活恶习"。

二、逮捕审查中未成年人社会危险性评估的问题

（一）未成年人不捕的社会危险性审查标准模糊且严苛

如前所述，由于我国至今对社会危险性的内涵和外延、社会危险性评估的方法和内容都没有形成统一的定论，导致司法实践中对社会危险性的评估标准不清晰。虽然相关法律对社会危险性的情形作出列举，要求公安机关承担举证责任，检察机关负责审查评估，但现实中基层公安和检察机关受人力、资金以及办案思维的限制，难以科学准确地评估逮捕社会危险性，大多只是在意见书中简单论述，影响了社会危险性在逮捕审查中的合理有效适用。在此背景下，为避免"错不捕"，减少自身潜在责任，司法机关排除犯罪嫌疑人社会危险性的标准极为严苛。我们可以通过以下数据比较予以证实：2017 年美国联邦司法体系内违反保释规则比例为 14%，其中逃脱监管的比例为 7%，再次实施犯罪的比例为 8%；①而根据我国研究者的调研显示，2019 年我国未成年人违反取保候审规则的比例一般不超过 1%。② 尽管极低的脱保率和再犯率在一定程度上体现出我国涉罪未成年人监管体制的成效，但同时也说明我国不捕的社会危险性审查标准可能更为严格，很多社会危险性低的未成年人被采取了逮捕措施。社会危险性评估的对象应当是社会危险性的大小而非有无。因此，只要涉罪未成年人的社会危险性处于较低水平，就不应采取逮捕措施，奢望用"无社会危险性"作为不予逮捕的标准是不科学的。正是由于逮捕审查实践中缺少科学客观的社会危险性评估方法，办案人员无法准确衡量犯罪嫌疑人社会危险性大小，为最大限度地减少再犯和诉讼风险，只能提高涉罪未成年人社会危险性小的认定门槛。

（二）未成年人社会危险性评估方法的客观性不足

随着"少捕慎诉慎押"政策的逐步推进，我国未成年人刑事司法领域率先迎来

---

① Thomas H. Cohen, Amaryllis Austin. Examining Federal Pretrial Release Trend Over the Last Decade[J]. Federal Probation, 2018(82)：89.

② 王贞会. 未成年人严格限制适用逮捕措施的现状调查[J]. 国家检察官学院学报，2019，27(04)：56-73.

变革。根据最高人民检察院颁布的《未成年人检察工作白皮书》①，2017 年至 2022 年，未成年人犯罪不捕率分别为 33.59%、34.13%、34.43%、39.1%、50.4%、66.6%。从中可以看出，2021 年和 2022 年未成年人犯罪不捕率显著高于先前年份。本书认为，造成这一变化的最主要原因并非我国未成年人逮捕社会危险性评估方法的优化，而是同年"少捕慎诉慎押"刑事政策的推行，即不捕率上升是因政策导向而非方法优化。方法应当是长期稳定的，而政策的时效性较强，未来的不确定性较大。因此，涉罪未成年人的不捕率能否持续上升仍是一个未知数。在"少捕慎诉慎押"政策推行之前，我国涉罪未成年人不捕率并未有明显上升，可见我国逮捕审查制度和社会危险性评估方法仍需要进一步完善优化。长期以来，我国的逮捕率和审前羁押率一直较高。逮捕作为最严厉的强制措施，本应是不得已而为之的强制措施，但长期频繁地使用无疑会降低其对犯罪的威慑性。对犯罪嫌疑人"构罪即捕""一押到底"的司法传统，助长了惰性思维，使得部分办案人员无法全面评估犯罪嫌疑人的社会危险性。加之科学客观的社会危险性评估方法的缺乏，更易导致办案人员在处理具体案件时难以摆脱经验评估的泥潭，受到政策影响使逮捕审查标准在畸轻畸重之间摇摆不定。根据本书在 H 省某县人民检察院调研显示，前几年当"不捕不诉率"作为检察院考核指标时，未成年人逮捕审查标准会大幅放宽，而当"不捕不诉率"考核指标取消后，未成年人逮捕审查标准又会回归正常标准。

(三)未成年人社会危险性评估部分指标设置不合理

现阶段很多评估模型的赋权方式仍然采取专家赋权法，没有跳出经验评估的范畴，导致部分评估指标的作用被过度放大或异化，对此本书将以赔偿谅解、犯罪前科和固定居所三个指标进行列举。

1. 赔偿谅解在社会危险性评估中的权重比过大

随着认罪认罚从宽制度的推行，赔偿谅解不仅对审判量刑产生影响，而且是逮捕审查的重要依据。涉罪未成年人及其亲属向被害人及其亲属进行赔偿，双方

---

① 参见最高人民检察院官网，https：//www. spp. gov. cn/spp/xwfbh/wsfbh/202210/t2022 1029_591185. shtml。

达成刑事和解，通常意味着嫌疑人悔罪态度良好，社会危险性降低，理论上应当对逮捕适用产生一定影响。但当前法律并没有专门规定赔偿谅解的具体标准和程序，实践中赔偿谅解的适用范围过于宽泛。在轻罪案件的逮捕审查中，适用赔偿谅解可以简化诉讼流程，促进未成年人案件分流，有利于实现双向保护。而在未成年人故意致人重伤、死亡等重罪案件中，再将捕前和解作为逮捕审查的重要依据，一味奉行"赔则不捕，不赔则捕"的传统，有悖于宽严相济的刑事政策，更是对逮捕审查制度的懈怠和架空。我们需要反思的是，在不考虑其他因素的情况下，对主观恶性极深、罪行非常严重的未成年人，赔偿谅解能否让其产生悔罪心理？还是更多出于"花钱买刑"的现实需要？赔偿谅解虽然是逮捕审查的必要内容，但不分犯罪情节一味地赔偿谅解容易导致"钱刑交易"的现象，甚至成为徇私枉法的"外衣"。逮捕是一项严格的诉讼程序，不能容许以赔偿谅解为借口而作出妥协，赔偿谅解对逮捕适用的影响必须控制在一定限度以内。而现实中赔偿谅解的作用之所以被过度放大，究其原因，源于我国传统的"厌诉"心理以及司法机关"结案了事"的办案模式。一方面，我国自古以来就有"私了"的司法传统，人们对诉讼天生存在一种羞耻感和抗拒心理，被害人一方希望尽快得到经济赔偿，嫌疑人一方希望减轻刑罚，双方都会抱有"给钱了事"的心态，这就导致刑事和解容易演变成"钱刑交易"，社会效果大打折扣。另一方面，检察机关对赔偿谅解的过程通常缺乏法律监督，实践中易出现和解内容不合法、犯罪嫌疑人胁迫被害人和解或者犯罪嫌疑人为减轻处罚不得已接受被害方的"天价索赔"等情况，影响强制措施的公平适用。①

2. 过度重视犯罪前科在逮捕审查中的地位

本书在实地调研中发现，基层检察机关对有前科的未成年人仍然倾向于先羁押，一段时间后再判断是否有必要作出强制措施变更的决定。犯罪前科在一定程度上反映未成年嫌疑人的人身危险性，故司法机关对有犯罪前科的未成年嫌疑人适用逮捕措施有助于防范其再犯风险，这与逮捕预防再犯的功能是吻合的。但利

---

① 杨玉晓. 交通肇事案件捕前和解实证研究——以 H 省 Z 市人民检察院为样本[J]. 江西警察学院学报，2018(03)：115-123.

用犯罪前科评估涉罪未成年人逮捕的社会危险性时，应保持谨慎的态度。因为以前科评估社会危险性的逻辑基础是有前科者具有更高的再犯风险，基于再犯风险的逮捕本质上属于预防性羁押。预防性羁押普遍存在于各国的立法和司法实践中，德国联邦法院承认预防性羁押的合宪性，由最初仅适用于性犯罪扩展到如今适用于一系列犯罪；美国联邦最高法院同样肯定预防性羁押的合宪性，认为羁押不是为了惩罚犯罪嫌疑人，而是为了限制其行为，保障社会公共安全。预防性羁押在实务界受到青睐，但在理论界却受到诸多质疑，代表性的观点是逮捕只能基于已经发生的案件事实，用犯罪嫌疑人的前科推定其将来可能实施犯罪，属于主观臆测，违反无罪推定原则。① 基于种种质疑，各国在利用前科评估逮捕的社会危险性时都保持谨慎的态度。例如，美国司法部审前风险评估模型严格控制了前科对审前羁押的影响，有暴力犯罪前科和无暴力犯罪前科的嫌疑人审前羁押率分别为19%和15%，差距不大。

另一方面，从标签理论的角度来看，犯罪前科对逮捕审查的影响应当受到限制和削弱，避免办案人员对有前科的嫌疑人产生不必要的歧视和偏见，既不利于强制措施的公正适用，也不利于嫌疑人再社会化进程。且从我国未成年人立法和司法来看，刑法规定未成年人不适用累犯，随着未成年人犯罪封存制度的实行，我国在尝试弱化犯罪前科对涉罪未成年人逮捕审查的影响，这些做法的根本目的在于贯彻对未成年人"教育、感化、挽救"的方针，是符合未成年人司法体制改革趋势的。

退一步讲，即便犯罪前科对逮捕适用有重要影响，实务中对犯罪前科的应用也过于简化。相较于仅审查未成年人有无前科，其犯罪次数、上次犯罪间隔时间、先前犯罪类型和性质等更具体情节，对未成年人社会危险性评估和逮捕审查更具价值。

3. 外来涉罪未成年人难以适用非羁押措施

随着我国经济的快速发展，人口流动日益频繁，尤其是东部沿海地区更是外

---

① 杨雄. 刑事强制措施实体化倾向之反思——以预防性羁押为范例[J]. 政法论坛，2008(04)：147-152.

来人口的主要流入地，由此带来的后果便是外来人口犯罪问题突出。未成年人因为种种原因放弃学业，背井离乡来到异地谋生。一方面，由于学历较低，缺乏专业技能，难以找到稳定可靠的工作，大多只能在餐馆、娱乐城等场所临时就业，缺乏稳定收入。另一方面，长期身处异乡，脱离家庭监管，加之自我控制能力较弱，容易受到暴力、毒品、色情等不良社会因素的影响而走上犯罪道路。有研究者统计显示，外来未成年人犯罪案件数占当地未成年人犯罪案件总数的34%。①对于外来的涉罪未成年人，即便满足取保候审或监视居住的条件，通常也会由于在本地没有固定居所、无法提供保证人或缴纳保证金等客观原因而被采取逮捕措施，这样既不利于强制措施的公平适用，也会造成司法资源的大幅浪费。有研究者对某地区调研发现，90%被羁押的未成年人属于外来人员。② 可见相较于本地的涉罪未成年人，外来无固定居所的涉罪未成年人有更大概率被采取逮捕措施，且逮捕后变更为非羁押措施的概率更小。现阶段，公安和检察机关办理外来未成年人犯罪案件，需要与其户籍地司法局、居委会联系，调取信息资料，委派专人开展社会调查，这一过程涉及异地办案机关之间的协作配合，往往耗时较长，案发地公安和检察机关为防止涉罪未成年人外逃，将不确定性因素降到最低，通常会优先适用逮捕和羁押措施。从公共安全和诉讼保障的角度看，这样的做法无可厚非，但这无疑在一定程度上违反了未成年人平等保护原则，有碍强制措施的公平适用。

综上所述，赔偿谅解、犯罪前科、固定居所等指标虽然能够作为逮捕审查的重要评估因素，但由于经验评估法的客观性欠缺，从而导致这类指标的影响被异化或不当放大，未能恰如其分地发挥应有的作用。要解决这一系列问题，需要建立基于统计学方法的社会危险性量化评估模型，科学准确地划分社会危险性区间，为逮捕审查提供清晰的指引和参考。

---

① 杜全美. 关于外来未成年人犯罪矫治与预防的调研报告——以 T 市 B 区 2013 年至 2015 年审结案件为研究样本[J]. 预防青少年犯罪研究，2017(05)：74-87.

② 王贞会. 未成年人严格限制适用逮捕措施的现状调查[J]. 国家检察官学院学报，2019，27(04)：56-73.

第三节　未成年人逮捕社会危险性
影响因素分析与模型构建

鉴于目前我国逮捕审查阶段，缺乏专门针对未成年人的较为成熟的社会危险性评估模型，本书将在借鉴前述美国司法部审前风险评估模型的基础上进行定量研究，尝试建立符合我国国情的未成年人逮捕社会危险性评估模型。且该模型拟采用综合评估的方式，不以特定类型的社会危险性作为评估对象。尽管分类评估能够使办案人员更加精准地了解到未成年人在社会危险性的哪一方面风险较高，从而作出更有针对性的应对措施。但分类评估需要就所有可能的社会危险性情形分别建立评估模型并开发评估工具，例如逃跑风险、再犯风险、自杀自伤风险、威胁证人风险，等等，然后就各情形评估结果再次进行综合评估，这一过程是否需要再次赋权不得而知，且这种评估方式无疑需要更多的司法资源支持。相较而言，综合评估虽然在准确性上稍逊一等，但胜在评估效率更高，不会占用过多司法资源，也能给办案人员一个直观清晰的评估结果。

一、未成年人逮捕社会危险性单因素分析

(一)样本来源

未成年人相较于成年人具有更强的可塑性，其社会危险性更具弹性，更容易受到外界因素的增强或削弱。根据 Hirsch 的社会控制理论，少年犯罪与否取决于社会控制因素的作用，紧密的社会联系促使个体遵纪守法，而薄弱或断裂的社会联系则会使个体产生越轨甚至违法犯罪行为。① 因此，对于涉罪未成年人逮捕审查的风险评估因素选取，既要选取与成年人相同的共性因素，还需要额外考虑未成年人特有的社会控制和支持因素，在结合概念兼容性和关联性的基础之上，同时便于后续的数据分析和总结归纳，本研究将社会控制和支持因素纳入自然情况因素中。

---

① 赫希，吴宗宪等译. 少年犯罪的原因探讨[M]. 北京：中国国际广播出版社，1997：8.

关于数据来源，采用问卷调研的方式虽然可以得到更全面和精细的数据，但受客观条件的限制，笔者难以在全国范围内进行大规模的抽样调研，而局限于某一或若干地区的调研又难以满足普遍性和客观性的要求，调研结果也容易受到填写人主观因素的影响。相较于问卷调研，裁判文书包含的数据虽然不够全面和精细，但仍然可以提炼出绝大部分关于逮捕的社会危险性条件的相关因素，例如嫌疑人的基本情况、犯罪行为、赔偿谅解、犯罪前科等。故本书从"聚法案例"中选取样本，以"未成年人""刑事案件""一审""基层法院"为关键词进行检索，对筛选到的样本按时间顺序进行间隔抽样，剔除案例重复、信息严重缺失等不符合要求的样本后，共计得到 491 个有效样本，时间跨度为 2013—2022 年，涉及全国28 个省级行政区，涵盖了故意伤害罪、盗窃罪、诈骗罪、寻衅滋事罪、聚众斗殴罪等不同犯罪类型。①

针对涉罪未成年人，裁判文书中专门包含社会调查报告的相关内容，涉及涉罪未成年人的家庭、学校、朋辈交往等社会控制因素。考虑到裁判文书包含信息的有限性，为尽可能减小信息缺失对模型建构带来的影响，一方面，本研究尽可能从裁判文书中提炼出更多的自变量种类，将更多的因素涵盖进模型。另一方面通过线下走访调研基层人民检察院，选取部分典型案例，结合模型进行案例分析，将定性与定量相结合，检验模型的信度和效度。

(二)样本中变量的提炼标准

由于裁判文书有效信息和无效信息相互掺杂，本书对变量提取设置了以下四条标准：第一，保证客观性。即指标所反映的影响因素在裁判文书中应当是客观且可量化的，例如涉罪未成年人是否有主动投案情节，有则记为 1，没有则记为0。对于主观性较强的因素，如日常表现、人际关系等，由于受证人立场和主观好恶的影响较大，存在不确定性，且难以量化，因此不计入模型评估指标。第二，避免多重共线性问题。一些变量之间关联度比较紧密，如果将其全部带入回

---

① 根据《未成年人检察工作白皮书(2022)》，2022 年检察机关受理审查起诉未成年人犯罪位居前五位依次是盗窃罪、聚众斗殴罪、强奸罪、抢劫罪、寻衅滋事罪，与样本中犯罪类型基本保持一致。

归分析易产生多重共线性问题，影响回归结果的准确性。例如，违法犯罪记录和初犯偶犯之间关联密切，本研究只选取违法犯罪记录作为评估指标。又如犯罪情节是否轻微、主观恶性强弱与可能判处的刑罚之间关联密切，犯罪情节、主观恶性会显著影响可能判处的刑罚，因此选取可能判处的刑罚代替犯罪情节和主观恶性。第三，不偏重某一特定类型犯罪。本研究的目的在于对所有案件中涉罪未成年人的社会危险性开展评估，故而反映特定犯罪的变量不计入本研究的评估指标，如故意犯罪类型中的犯罪动机；财产犯罪类型中的犯罪所得数额；侵害人身权利犯罪类型中被害人损伤程度；聚众斗殴、寻衅滋事类犯罪中是否持械等。第四，坚持未成年人福利最大化原则。风险评估模型的价值在于服务司法实践，落实"少捕慎诉慎押"刑事司法政策，实现对涉罪未成年人的惩罚和挽救，因此其中包含的风险评估因素应当具备现实可操作性，即司法人员或社会工作者可以通过消灭不利因素、促成有利因素来降低涉罪未成年人的社会危险性，从而降低逮捕率和审前羁押率，对于缺乏现实可操作性的因素，如城市或农村户口、家庭经济状况、家庭成员犯罪史等，则不计入评估指标。

（三）单因素卡方检验

本研究将涉罪未成年人是否被逮捕作为因变量，根据样本数据情况，自变量共提炼出 5 类 22 个（参见表 3-6）。第一类，个体自然和社会控制情况的因素，包含性别、家庭结构①、在校生、本地户籍、本地有固定居所；第二类，个体人格和习性的因素，包含不良社会交往、日常恶习②、犯罪前科、行政处罚；第三类，犯罪行为因素，包含主犯、故意犯罪、实施数罪、可能判处 3 年有期徒刑以上刑罚、处于犯罪预备或中止或未遂状态、被害人含老弱病残、被害人有过错；第四类，诉讼可控性的因素，包含主动投案、如实供述、积极赔偿并获得谅解、有效监管帮扶、共犯在逃；第五类，人道主义考量的因素，涉罪未成年人是否身有残疾、怀孕、生活不能自理或患有严重疾病。这 22 个评估因素均可以纳入前

① 结合样本情况和研究需求，本研究中家庭结构不完整包括单亲家庭、离异家庭、重组家庭以及长期留守家庭。
② 结合法律规定、逮捕功能以及样本情况，本研究中涉及的日常恶习包含吸毒、赌博、酗酒、沉迷网络、经常出入娱乐场所、经常小偷小摸、经常打架斗殴。

述八项核心指标中。

表 3-6 　　　　　　　　　　　　　　评估指标及自变量一览表

指 标 类 型	自 变 量
个体自然与社会控制情况	性别、家庭结构、在校生、本地户籍、固定居所
个体人格与习性	犯罪前科、行政处罚、不良社会交往、日常恶习
犯罪行为	主犯、故意犯罪数罪、犯罪预备或中止或未遂、可能判处 3 年有期徒刑以上刑罚、被害人含老弱病残、被害人有过错
诉讼可控性	主动投案、如实供述、有效监管帮扶、赔偿谅解、共犯在逃
人道主义	残疾、怀孕、生活不能自理或患严重疾病

本研究采用二元 Logistic 回归作为研究方法，使用 Stata15 软件进行统计分析。由于自变量种类较多，为找出对未成年人逮捕社会危险性评估有显著影响的自变量，本研究先对自变量进行单因素卡方检验以确定其和因变量之间是否存在相关性，对存在相关性的自变量纳入后续的二元 Logistic 回归分析。

通过卡方检验结果，家庭结构、在校生、本地户籍、有固定居所、犯罪前科、有效监管帮扶、日常恶习、主犯、故意犯罪、积极赔偿并取得谅解、数罪、被害人含老弱病残、可能判处 3 年有期徒刑以上刑罚、主动投案这 14 个自变量的 P 值小于 0.05，说明上述 14 个自变量对逮捕适用存在显著影响；而性别、行政处罚、不良社会交往、犯罪预备、中止或未遂、被害人过错、如实供述、共犯在逃、残疾、怀孕、患有严重疾病或精神障碍这 8 个自变量的 P 值大于 0.05，说明这部分自变量对逮捕适用不存在显著影响(见表 3-7)。

表 3-7 　　　　　　　　　　　　　　自变量描述性统计

变　　　量	分类	样本数	逮捕数	未逮捕数	卡方显著性
性别	男 = 1	467	315	152	0.077
	女 = 0	24	12	12	

续表

变　　量	分类	样本数	逮捕数	未逮捕数	卡方显著性
家庭结构	完整 = 1	358	229	129	0.042*
	不完整 = 0	133	98	35	
在校生	在校 = 1	75	37	38	0.001***
	辍学 = 0	416	290	126	
本地户籍	是 = 1	356	218	138	0.000***
	否 = 0	135	109	26	
有固定居所	是 = 1	377	227	150	0.000***
	否 = 0	114	100	14	
犯罪前科	是 = 1	27	26	1	0.000***
	否 = 0	464	301	163	
行政处罚	是 = 1	28	21	7	0.332
	否 = 0	463	306	157	
有效监管帮扶	是 = 1	257	133	124	0.000***
	否 = 0	234	194	40	
不良社会交往	是 = 1	396	270	126	0.129
	否 = 0	95	57	38	
日常恶习	是 = 1	357	269	88	0.000***
	否 = 0	134	58	76	
主犯	是 = 1	426	295	131	0.001***
	否 = 0	65	32	33	
故意犯罪	是 = 1	477	322	155	0.016*
	否 = 0	14	5	9	
积极赔偿并获得谅解	是 = 1	205	106	99	0.000***
	否 = 0	286	221	65	
数罪	是 = 1	42	37	5	0.002**
	否 = 0	449	290	159	
犯罪预备、中止或未遂	是 = 1	8	5	3	0.534
	否 = 0	483	322	161	

变　量	分类	样本数	逮捕数	未逮捕数	卡方显著性
被害人含老弱病残	是 = 1	57	51	6	0.000***
	否 = 0	434	276	158	
被害人过错	是 = 1	85	56	29	0.878
	否 = 0	406	271	135	
可能被判处 3 年有期徒刑以上刑罚	是 = 1	58	57	1	0.000***
	否 = 0	433	270	163	
主动投案	是 = 1	126	67	59	0.000***
	否 = 0	365	260	105	
如实供述	是 = 1	487	324	163	0.591
	否 = 0	4	3	1	
共犯在逃	是 = 1	32	24	8	0.297
	否 = 0	459	303	156	
残疾、怀孕、患有严重疾病、精神疾病	是 = 1	8	5	3	0.534
	否 = 0	483	322	161	

二、未成年人逮捕社会危险性回归分析

（一）二元 Logistic 回归分析

卡方检验虽然可以判断单个自变量对因变量是否具有显著影响，但无法确定自变量对因变量作用的强度和方向，也无法控制其他自变量对因变量的影响。为此，本研究将运用二元 Logistic 回归分析以确认上述 14 个自变量对因变量净作用的强度和方向。通过回归结果发现，在校生、有固定居所、有效监管帮扶、日常恶习、主犯、积极赔偿并取得谅解、被害人含老弱病残、可能判处 3 年有期徒刑以上刑罚这 8 个自变量具有显著性，而家庭结构、本地户籍、故意犯罪、数罪、主动投案这 5 个自变量 P 值均远大于 0.05，对因变量不具有显著影响，故不纳入回归模型，而犯罪前科这一自变量的 P 值虽然大于 0.05，但小于 0.1，可以认

为其对因变量的影响具有一定的统计学显著性，因此仍将其保留在回归模型中（参见表3-8）。

表 3-8　　　　　涉罪未成年人逮捕适用的多变量回归分析①

变量	回归系数	瓦尔德	标准误	显著性	OR
家庭结构	0.341	1.255	0.304	0.263	1.406
在校生	−0.708	4.345	0.340	0.037*	0.492
本地户籍	0.267	0.326	0.468	0.568	1.306
有固定居所	−1.894	12.202	0.542	0.000***	0.150
犯罪前科	1.763	2.739	1.065	0.098	5.830
有效监管帮扶	−1.164	18.062	0.274	0.000***	0.312
日常恶习	0.608	5.389	0.262	0.020*	1.837
主犯	0.806	5.402	0.347	0.020*	2.240
故意犯罪	0.785	1.317	0.684	0.251	2.192
积极赔偿并取得谅解	−0.587	5.971	0.240	0.015*	0.556
数罪	0.784	2.106	0.540	0.147	2.190
被害人含老弱病残	1.627	10.887	0.493	0.001***	5.086
可能被判处 3 年有期徒刑以上刑罚	3.163	9.183	1.044	0.002**	23.650
主动投案	−0.289	1.073	0.279	0.300	0.749
常数项	0.672	0.637	0.843	0.425	1.959
模型的显著性	Prob>chi2 = 0.000				
拟合优度	CoxSnell R^2 = 35.1%；Negelkerke R^2 = 38.7%				
模型预测正确率	78.8%				

---

① 本研究中各自变量 VIF 值均小于 10，说明自变量之间不存在严重的多重共线性，满足回归分析的前提；Omnibus 检验 P 值小于 0.01，表明模型整体具有显著性统计学意义；霍斯默-莱梅肖检验 P 值为 0.09，大于 0.05，表明模型整体拟合优度较好。

(二)回归结果的解读

通过回归结果发现,在反映涉罪未成年人个体自然和社会控制情况的自变量中,只有在校生和有固定居所这两个指标对逮捕的适用存在显著影响。具体来说,涉罪未成年人为在校生的,被逮捕的概率是已经辍学的 0.492 倍;涉罪未成年人在当地有固定居所的,被逮捕的概率是没有固定居所的 0.15 倍。

在反映涉罪未成年人人格和习性的自变量中,犯罪前科、日常恶习对逮捕适用具有显著影响。具体来说,有犯罪前科的涉罪未成年人,其被逮捕的概率是没有犯罪前科的涉罪未成年人的 5.83 倍;存在日常恶习的涉罪未成年人被逮捕的概率是没有日常恶习的 1.837 倍。

在反映涉罪未成年人犯罪情况的自变量中,对于主犯、可能判处 3 年有期徒刑以上刑罚、被害人含老弱病残,对逮捕适用具有显著影响。未成年主犯被逮捕的概率是从犯、胁从犯的 2.24 倍;对于可能判处 3 年有期徒刑以上刑罚的涉罪未成年人来说,其被逮捕的概率是可能判处 3 年有期徒刑以下刑罚的涉罪未成年人的 23.65 倍。以老弱病残者为犯罪对象的涉罪未成年人,被逮捕的概率是以其他群体作为犯罪对象的涉罪未成年人的 5.086 倍。

在反映涉罪未成年人诉讼可控性的自变量中,有效监管帮扶,积极赔偿并取得谅解,对逮捕适用具有显著影响。具体来说,具备有效监管帮扶条件的涉罪未成年人,被逮捕的概率是不具备监管帮扶条件的 0.312 倍;案发后积极赔偿被害人及其家属,则涉罪未成年人被逮捕的概率是没有赔偿谅解的 0.556 倍。

对于反映人道主义因素的自变量,即涉罪未成年人是否残疾、怀孕、患有严重疾病或精神障碍,在本研究中对逮捕适用不存在显著影响。

三、未成年人逮捕社会危险性评估模型的构建与检验

(一)评估模型的构建

将 9 个具备显著性的自变量纳入 Logistic 回归方程,转换形式后得出涉罪未成年人逮捕的社会危险性评估模型为 $P = 1/(1 + e(-1 * (0.672 - 0.708 * x1 - 1.894 * x2 + 1.763 * x3 - 1.164 * x4 + 0.608 * x5 + 0.806 * x6 - 0.587 * x7 + 1.627 * x8 +$

$3.163 * x9)))$）。

关于涉罪未成年人社会危险性高低风险阈值的划分，需要着重考虑两方面因素：第一，未成年人的人身自由和刑事诉讼顺利进行何者的优先级更高？如果将人身自由置于优先地位，则应选择较大的阈值作为高风险群体的分界点，反之则选择较小的阈值作为分界点。为贯彻对未成年人的特殊保护，应当将保障未成年人的人身自由置于优先地位。第二，未成年人违反取保候审规则的成本高低，如果未成年人违反取保候审规则的成本较低，则应选择较小的阈值作为低风险群体的分界点，反之则选择较大的阈值作为分界点。我国涉罪未成年人对取保候审普遍存在"取保候审即无罪"的错误认知，实践中违反取保候审规则的成本较低，加之交通出行越发多样化，容易出现外逃和躲避侦查的风险。综上考虑，应当选择较大的阈值作为高风险群体的分界点，较小的阈值作为低风险群体的分界点，因此本研究将 0.8 作为高风险群体的阈值，0.2 作为低风险群体的阈值，0.5 作为中风险群体的阈值，将涉罪未成年人社会危险性水平划分为四个位阶，位阶越高，社会危险性越大（见表 3-9）。一般情况下，处于第一位阶的涉罪未成年人属于低风险群体，妨碍诉讼或再次犯罪的概率较低，原则上应适用取保候审，在实践中建议不予逮捕；处于第二和第三位阶的涉罪未成年人对应中风险和中高风险群体，在实践中建议通过听证审查的形式决定适用取保候审还是逮捕；处于第四位阶的涉罪未成年人属于高风险群体，社会危险性较高，原则上应当逮捕。但在特殊情况下，如经过听证后判断采取取保候审可以防止其再犯或妨碍诉讼的，可以适用取保候审措施。且涉罪未成年人逮捕社会危险性水平，可以作为提供保证人、缴纳保证金的参考。

表 3-9　　　　　　审查逮捕未成年社会危险性评估风险位阶表

社会危险性等级	风 险 区 间
低风险	0—0.2
中风险	0.2—0.5
中高风险	0.5—0.8
高风险	0.8—1

当然，基于统计学的社会危险性评估模型具有有限理性。一方面，评估模型的本质是利用群体特征审查个人的社会危险性，并不能完全穷尽司法实践中的所有情形，可能会忽视评估对象的特殊情况。另一方面，评估结果只是一种概率，仅表明评估对象实施社会危险性行为的可能性大小。因此，社会危险性评估模型不是万能的标尺，不能代替司法人员在具体个案中的综合判断，司法人员在办理案件时仍要坚持具体问题具体分析的原则，保持机动灵活，突出人的主体地位，不能迷信模型评估结果。例如，对于经过模型评估后社会危险性小于 0.2 的涉罪未成年人，司法人员可直接依据评估结果作出不予逮捕的决定，转而适用监视居住或取保候审等转处措施。但对于模型评估结果大于 0.8 的涉罪未成年人，尤其是略大于 0.8 的情形，司法人员不能简单根据评估结果就作出逮捕决定，而是应当结合办案经验和个案案情综合考量，分析参考模型中未包含的因素，坚持个性化审查，审慎适用逮捕措施。

（二）评估模型的检验

1. 初步检验

为检验模型的有效性，本书从"聚法案例"中选取两个真实案例，将案件中涉及的评估因素带入模型，对模型的有效性进行初步检验。

案例 1：刘某某故意伤害案。[①] 犯罪嫌疑人刘某某，未满 18 周岁，初中辍学，因涉嫌故意伤害罪，于 2020 年被案发地公安机关取保候审。2020 年某月某日，犯罪嫌疑人与朋友在路边与被害人发生纠纷，后嫌疑人对被害人进行殴打并起主要作用，致被害人轻伤一级。经查证，案发后刘某某及其家属对被害人进行赔偿并达成刑事和解，嫌疑人刘某某在犯罪地有固定居所，无犯罪前科，日常表现良好，无不良嗜好，其监护人及所在社区表示愿意对其进行监管。

在本案中，嫌疑人并未被采取逮捕措施，为验证模型与司法实践之间的一致性，将本案涉及的评估因素带入模型进行运算，得出以下结果：

$P = 1/(1+e(-1*(0.672-0.709*0-1.897*1+1.763*0-1.165*1+0.608*0+0.806*1-0.587*1+1.626*0+3.163*0)))) = 0.1024$，刘某某的社会危险性

---

① 参见黑河市爱辉区人民法院（2020）黑 1102 刑初 69 号。

属于第一位阶的低风险区间，没有逮捕的必要性，这与案例中司法人员对刘某某作出取保候审的决定相符。

案例2：胡某、赵某故意伤害案。[①] 犯罪嫌疑人胡某、赵某均为未满18周岁的未成年人，因涉嫌故意伤害罪，于2019年被案发地公安机关逮捕。2019年某月某日，犯罪嫌疑人胡某、赵某酒后与被害人（未满12周岁）发生纠纷，后胡某、赵某对被害人进行殴打，致被害人轻伤二级。经查明，胡某、赵某在殴打被害人的过程中均起主要作用，均系主犯。其中，胡某系外来务工人员，在案发地无固定居所，有聚众斗殴的犯罪记录，赵某系本地人，在案发地有固定居所，无犯罪记录，二人均辍学。根据社会调查报告，胡某日常表现较差，有酗酒、出入网吧、打架斗殴等恶习，其父母在其幼时离异，由祖父母抚养长大，由于年事已高，其祖父母无法对其进行有效监管。赵某日常表现较好，无不良嗜好，家庭结构完整，具备监管条件。

将本案中涉及的评估因素带入模型，分别得到胡某和赵某的社会危险性数值，结果如下：

$P1 = 1/(1+e(-1*(0.672-0.709*0-1.897*0+1.763*1-1.165*0+0.608*1+0.806*1-0.587*0+1.626*1+3.163*0))) = 0.9919$；

$P2 = 1/(1+e(-1*(0.672-0.709*0-1.897*1+1.763*0-1.165*1+0.608*0+0.806*1-0.587*0+1.626*1+3.163*0))) = 0.5105$

其中$P1$代表胡某的社会危险性水平，$P2$代表赵某的社会危险性水平。犯罪嫌疑人胡某、赵某的社会危险性数值分别对应第四风险位阶和第三风险位阶，即胡某属于高风险群体，而赵某属于中高风险群体。在此情况下，若没有其他需要自由裁量的特殊情况，办案人员应当对胡某采取逮捕措施，防止其再犯或妨碍诉讼，对赵某则可处以取保候审、监视居住等羁押替代措施。在本案中，二人之间的差别体现在是否有固定居所、犯罪前科、有效监管帮扶以及日常恶习这四个方面。二人开始均被采取逮捕措施，后赵某被转为取保候审，可以推断上述四个因素对于促成逮捕变更，同样具有一定的推动作用。

---

① 参见山西省新绛县人民法院（2020）晋0825刑初105号。

2. 模型的实践优势

首先，本研究为构建社会危险性评估模型所采集的样本中，涉罪未成年人逮捕率为 58.45%，社会危险性条件可以解释大约 35% 的逮捕变化，预测准确率接近 80%，这从侧面证明了社会危险性正逐渐成为逮捕审查的核心要件。此外，如实供述对逮捕适用的影响不显著，有些未如实供述的和认罪悔罪的未成年人也并未被逮捕，这也印证了前述无法通过逮捕迫使犯罪嫌疑人如实供述和协助破案的观点，逮捕的侦查属性在未成年人案件中得到消减。

本研究针对争议较大的赔偿谅解、犯罪前科和固定居所这三个评估因素进行了分析，在评估模型中，赔偿谅解、犯罪前科和固定居所分别在 5%、10%、1% 的显著性水平上显著，回归系数分别为 -0.587、1.763、-1.894，即在保持其他因素不变的情况下，赔偿谅解的未成年人被逮捕的概率大约下降 42%，有前科的未成年人被逮捕的概率大约上升 76%，没有固定居所的未成年人被逮捕的概率大约上升 89%。通过量化评估模型，有助于转变实践中"不赔则捕、有前科则捕、外来无固定住所则捕"的感性认识，使评估指标恰如其分地发生作用，避免单一指标的作用被异化或不当放大，从而架空了社会危险性审查机制。

第四节　未成年人逮捕社会危险性评估模型的应用与优化

一、评估模型的实案应用

(一)评估模型实案应用例举

为检验模型的有效性，本书在 H 省某县人民检察院进行了实地调研，以下将针对该院 2024 年未成年人批准逮捕的两起典型案例，进行模型有效性的实案检验。

案例 1：李某、胡某某、李某某强奸案。三名犯罪嫌疑人均系已满 16 周岁未满 18 周岁的未成年人，均为辍学无业人员，因涉嫌强奸罪，于 2024 年被 H 省某县人民检察院批准逮捕。2024 年某月某日，三名犯罪嫌疑人在当地某宾馆房间内吸食麻烟，后三人谋划将李某在网上认识的姜某(女，12 周岁)骗至宾馆进行强奸，后李某通过电话将被害人姜某骗至宾馆，三人先后对姜某实施性侵。经查证，三名犯罪嫌疑人均为本地留守未成年人，在当地有固定居所，三人在犯罪中无主次之分，均为主犯，其中胡某某曾因吸毒、寻衅滋事受过刑事处罚。

将本案涉及的评估因素带入模型进行运算，得出以下结果：

$P1 = 1/(1+e(-1*(0.672-0.708*0-1.894*1+1.763*0-1.164*0+0.608*1+0.806*1-0.587*0+1.627*1+3.163*0))) = 0.7666$；

$P2 = 1/(1+e(-1*(0.672-0.708*0-1.894*1+1.763*1-1.164*0+0.608*1+0.806*1-0.587*0+1.627*1+3.163*0))) = 0.9730$；

$P3 = 1/(1+e(-1*(0.672-0.708*0-1.894*1+1.763*0-1.164*0+0.608*1+0.806*1-0.587*0+1.627*1+3.163*0))) = 0.7666$。

根据模型评估结果，P1 李某、P3 李某某均为中高风险群体，P2 胡某某为高风险群体(有犯罪前科)，原则上应对胡某某进行逮捕，对李某、李某某可以适用逮捕，模型评估结果与某县检察院办案人员对三人最终作出逮捕决定的结果相符。

案例2：黄某、金某故意伤害案。两名犯罪嫌疑人均系已满16周岁未满18周岁的未成年人，均为辍学无业人员，因涉嫌故意伤害罪，于2024年被H省某县人民检察院批准逮捕。2024年某月某日，两名犯罪嫌疑人酒后与被害人(女，14周岁)发生纠纷，后黄某、金某对被害人进行殴打，致被害人轻伤。经查证，二人均为本地未成年人，在当地有固定居所，二人在犯罪中无明显主次之分，均为主犯，金某为留守家庭且曾经受过刑事处罚。

将本案涉及的评估因素带入模型进行运算，得出以下结果：

$P1 = 1/(1+e(-1*(0.672-0.708*0-1.894*1+1.763*0-1.164*1+0.608*1+0.806*1-0.587*0+1.627*1+3.163*0))) = 0.6582$；

$P2 = 1/(1+e(-1*(0.672-0.708*0-1.894*1+1.763*1-1.164*0+0.608*1+0.806*1-0.587*0+1.627*1+3.163*0))) = 0.9730$。

根据模型评估结果，P1 黄某属于中高风险群体，P2 金某属于高风险群体(有犯罪前科、无有效监管帮扶条件)。在此情况下，若没有其他需要自由裁量的特殊情况，原则上应当对金某采取逮捕措施，对黄某可以适用逮捕，模型评估结果与某县检察院办案人员对二人作出逮捕决定的结果相符。

（二）评估模型与应用工具的适配性

未成年人社会危险性评估模型是复杂的数学方程。实践中，为便于办案人员更简捷、高效地评估涉罪未成年人的社会危险性，需要将评估模型转换为可操作的评估工具。在模型构建和检验完成之后，研发评估工具的关键在于模型中各变量的赋权方式，目前具有代表性的赋权方式有两种。一是直接以各变量对应的回归系数作为权重，由于绝大多数的回归系数并非自然数，为便于计算，需要将模型转化为计算机程序，办案人员在计算机上填写选项，程序可自动得出评估结果。二是将各变量对应的回归系数四舍五入取整，以整数配置权重，一般情况下办案人员只需在纸上相加便可得出评估结果。两种赋权方式各有优劣，第一种方式虽然计算成本较高，但胜在未对回归系数做修改，最大限度地保证了评估结果的精确性；第二种方式更加简便快捷，但将回归系数一律化为整数，会在一定程度上影响评估结果的精确性。[①] 随着计算机、大数据、人工智能等新兴技术的发展，算法自动化评估或将引领未来的评估潮流，例如上海206系统、贵州大数据智能办案辅助系统等，更进一步解放了人类的劳动力，使评估工具摆脱了对硬件的依赖，便捷性和精确性已不再是二选一的问题，相信未来的未成年人社会危险性评估工具可兼顾评估的科学性和精确性问题。

（三）评估模型应用需处理好的四类关系

1. 评估模型和开发主体之间的关系

随着大数据和人工智能技术的兴起，司法机关尝试和高校科研机构以及科技企业合作，自动化社会危险性评估模型由此诞生并得到应用。例如绍兴市人民法院开发的"羁押必要性审查智慧系统"，通过分析"固定因素"和"可变因素"，统一社会危险性评估标准，使当地取保候审的适用率提高了1.5倍。[②] 自动化社会危险性评估模型的使用主体是司法机关，而开发主体通常是商业企业，逮捕审

[①]　张吉喜. 逮捕社会危险性条件中犯罪嫌疑人逃跑风险评估研究[J]. 中国法学，2023（04）：281-304.

[②]　王燃，孙艺桐. 人身危险性评估的算法治理——从算法透明与商业秘密冲突展开[J]. 上海政法学院学报（法治论丛），2023，38（03）：94-115.

查中辩方对评估模型质疑，而开发者通常以商业秘密为由拒绝提供有关信息，造成了信息透明与商业秘密保护之间的矛盾，引起了人们对评估模型的准确性、可信度的种种质疑。本书认为，社会危险性评估模型不仅事关未成年人的人身自由，也事关平等、公正、公开的司法价值理念，理应接受法律和社会的监督，而评估模型本身同样是开发人员的智力成果和企业的产权财富，同样应受到法律保护，因此需要制定规则最大化兼顾二者的价值。对开发主体而言，需要满足以下两点要求：

第一，确保社会危险性评估模型的可解释性。开发者应当向模型的使用者，即司法机关解释模型是否能够实现预期目标、数据拟合的方式以及结果形成的过程，需要明确的是，实现模型的可解释性需要选择最适合的统计方法而非最复杂的统计方法，理论上，越复杂的统计方法其可解释性越弱，而评估结果与一般统计方法不会有太大的差别。如本研究采用的二元 Logistic 回归法虽然结构简单，但可解释性强，基本功能也没有缺失，不会影响评估结果的准确性。

第二，按比例原则适度公开模型的有关信息。首先，社会危险性评估模型的开发人员、开发时间、购买使用者、版本情况等外部信息不涉及商业秘密，应当及时公开。其次，模型中的评估因素及权重等数据信息同样不涉及商业秘密，应当在抹除个人隐私的前提下予以公开。最后，自动化评估模型以程序代码为核心，此类信息涉及企业的商业秘密。如果模型的科学性和准确性在前期没有异议，原则上无须公开代码，而如果辩方或司法人员对模型的可解释性提出异议，则开发者有义务提供代码供专家小组进行非公开化审查。

2. 评估模型和司法机关裁量权之间的关系

一方面，评估模型只能辅助司法人员作出决策，是否逮捕的最终决定权掌握在司法人员自己的手中。首先，量化评估模型的原理在于通过归纳涉罪未成年人的群体特征预测个体的社会危险性大小，其无法穷尽所有的评估因素，容易忽视个体差异。在逮捕审查中，司法人员在评估未成年人是否有必要逮捕时除参考模型评估结果外，还应当审查个案中未成年人的具体情况，着重考虑会对逮捕产生影响却无法纳入评估模型中的因素，坚持个性化审查的原则，避免陷入迷信评估模型的"机械司法"困境中。其次，评估未成年人社会危险性大小需要额外进行人文关怀，对有逮捕必要的未成年人，司法人员负有解释说明的义务，要让未成年人及其辩护人对逮捕的决策逻辑和理由有一个清晰的认知，而这是评估模型不具备的功能。最后，评估结果本质是一种概率，再科学准确的评估模型也不可能做到100%的预测准确率。所以评估模型不能代替司法人员的判断，司法人员仍然是是否逮捕的最终决策者。

另一方面，虽然评估模型不能代替司法人员作出决策，但依旧应当对司法人员的裁量权起到限制作用，否则就又倒回了经验评估的老路。评估结果一般将未成年人的社会危险性划分为不同的等级，不同的研究者会有不同的划分方法。在本书中，对于社会危险性较低和中等的未成年人，原则上适用取保候审，除非有确切证据证明采取取保候审不足以防止其社会危险性的发生，此种情况下可以进行逮捕；对于中高等社会危险性的未成年人，一般同样适用取保候审，必要时可以组织听证会进一步研判有无逮捕必要；对于高等级社会危险性的未成年人，原则上应当逮捕，但考虑到比例原则，有条件的情况下也可以进一步划分高风险内部等级，根据个案事实综合评判。

3. 评估模型和辩方权利之间的关系

第一，要保障辩方在逮捕审查中的知情权。公正的逮捕程序需要加强控辩双方之间的对抗和博弈，这一基础就在于保障控辩双方之间的信息对称。现阶段，只有小部分的评估模型完全面向社会公开，例如美国的公共安全评估工具，大部分评估模型尚未公开。批评者认为，如果逮捕社会危险性评估模型不能公开，那么外界就无从得知评估模型的构建原理，辩方律师就无法针对评估模型展开辩护工作，相当于压缩了律师在逮捕审查环节的辩护空间，也不利于社会公众对逮捕审查的监督。本书认为，为保障辩方在逮捕审查中的辩护权，应当向被告人及其律师公开必要的信息，包括模型构建的方法、原始数据来源、自变量选取标准及权重、模型预测准确率以及可能存在的缺陷等。

第二，要保障辩方在逮捕审查中的参与权。现有的量化评估模型大多是司法机关与企业合作的产物，主要体现公权力意志，辩方及律师的参与度非常低。虽然辩方及其律师可就评估过程和结果质疑，但评估模型业已定型，很难再根据辩方的意见作出修改，在一定程度上架空了辩方的辩护权。本书认为，保障辩方参与权的最好方法是将律师引入评估模型构建过程中，吸纳律师的有关意见，使构建主体更加多元化，从而提升评估模型的科学性和准确性。

第三，要保障辩方在逮捕审查中有提出意见权，辩方既可以针对评估结果提出意见，也可以针对评估模型本身提出意见。具体而言，辩方一方面可从评估模型的构建原理、数据来源、指标体系、赋权方式等角度发表意见，指出评估模型存在的疏漏及可能对未成年嫌疑人产生的不利影响，例如可以要求司法人员就某一指标被纳入模型的合理性和合法性进行解释说明。另一方面可就评估结果的准确性及应对措施提出意见，尤其当评估结果为高风险时，辩方及其律师可以要求司法人员就评估全过程进行详细的说理，包括高风险的证据认定和法律依据等，对社会危险性争议较大的案件应当组织听证会，保障未成年嫌疑人及其辩护人参会，双方就评估结果进一步论证有无逮捕必要。

4. 评估模型和个人信息保护之间的关系

理论上，构建模型时考虑的变量越多，模型预测的准确率就越高。在构建涉罪未成年人逮捕社会危险性评估模型中，需要引入未成年人的个人、家庭、社会交往等信息，这一过程可能涉及未成年人信息泄露的问题。本章的相关数据主要来源于网上公示的裁判文书，对未成年人的信息搜集并未逾越法律规定的范围。但是，如果要进一步优化评估模型，就需要搜集有关涉罪未成年人更多且更详细的信息，例如未成年人社会调查报告中就包含生活经历、兴趣爱好、家庭经济水平、家庭疾病史等涉及个人隐私的信息，这就造成了模型优化与信息保护之间的矛盾。随着大数据技术在刑事司法中的应用越来越深入广泛，更多更隐私的信息可能在当事人不知情的情况下被引入评估模型中，从而侵犯到未成年嫌疑人的隐私权。对此，本书认为社会危险性评估模型的优化不能停止，当涉罪未成年人的个人隐私与逮捕审查发生矛盾时，前者应让位于后者，同时对于模型所需要的信息应坚持比例原则，即只有切实必需的信息才允许被收集和使用，且只能服务于逮捕审查环节。此外，当评估完成后，司法机关应当对使用过的信息进行删除或封存，严禁用于其他任何目的。

二、评估模型应用的局限与优化思路

(一)评估模型应用的局限

虽然本章的研究为涉罪未成年人社会危险性评估提供了新的方法和依据，但受自身理论知识欠缺、实践经验不足等主客观因素制约，本章的评估模型还存在诸多不足，需要在以后的研究中更进一步探索。第一，样本数据偏少，受限于网上发布的裁判文书的数量和质量，本章的研究最终只获取了 491 份有效样本。样本中涉罪未成年人主要为男性，女性较少，性别比例不平衡；部分样本时间间隔较久，在时效性上可能有所欠缺；评估模型的检验环节，最优方法是选取一部分样本作为训练集以验证数据，但受限于样本数，只能选择部分典型案例进行初步检验。第二，在信息提取中，受限于裁判文书的描述，只能提炼出较为宏观和单一的因素，而对于较为精细的因素，如重罪轻罪史、赔偿态度、性格特征等则难以从裁判文书中提炼。第三，本章未区分不同的犯罪类型，这一做法虽有助于提高评估模型的代表性和普适性，但也容易造成指标的遗漏，如财产型犯罪和侵犯人身权利的犯罪在部分侧重点上应当有所区分。

此外，本章的评估模型受限于文书信息，无法进行更深入的探讨。要构建科学性和准确性更强的评估模型，需要对指标进行更深入的解剖。例如，相较于单纯评估是否赔偿谅解，犯罪嫌疑人的赔偿态度、赔偿能力、赔偿时间等情节或许更具有参考价值，这些情节更能够反映犯罪嫌疑人的社会危险性水平，同时可以在一定程度上降低司法实践对赔偿谅解的过度关注。对于犯罪前科的评估亦是如此，犯罪前科只是一个较为笼统的概念，仅代表评估对象先前受过刑事处罚，但并不能反映先前所犯罪行的性质和情节。正如有研究者所指出的，程度较轻的犯罪史对再犯风险的影响极为有限。[①] 美国联邦审前风险评估模型也将违法犯罪史分为重罪史和轻罪史，轻罪史对审前风险的影响远低于重罪史。因此，未来模型有必要进一步划分犯罪史，重点考察犯罪类型、犯罪性质、犯罪次数、犯罪间隔等细节因素。对于固定居所的评估，随着管护基地[②]在全国陆续建立，固定居所对外来涉罪未成年人的制约作用有所减弱，合作的企业、学校、福利院等机构不仅可以提供取保候审的场所，还可以代为缴纳保证金和指定保证人。因此，对管护基地建立比较成熟的地区，在构建评估模型时，不应再将有无固定居所作为评

---

① 曾赟. 服刑人员刑满释放前重新犯罪风险预测研究[J]. 法学评论，2011，29（06）：131-137.

② 有些地区称之为观护基地、关护基地，名称虽然不同，但本质上没有差异。

估指标，而对于管护基地建立不完善的地区，评估模型仍然需要将有无固定居所考虑在内。

(二)评估模型应用的优化思路

如前所述，量化模型评估将逐渐取代主观经验评估，成为未来逮捕社会危险性评估的主流形式。本章的研究建立的模型解释了大约35%的逮捕变化，从统计学的角度看模型具有一定解释力，但仍有较大的提升空间。且模型的解释力受到诸多因素的影响，包括理论辨析、原始数据质量、评估结果解读等，所以未来评估模型的优化需要从以下四个方面展开：

第一，社会危险性理论与司法实践之间的结合，促进双向检验与校正。理论界对于社会危险性的内涵与外延一直存在争议，有研究者认为社会危险性评估不应基于嫌疑人已经实施的行为，[1] 有的认为不应包含嫌疑人犯罪后的行为，[2] 还有的质疑刑诉法有关社会危险性的规定违反无罪推定原则。[3] 种种学说各执己见，对社会危险性评估模型的建立是不利的。诚然，现有的法律法规对社会危险性的规定略显抽象，可操作性欠缺，理论界学派众多，观点不一，但社会危险性评估模型最终是服务于司法实践的，因此有必要适当统一理论界的争议，以免陷入法律形式主义中无休止的演绎推理。办案人员未来评估涉罪未成年人社会危险性时，除遵循立法规定和理论学说外，还要尝试运用经验法则，即从以往的审查经历中总结实践经验，进一步发掘其他可能影响社会危险性的因素，既可以弥补法律和理论的疏漏，也可以检验经验法则的法理正当性，实现双向检验与优化。

第二，一些地区已开始利用大数据技术构建智能化、自动化的社会危险性评估模型，但确保原始数据质量，对于提高模型解释力具有重要意义。相较于经济学、管理学等社会科学，法学实证研究起步较晚，数据来源渠道较窄。当前社会危险性评估模型的数据来源主要是各类卷宗，研究者需要从中提取所需信息，再

---

① 张吉喜．逮捕社会危险性条件中犯罪嫌疑人逃跑风险评估研究[J]．中国法学，2023（04）：281-304.

② 张琳．逮捕羁押审查中社会危险性的证明问题研究[J]．中国刑事法杂志，2023(05)：125-140.

③ 曲春玉．逮捕的社会危险性评估研究[D]．上海：华东政法大学，2022：6.

将其转换为数据形式，方能建立模型。然而卷宗中的信息普遍存在较强的"表象性"，可能无法真实、充分地反映影响逮捕审查的"实质信息"，如办案人员的性格、工作经验、社会舆论等因素无法体现在模型中，即便是现在的"爬虫"、光学字符识别等技术也无法准确识别字符含义。基于此，为尽可能提高原始数据的质量，未来一方面需要保证样本抽取的代表性和随机性，除抽取规模要足够大外，还要考虑针对特殊指标增加特定样本。同时完善信息提取技术，提高机器编译转换效率，必要时安排人工对机器提取信息的准确性进行查验。另一方面要提高原始信息的客观性、强化地区差异性。对于自首、认罪认罚等量刑因素，完全由司法机关认定，可能会受到办案人员主观好恶的影响，为提高信息的客观性，可以将其适当拆解，如自首可以还原为主动到案和如实供述，认罪认罚可以替换为赔偿谅解等具体的构成要件。

第三，不同地区经济水平、文化传统、犯罪情况、司法人员专业素养存在差异，因此逮捕社会危险性评估指标也会存在一定的地域差异。如美国有实证研究发现，许多常见的暴力犯罪再犯风险评估模型对欧美白人比少数族裔有更高的适用性;[1] 我国亦有实证研究表明，不同地区在受贿罪量刑结果上存在差异，且部分地区之间的量刑差异非常显著。[2] 因此可以建议以省为单位开展社会危险性评估，结合省情制定地区性法规，因地制宜地开展评估模型的构建工作，从而实现关注地区差异与确保法律统一适用的有效平衡。

---

[1]　Stefanie Schmid, Roxanne Heffernan, Tony Ward. Why We Cannot Explain Cross-Culture Differences in Risk Assessment[J]. Aggression and Violent Behavior, 2020(01): 124.

[2]　王剑波. 我国受贿罪量刑地区差异问题实证研究[J]. 中国法学, 2016(04): 245-265.

第四章 未成年人人身危险性评估在量刑中的应用

近年来，未成年人恶性杀人案件频频出现在公众视野，譬如"大连13岁男孩杀害10岁女童"案，"江西14岁男孩杀害8岁女孩抛尸"案，"17岁男孩杀害陪读母亲"案等。上述极端案件在社会上引起了大范围的讨论，越来越多的人关注未成年人犯罪问题。未成年人犯罪存在与成年人犯罪不同的特征，其原因不仅仅是其对犯罪行为本身的辨认和控制能力不足，也可能是其社会交往能力不足，或者是其受到不良的家庭环境和社会环境的影响。对于涉罪未成年人，过于轻缓的刑罚无助于未成年人改过自新，而过于严厉的刑罚又会徒增更多的社会对抗和成本，对涉罪未成年人进行科学有效的量刑是我国必须面对的难题。但是在《最高人民法院 最高人民检察院关于常见犯罪的量刑指导意见（试行）》（下称《意见（试行）》）以及《最高人民法院关于审理未成年人刑事案件具体应用法律若干问题的解释》（下称《解释》）中都只是原则性地规定了对于未成年人犯罪应当考量的因素，虽指明了方向，但操作性较弱。而量刑不仅是将这些考量因素进行简单陈列，更需要综合各种量刑情节对量刑结果发挥的作用和影响进行分析，这不仅需要专业的知识和判断，更需要经验的沉淀和积累。在司法实践中，由于故意杀人罪的具体量刑规则并没有详细的法律规定，由此使得司法审判人员对于量刑情节的适用拥有广泛的自由裁量权，不能准确规范适用量刑情节甚至滥用量刑规则。因此本章以中国裁判文书网中未成年人故意杀人案判决书为样本，将判决书转化为数据，依据现有的数据利用回归分析，来验证因变量（量刑结果）与各个自变量（各个量刑情节）之间的关系，以及各个量刑情节的显著性大小；对域外未成年人量刑模式、量刑制度进行研究，通过对比分析，为我国未成年人故意杀人罪量刑规范化提出可行性建议。

第一节 未成年人犯罪量刑之理论梳理

在刑法学领域，未成年人通常是指已满 14 周岁不满 18 周岁的人。而《刑法修正案（十一）》对未成年人的年龄进行了修改，将已满 12 周岁不满 14 周岁的低龄未成年人纳入刑法学领域。因此，本章遵循我国法律规定，将未成年人界定为已满 12 周岁不满 18 周岁的人。量刑，又称为刑罚的裁量，是法官依据刑事法律的规定，做出最能与犯罪行为以及犯罪人相当的刑罚结果的行为。① 对于未成年人犯罪量刑问题，我国刑法及相关司法解释对未成年人定罪问题的规定已经十分明确，但是对量刑规定却较为模糊，加之理论界对于未成年人量刑方面的观点、对政策的理解等都存在差异，使得未成年人"定罪容易，量刑难"的问题十分突出。对于未成年人量刑，应当从未成年人群体的特殊性出发，把握宽严之度，才能更好地平衡未成年人刑罚裁量的均衡性与个别性。

一、未成年人犯罪量刑问题研究现状

（一）国内研究现状

目前，在已检索到的文献中，关于未成年人犯罪量刑方面的研究具体又分为以下几个方面：从理论层面论述未成年人犯罪量刑研究，从实证研究角度分析量刑情况，以及从制度完善角度分析未成年人量刑制度的缺陷与完善。

1. 理论层面

第一，社会调查报告的相关研究。提到涉罪未成年人的量刑问题，社会调查属性，主要分为两个学说：证据说和参考说，而社会调查报告的性质固然重要，但与本书息息相关的是关于社会调查报告适用的探讨。学者何鑫的观点是社会调查报告内容上包含成长经历、犯罪原因、监护条件等，但不应含有量刑建议，法院在对未成年人的行为性质作出认定之后，根据刑法条文中明文规定的量刑情节对涉罪未成年人作出一个刑罚裁量结果，最后根据社会调查报告对刑罚幅度进行

① 刘立杰. 少年刑法基本问题研究[M]. 北京：法律出版社，2013：37-38.

修改，即社会调查报告可以影响刑罚的裁量，具有量刑作用，如福建省厦门市中级人民法院在审理未成年人抢劫案中认定社会调查报告可以作为对未成年人适用缓刑的参考依据之一。① 持相同观点的学者胡云腾还认为，社会调查报告能够包含对涉罪未成年人不利的调查，且社会调查报告能作为对未成年被告人酌情从重处罚的依据。② 学者田宏杰和庄乾龙指出社会调查报告与案卷材料发挥着相同的作用，即作为对未成年犯罪嫌疑人是否予以批捕以及是否作出起诉决定的证明材料。③

第二，未成年人量刑相关理论研究。未成年人是家庭的未来、社会的未来、国家的未来，且未成年人的性格和想法正处于易变时期，教育和矫正对涉罪未成年人重返社会以及重塑品格具有至关重要的作用，因此对涉罪未成年人进行刑罚处罚不仅应当考虑罪刑相适应的问题，同时还应当考虑对涉罪未成年人往后发展的影响。不少研究者认同以惩罚为辅、预防为主、特殊保护为根本的特殊保护说，主张对涉罪未成年人进行特殊保护，不仅符合我国人民的历史情感，而且也符合社会发展的根本利益；与之不同的是，学者黄森林提出了对未成年人犯罪轻型化的质疑，认为未成年人犯罪量刑过度"轻刑化"处理可能会导致合法性与合理性失衡、滋生司法腐败、不利于震慑潜在犯罪者以及弱化对未成年人的教育等问题；④ 同样地，学者王新用数据表明近年来未成年人犯罪数量虽有所下降，但暴力犯罪的数量反而不断增加，这在一定程度上反映了传统宽严相济的刑事政策在对司法活动的指导上可能存在问题。⑤

第三，对于故意杀人罪量刑情节进行相关研究。不可否认的是"手段残忍"已经成为故意杀人罪量刑中至关重要的因素，关于"手段残忍"的认定主要分为以下

---

① 何鑫. 未成年人犯罪量刑规范化问题的实证研究——以上海地区法院的品格证据运用为例[J]. 知与行，2017(04)：52-57.

② 胡云腾. 宽严相济刑事政策与未成年人犯罪量刑[J]. 预防青少年犯罪研究，2017(01)：50-58.

③ 田宏杰，庄乾龙. 未成年人刑事案件社会调查报告之法律属性新探[J]. 法商研究，2014，31(03)：116-122.

④ 黄森林. 消融与衡平：检视未成年人犯罪轻刑与量刑公正[J]. 西部学刊，2019(21)：32-37.

⑤ 王新. 我国未成年人犯罪刑事政策的历史检视与现实应对——以"教育"和"惩罚"的协调为视角[J]. 哈尔滨学院学报，2018，39(11)：48-52.

几个有代表性的观点：学者陈兴良在《故意杀人罪的手段残忍及其死刑裁量——以刑事指导案件为对象的研究》(2013)一文中提出的"被害人感受说"，即在杀人过程中，故意折磨被害人，致使被害人在死亡之前处于肉体与精神的痛苦状态;① 学者车浩在《从李昌奎看邻里纠纷与手段残忍的涵义》(2011)中提出"一般人评价说"，即从民意舆情的角度，通过判断杀人手段是否构成对善良风俗和人类恻隐心的挑战，来追求故意杀人案件裁判的社会效果，落脚点在于社会一般观念的规范判断;② 学者王复春在《"手段残忍"裁判规则研究——以 680 件故意杀人案件为样本》(2018)一文中提出"客观说"，即在客观视角下故意杀人行为具有附加其他的法益侵害效果。③

2. 实证分析层面

实证研究是研究者在收集分析数据和资料的基础上，为提出理论假设或检验理论假设而进行的研究。要观察法律适用情况，实证研究是最得心应手的研究方法。近年来对未成年人犯罪量刑情况进行实证研究的学者越来越多，包括但不限于：学者王巍在《重罪未成年人量刑建议实践分析》(2014)中从检察院视角出发，运用实证分析法来观察分析案例，探讨量刑差异的成因;④ 学者莫然在《应然与实然之间的距离：未成年人量刑实证研究》(2015)中提出酌定量刑情节普遍缺乏可操作性，并使用了实证分析法来研究酌定量刑情节对量刑的影响程度;⑤ 学者吴瑞益通过实证分析法研究未成年人刑事案件的量刑差异与困惑，并深入分析量刑原则与实效背离的原因;⑥ 学者何鑫同样在《未成年人犯罪量刑规范化问题的

① 陈兴良. 故意杀人罪的手段残忍及其死刑裁量——以刑事指导案例为对象的研究[J]. 法学研究，2013，35(04)：160-179.

② 车浩. 从李昌奎案看"邻里纠纷"与"手段残忍"的涵义[J]. 法学，2011(08)：35-44.

③ 王复春."手段残忍"裁判规则研究——以 680 件故意杀人案件为样本[J]. 中国刑事法杂志，2018(06)：112-128.

④ 王巍. 重罪未成年人量刑建议实践分析[J]. 国家检察官学院学报，2014，22(02)：143-151.

⑤ 莫然. 应然与实然之间的距离：未成年人量刑实证研究[J]. 政法论坛，2015，33(04)：140-148.

⑥ 吴瑞益."估堆量刑"与"必减主义"之省思——未成年人犯罪规范化量刑模式构建[J]. 预防青少年犯罪研究，2015(05)：68-81，24.

实证研究——以上海地区法院的品格证据运用为例》(2017)文章中运用了实证分析法，主要研究内容为上海地区未成年人社会调查制度施行概况；① 学者韩玫和田旭重点研究"未成年"身份，是否与法律规定的其他量刑情节共同对量刑活动发挥作用，以及在未成年人故意杀人案中刑事责任年龄产生的减刑效果，是否会影响其他量刑情节的作用。②

3. 制度完善层面

关于未成年人量刑制度的缺陷与完善方面的研究，主要包括发现问题和完善建议两方面。学者王巍从检察院角度出发，提出量刑建议两极化以及"分段求刑法"，即量刑建议两极化是指对于犯重罪的未成年人的量刑建议重可至无期徒刑，轻可至缓刑。"分段求刑法"是指对某些尚无法判断是否出现的特定量刑情节提出了两端量刑区间的方法；③ 学者韩玫和田旭在研究未成年身份对其他量刑情节是否存在干涉的同时，提出在量刑过程中应当强化社会调查报告的法律效力，并建构区别于成年人的刑事司法体系，从而防止量刑活动被"未成年"身份所左右；④ 学者吴瑞益、许维安和何鑫都提出应当对有关未成年人犯罪的量刑规范进行细化和完善，不同的是吴瑞益和何鑫学者认为应当完善未成年人社会调查制度；⑤ 学者许维安认为对涉罪未成年人量刑应当增加非监禁刑种类，建立针对未成年人犯罪的特殊量刑标准，制定专门的《未成年人刑法》。⑥

---

① 何鑫．未成年人犯罪量刑规范化问题的实证研究——以上海地区法院的品格证据运用为例[J]．知与行，2017(04)：52-57.

② 韩玫，田旭．未成年人故意杀人案量刑经验研究[J]．河北法学，2020，38(03)：187-200.

③ 王巍．重罪未成年人量刑建议实践分析[J]．国家检察官学院学报，2014，22(02)：143-151.

④ 韩玫，田旭．未成年人故意杀人案量刑经验研究[J]．河北法学，2020，38(03)：187-200.

⑤ 吴瑞益．"估堆量刑"与"必减主义"之省思——未成年人犯罪规范化量刑模式构建[J]．预防青少年犯罪研究，2015(05)：68-81，24；何鑫．未成年人犯罪量刑规范化问题的实证研究——以上海地区法院的品格证据运用为例[J]．知与行，2017(04)：52-57.

⑥ 许维安．特殊保护说：未成年人犯罪的量刑目的论[J]．预防青少年犯罪研究，2014(01)：57-63.

（二）国外研究现状

现就国外有关量刑模式、量刑专门机构和社会调查制度三个方面的研究现状总结如下。

1. 量刑模式

英美量刑模式主要为指南型模式,① 类似于我国量刑指导意见, 具有研究意义。指南型量刑模式一般通过建立量刑委员会, 由委员会对法官量刑活动进行实证研究, 在此基础上规定各种量刑情节对刑罚的调节幅度, 形成体系化、系统化的量刑指南, 以此来指导司法实践中法官的量刑活动。② 根据量刑方法的不同, 指南型模式主要分为数字格状量刑指南以及文字叙述量刑指南。在实践中指南型量刑模式对美国、英国、韩国等国家克服量刑失衡问题提供了强劲的助力, 但在加拿大、新西兰等国家指南型模式的实效则无法判断。

2. 量刑专门机构

美国创设联邦量刑委员会, 作为指导美国量刑改革的专职机构。1984 年由国会建立的美国联邦量刑委员会旨在减少量刑差异、提高量刑的透明性和合理性; 不断为司法部门制定、修改、补充和调整《美国联邦量刑指南》, 有义务对所收集的量刑数据进行实证分析和判例研究, 协助其他部门制定有效和高效的预防和打击犯罪政策, 满足量刑实践的需求;③ 英国于 2002 年通过立法设置量刑理

---

①　英格兰和威尔士量刑理事会(The Sentencing Council for England and Wales)颁布了《量刑指南》, 具体包括对地方法院量刑指南(Magistrates' courts sentencing guidelines)和刑事法院量刑指南(Sentencing guidelines for use in crown court); 而美国量刑委员会(United States Sentencing Commission)则颁布了《2024 年量刑指南评注》(*United States Sentencing Commission Guidelines Manual 2024*)用以指导本国法官量刑。

②　英格兰和威尔士量刑理事会网站. 地方法院对儿童和青少年量刑[EB/OL]. https：//www. sentencingcouncil. org. uk/overarching-guides/magistrates-court/item/sentencing-children-and-young-people; 刑事法院对儿童和青少年的量刑指南, 仅局限于 18 周岁以下未成年人所犯下侵犯儿童的性犯罪、与家庭中儿童发生性行为的犯罪和促使家庭中儿童成员从事性行为的犯罪的量刑指南, https：//www. sentencingcouncil. org. uk/offences/crown-court/item/child-sex-offences-committed-by-children-or-young-persons-ss-9-12-offender-under-18。

③　美国联邦量刑委员会的职责参见其主页相关介绍：About the United States Sentencing Commission. https：//www. ussc. gov/。

事会作为对所有刑事犯罪制定量刑标准的机构，有权颁布一系列强制性的量刑规范；① 澳大利亚每个州设置量刑咨询理事会。例如，昆士兰州量刑咨询理事会由法律专家和在刑法、反家事和家庭暴力、支持犯罪受害人经验的社区先驱者、解决土著居民和托雷斯海峡岛民司法公正和青少年司法等领域拥有经验的人士组成，在进行适当统计分析的基础上，制定具有普遍效力的量刑规范，在法官的自由裁量权围内提供公平和一致的非强制性量刑指导。②

3. 社会调查制度

十九世纪后半期，刑法个别化思潮在西方国家不断发展，教育量刑思想被西方社会广泛接受，主张"因材施教"。人们慢慢意识到量刑应当依据每个人的具体情况进行，包括犯罪人的性格特征、社会生活环境、犯罪动机和犯罪后的态度等因素。在发达国家社会调查制度已趋于成熟，主要表现在调查主体明确、报告内容全面、报告适用规范等方面。美国相关法律规定了对未成年人进行社会调查的主体，包括缓刑官、法院专业人员等；德国也规定了少年司法组织对未成年人进行社会调查。关于社会调查报告的内容，美国和德国都要求包括未成年人交往史、家庭情况、教育情况、人格评估和相关处理意见及理由等。在社会调查报告的适用上，美国个别州规定调查报告首先是涉罪未成年人是否被起诉的参考依据，其次是法官量刑的依据；德国规定在审判阶段，社会调查人员应以证人身份出席，接受双方质询。

综上所述，首先，国内文献中关于未成年人量刑制度的完善建议，出发点毋庸置疑是为了增进未成年人量刑的科学化和规范化，但创设新的量刑体系不是一

---

①　英国《2020 年量刑法案》2020 年 12 月 1 日生效，并于 2021 年 6 月 29 日重新修订；该法案仅适用于英格兰和威尔士。英国量刑理事会，即英格兰和威尔士量刑理事会（The Sentencing Council for England and Wales）颁布了《量刑指南》，具体包括对地方法院量刑指南（Magistrates' courts sentencing guidelines）和刑事法院量刑指南（Sentencing guidelines for use in crown court）。

②　关于澳大利亚昆士兰州量刑咨询理事会的职责参见其网站：https：//www. sentencingcouncil. qld. gov. au/about-us/council。有关昆士兰州量刑咨询理事会的具体量刑指导请参见其颁布的《2023 年昆士兰量刑指南》（Queensland Sentencing Guide 2023 of Queensland Sentencing Advisory Council），https：//www. sentencingcouncil. qld. gov. au/_data/assets/pdf_file/0004/572161/QLD-Sentencing-Guide. pdf/。

件简单的工程，实际操作难度较大，应从长计议；对未成年人量刑实施"量刑建议两极化""分段求刑法"等量刑方式的创新，以及涉罪未成年人社会调查制度的完善方面，虽然可行性较大，但两极化的量刑建议在实践中的适用标准仍需继续研究。其次，国外的有关未成年人量刑政策固然有可取之处，但在文化差异的大背景下，不一定全部适合我国国情，借鉴应当谨之慎之。最后，综合各实证研究来看，本章虽然也使用了实证分析法，但是和上述国内几类未成年人实证研究以及故意杀人实证研究在研究目的、研究内容上都有所不同：本章的研究目的是通过对案例的分析来研究未成年人故意杀人罪量刑规范化存在的问题及原因，并结合未成年人人身危险性评估提出规范化量刑的建议。

二、未成年人生理和心理的特殊性

（一）未成年人的生理特殊性

科学家发现，10—12 岁的未成年人大脑神经突触有一个明显加厚的过程，这个过程被称为"增值"。突触联系的增值出现在大脑灰质的许多部位，在额叶上最为集中。而大脑额叶与大部分大脑的高级活动有关，尤其是一些理性决策，像明辨对错、制定方案、处理矛盾等。[①] 在 15 岁以前，未成年人的前额叶皮质成长发育尚为缓慢，但在随后的青春期和成人初显期，他们的前额叶的成长速度就变得突飞猛进。神经学家将前额叶的功能与青少年决策能力联系起来，认为前额叶影响青少年的执行功能，包括自我调节能力和控制能力，影响青少年进行理性决策，以及青少年人能否从过去的事件中得到启发等。

综上，在有关未成年人青春期和成人初显期大脑发育的最新研究中，我们可以发现：一方面，由于大脑发育尚未完成，青少年的认知能力不足，在多数场景中，例如成熟决策、抑制冲动、判断行为后果、理性解决冲突等方面，距达到成年人的标准还有不小的差距。另一方面，青少年身体快速生长及内分泌系统的快速发育，直接使得他们的外在成长与内在发展不匹配，导致在这一时期的未成年

---

① 杰弗里·阿内特. 阿内特青少年心理学(第 6 版)［M］. 郭书彩，等译. 北京：人民邮电出版社，2021：46.

人非常容易产生内在矛盾，是一个极不稳定的成长时期。这就是世界各国对未成年人作出区别于成年人定罪和量刑规则的重要生理学依据。

(二)未成年人心理的特殊性

安娜·弗洛伊德认为，未成年人在成长过程中随着本能驱力的不断增加，导致人格结构中的本我、自我和超我的认知之间产生冲突，其中主要是本我和超我之间的剧烈冲突，使得未成年人难以进行自我定位，这是未成年人心理失衡和行为异常的主要原因。① 总之，未成年人内在状态的稳定性、行为的合理性都与成年人的水平相差甚远，因此未成年人更有可能出现行为异常的现象甚至发生越轨或犯罪行为。在埃里克森的研究中，其认为青少年在向成年过渡的这一时期有可能是人一生中最为困难的时期。因为在这个时候，未成年人可能会容易产生冲动的情绪、心理上异常自卑或极端自信、持续狂躁、定位不准、与监护人产生矛盾等，并出现逆反心理。如果无法有序进行角色定位，就可能导致两个极端状态：一方面可能会过度在意外界的评价，极易被引导，导致毫无主见地顺从他人；另一方面则表现完全相反，即完全不在意他人的看法甚至对父母及其他权威人物和社会规则不屑一顾。暴力型未成年犯罪人的特点是手段残酷、程度剧烈、后果严重，尤其体现在共同犯罪中。在部分未成年犯罪人的观念中，如果不实施犯罪，不用暴力手段彰显自己的力量，他们就体现不了自己的社会地位，或者实现不了类似于个人尊严、荣誉等人生价值。他们会用尽一切办法进行自我肯定，毫无顾忌地表现自己，试图得到外界的肯定和承认。而且，他们并不尝试用学习和工作中的正面成绩来获得这样的肯定，而是用自认为的正义感、同情心和积极帮助朋友的少年意气来争取这种肯定。

三、未成年人犯罪量刑之理论争议

未成年人犯罪是指不满 18 周岁具有刑事责任能力的人，实施危害社会、违反刑法规定、应受刑罚处罚的行为，但鉴于未成年人特殊的心理和生理特

---

① 许永勤. 未成年人供述行为的心理学研究[M]. 北京：中国人民公安大学出版社，2011：59.

征、社会和家庭等原因，我国对于涉罪未成年人的量刑规定了宽严相济的刑事政策，对于其中的"宽严"关系，以及量刑均衡与刑法个别化的关系，学者们有不同的观点。

（一）"宽严相济"刑事政策中的"宽严"之争

惩办与宽大相结合的刑事政策实质上是基于对"严打"政策的理性反思，即宽严相济刑事政策提出之际主要还是突出"以宽济严"。① 当前我国对未成年人犯罪主要采取"教育为主、惩罚为辅"宽严相济的刑事政策，但就其中的"宽"和"严"学者们的看法有所不同。有的学者认为"宽"所注重的是刑罚，"严"所针对的是预防，而非处罚上的严厉；② 还有学者则主张用"宽罚严管"来诠释宽严相济刑事政策的内涵，③ 即一味强调宽罚，而无其他后续措施来限制的话，将会使得大量未成年犯罪人流入社会，很可能动摇社会秩序，这就需要监护人甚至政府对少年犯罪人做好后续"严管"工作，例如《刑罚》第 17 条就规定如因不满 16 周岁而不予刑事处罚，其父母或者其他监护人应当加以管教；如有必要，可进行专门矫治教育。还有一部分学者认为"宽"与"严"要互相结合，综合性应用，④ 即"宽"是指可从轻可从重的从轻处罚，能不定罪的不定罪，能判处缓刑的不判处实刑，"严"则与宽相反，指可从轻可从重的从重处罚，这点与前述学者们的观点不同，对于能否对涉罪未成年人从重处罚，学界仍存在争议，但越来越多的学者认为如果社会调查报告中显示，涉罪未成年人一贯表现很差，屡教不改，主观恶性、人身危险性大，可以酌定从重处罚。本书认为上述观点虽然略有分歧，但本质上是相同的，都赞成"宽"的含义即对涉罪未成年人从轻处罚，对于"严"的看法略有不同，但并非相去甚远，即使对涉罪未成年人从重处罚也并不

---

① 储槐植，赵合理．构建和谐社会与宽严相济刑事政策之实现[J]．法学杂志，2007(01)：5-9.

② 何显兵．未成年人刑事犯罪宽严相济政策诠释[J]．江西社会科学，2013，33(04)：155-159.

③ 邬凡敏，王群．"宽罚严管"的少年刑事司法政策[J]．河北法学，2010，28(01)：190-194.

④ 胡云腾．宽严相济刑事政策与未成年人犯罪量刑[J]．预防青少年犯罪研究，2017(01)：50-58.

会超过成年人的量刑标准，较之同罪的成年人犯罪人仍然是属于从轻的范畴，只是相比其他同罪未成年人较为严厉，因此对未成年人量刑总体轻缓，但具体问题具体分析，仍应当考虑未成年犯罪人的成长经历、犯罪动机、情节和社会危害程度等因素进行处理。

(二)"量刑均衡"与"刑罚个别化"之争

从 2010 年开始我国最高人民法院发布了《意见(试行)》，之后最高人民法院、最高人民检察院、司法部及公安部对于量刑问题发布了多个文件，包括《最高人民法院、最高人民检察院、公安部、国家安全部、司法部关于规范量刑程序若干问题的意见(试行)》《最高人民法院关于实施量刑规范化工作的通知》《最高人民法院关于常见犯罪的量刑指导意见》，等等，都规定了量刑应当均衡的基本原则。量刑均衡即要求同一地区同一时期案情相似的案件做到量刑结果统一，量刑均衡所偏重的刑罚观是报应刑论，以客观事实为评价标准，并且强调的是行为的危害性而非人身危险性。而在此基础上追求的"同案同判"，类似案件之间量刑保持一致性，体现的是量刑的形式正义。

刑罚个别化主张预防未然之罪，所偏重的刑罚观是预防刑论，更重视犯罪人的人身危险性。犯罪人的人格特征各有不同，刑罚应满足未成年人个体差异性的需要，根据犯罪人的人格状况和人身危险性采取适当的刑事制裁措施，从而减少犯罪人再犯的可能性。而人身危险性因人而异，同样刑罚也应当根据个体差异而有所不同。基于此在实践中可能就会呈现出"同案不同判"的情形，所追求的是量刑的实质正义，是个案之中的公正。

量刑均衡的核心在于对相似的案件事实给予相似的处罚，这是刑法的公平问题，落脚点是同罪同罚。但不同案件事实导致的量刑不同也不意味着刑罚个别化。事实上，异罪异罚与同罪同罚是一个问题的两面。刑罚个别化是根据不同的被告个性施以个别化刑罚的理念，是一个公开的裁判过程。[①] 盲目地追求量刑均衡会忽视行为人的人格特征，会使得量刑过程充斥盲目性，缺乏针对

---

① 杨东亮. 刑罚个别化的正当程序载体：判决前调查报告[J]. 证据科学，2013，21(03)：375-384.

性，不利于保护未成年人；而一味地追求刑罚个别化则可能有失形式正义，并且不利于自由裁量权的限制。因此本书认为偏重于任何一方都会导致量刑偏差，应当将量刑均衡与刑罚个别化相结合，在量刑均衡的基础上，实现个案的刑罚个别化。

四、故意杀人罪量刑情节认定标准之争

在故意杀人罪刑罚裁量活动中，虽然我国现行的刑法规范体系中没有明确对"手段残忍"这一情节予以规定，但是我国司法实践和理论界都认为故意杀人罪的"手段残忍"应作为一个独立情节予以考量。另外，《刑法修正案（十一）》中首次明文规定"情节恶劣"作为 12 周岁至 14 周岁低龄未成年人故意杀人罪的入罪条件，因此，对于"情节恶劣"的认定也应当予以重视。

（一）"手段残忍"的认定

我国《刑法》对故意杀人罪的犯罪构成采用的是简单描述的方式，但采用不同的杀人方式的犯罪其社会危害性存在显著差异，所以应该对其进行具体的评价，即对采用特别残忍手段杀人和一般的故意杀人犯罪应该适当加以区别。关于"手段残忍"的认定理论上主要有以下几个学说：一是"被害人感受说"①，即犯罪人实施的杀人行为致使被害人在死亡之前处于肉体与精神的痛苦状态；二是"一般人评价说"②，即从民意舆情的角度，通过判断杀人手段是否构成对善良风俗和人类恻隐心的挑战，来决定故意杀人案件裁判的社会效果，落脚点在于社会一般观念的规范判断；三是"客观说"③，即在客观视角下故意杀人行为具有附加其他法益的侵害效果。本书认为"被害人感受说"和"一般人评价说"都以人的主观感受为标准，评价标准难以统一。从被害人角度来看，对于已经遇难的被害人，其生前所受到的实际痛苦已经无法查明，且基于个体差异不同，也难以设身处地地

---

① 陈兴良. 故意杀人罪的手段残忍及其死刑裁量——以刑事指导案例为对象的研究[J]. 法学研究，2013，35（04）：160-179.

② 车浩. 从李昌奎案看"邻里纠纷"与"手段残忍"的涵义[J]. 法学，2011（08）：35-44.

③ 王复春."手段残忍"裁判规则研究——以 680 件故意杀人案件为样本[J]. 中国刑事法杂志，2018（06）：112-128.

体会被害人的实际感受，认定存在难度；从一般人角度来看，手段是否残忍和舆情完全属于不同层面的概念，不能以舆情引导裁判，且对于善良民众而言，剥夺他人生命本身就是一种残忍的行为，以民意舆情作为判断手段是否残忍的标准，容易扩大"手段残忍"的认定范围。主张"客观说"的学者认为杀人附加毁坏身体效果、杀人附加伤害效果、杀人附加非法拘禁效果都属于"手段残忍"，本书认为对于上述分类并不一定导致"手段残忍"，实践中，案件错综复杂，贸然将其类型化，可能在一定程度上使得犯罪人抓住法律漏洞，逃避法律制裁。综上，本书认为应当综合"被害人感受说"和"客观说"进行考量，即犯罪人在被害人死亡之前客观上多次实施致使被害人痛苦的伤害行为。

(二)"情节恶劣"的认定

在《刑法修正案(十一)》中，规定了已满 12 周岁不满 14 周岁低龄未成年人犯故意杀人罪应当追究刑事责任的情形，而故意杀人罪本身就是情节十分恶劣的犯罪，因此此处规定的"情节恶劣"究竟是对前述罪行描述的总结，还是具有独立的意思，需要实质判断？我国理论界普遍认为"情节恶劣"具有独立的实质含义，需进一步认定。有学者认为"情节恶劣"仅针对主观犯罪因素而言，其所谓情节仅指主观事实要素，主要反映犯罪人的主观恶性和人身危险性;[1] 另有学者认为"情节恶劣"应当包含主客观因素，综合评估未成年人的客观社会危害性、主观恶性、人身危险性，经特殊程序给予有责性评价。[2] 本书认为此处的"情节恶劣"应包括主客观综合评价，在未成年人实施犯罪行为之后，相关部门通过对涉罪未成年人的成长经历、犯罪原因、犯罪动机、一贯表现等情况进行调查后，制作社会调查报告，综合评定未成年人的社会危害性与人身危险性，作为办案参考。

"手段残忍"与"情节恶劣"存在区别，实践中不能简单以"情节恶劣"概括"手段残忍"(参见表 4-1)。

---

① 赵权，赵驰.酌定量刑情节司法适用问题与改进[J].学术交流，2019(11)：118-126.

② 沈颖尹.关于《刑法》第十七条的审思与完善——以《刑法修正案(十一)》为视角[J].北方法学，2021，15(03)：151-160.

表 4-1   **"手段残忍"与"情节恶劣"之区别**

手 段 残 忍	情 节 恶 劣
单一情节	综合情节
客观性	主客观相结合
行为时	行为时、案前案后

首先，"手段残忍"是单一情节，仅评价一个行为要素，而"情节恶劣"是综合情节，结合行为人犯罪事实中各项情节进行评价；其次，"手段残忍"具有客观性，主要评价行为人杀人行为是否残忍，而"情节恶劣"包含主观与客观方面，综合评价行为人的社会危害性与人身危险性；最后，"手段残忍"评价的是行为人行为时的犯罪手段的残忍程度，而"情节恶劣"是对行为时的内容以及案前案后的情况的综合评价。因此对于"手段残忍"与"情节恶劣"应当分别明确认定标准。

第二节 我国未成年人故意杀人罪量刑现状的实证分析

量刑在刑事司法活动中十分重要，关系着案件裁判结果是否满足实体正义，因此法官应当正确理解和适用各个量刑情节，规范化进行量刑活动。根据我国《刑法》第 17 条的规定，已满 14 周岁不满 16 周岁，犯故意杀人、故意伤害致人重伤或者死亡、强奸、抢劫、贩卖毒品、放火、爆炸、投放危险物质八种罪的，应当负刑事责任。但囿于研究能力的限制，目前无法对八种重罪的所有案件逐一进行研究，因此需要对样本进行限缩。《刑法修正案（十一）》规定了已满 12 周岁不满 14 周岁低龄未成年人故意杀人、故意伤害致人死亡或者以特别残忍手段致人重伤造成严重残疾的，同样应当追究刑事责任，本书认为故意杀人罪属于严重暴力犯罪，是对人的生命的严重侵犯，而未成年人本该是祖国的未来，民族的希望，一旦犯下故意杀人罪，很有可能一生就此改变，合理公正的刑罚对于未成年人的教育矫治和重新回归社会具有重要作用，因此本章将选择犯故意杀人罪的未成年人作为研究对象，梳理判决书中刑罚裁量情况，观察量刑过程中法官对未成年人人身危险性的评估及各个量刑情节的把握情况，量刑结果和量刑过程中是否体现刑罚个别化，分析量刑过程中影响法官量刑的因素。

一、样本来源与研究方法

（一）样本来源

本章的研究数据来源于中国裁判文书网，以未成年人故意杀人罪为研究对象。以"未满 18 周岁""故意杀人罪"为搜索词，以"刑事案由""判决书"为过滤条件，以 2021 年 6 月 1 日为截止时间进行检索，共检索到 100 份判决书。对这 100 份判决进行筛选，将受害人是未成年人的判决、重复判决以及其他无关的判决筛去后，共得到犯罪主体为未成年人的有效判决 51 份，涉罪未成年人 57 人。由于《刑法修正案（十一）》生效时间较短，中国裁判文书网尚未公布有关已满 12 周岁未满 14 周岁的低龄未成年人故意杀人罪的裁判文书，因此样本中未成年人的年龄为已满 14 周岁未满 18 周岁，尚不包括已满 12 周岁未满 14 周岁的未成年人，但由于未成年人群体具有一定的相似性，对已满 14 周岁未满 18 周岁的未成年人量刑进行的研究同样对已满 12 周岁未满 14 周岁的未成年人量刑具有意义，因此，本书以上述 57 名已满 14 周岁未满 18 周岁的涉罪未成年人为研究对象，针对这 57 名涉罪未成年人的量刑情况进行数据分析。

（二）研究方法

本章主要运用交叉分析和回归分析的方式对样本进行具体分析。通过交叉分析可以得出刑罚分布情况、单个情节分布频率和比例，从而便于直观判断情节与量刑结果的相关性；选用回归方法可以分析多个量刑情节与量刑结果之间的关系，根据我国刑罚和相关司法解释对于未成年人量刑的相关规定，以判决书中的宣告刑作为因变量，将刑期以月为单位进行转换，如 12 年有期徒刑转换为 144 月，以各个法定量刑情节和酌定量刑情节为自变量，如有某个情节则为 1，没有则为 0，能够得出一张数据表，利用 SPSS 进行回归分析，分析自变量对因变量的影响情况。如果 P 值小于 0.05，则自变量对因变量的影响是显著的，即某个量刑情节对量刑结果有显著影响。

二、我国未成年人故意杀人罪的量刑现状

（一）整体状况

《刑法》第232条规定犯故意杀人罪可以判处的刑罚包括死刑、无期徒刑、10年以上有期徒刑以及3年以上10年以下有期徒刑；第49条规定犯罪时未满18周岁的人不适用死刑。因此，犯故意杀人罪的未成年人可以判处3年以上10年以下有期徒刑、10年以上有期徒刑和无期徒刑，样本具体量刑情况如表4-2所示。

表 4-2　　　　　　　　　　　　　**样本刑罚具体分布**

刑罚	3年以上10年以下有期徒刑(不含10年)	10年以上有期徒刑	无期徒刑
人数	26	24	7
比例	45.6%	42.1%	12.3%

从宏观角度分析，样本中刑罚分布只能体现出未成年人量刑规则中"禁用死刑，慎用无期徒刑"的规定，对于样本中未成年人被判处有期徒刑的情况可见图4-1。

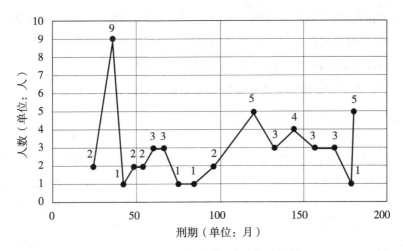

图 4-1　判处有期徒刑的未成年人情况

根据图 4-1 可知,法官适用有期徒刑有三个较为明显的波峰,其对应的刑期分别是 3 年有期徒刑、10 年有期徒刑和 15 年有期徒刑。其中适用次数最多的是 3 年有期徒刑,而适用有期徒刑的平均刑期为 99.38 个月,约 8.3 年,从上述数据来看,我国对未成年人故意杀人罪的量刑比较轻缓。

(二)无期徒刑量刑情况分析

《刑法》第 232 条规定了对犯故意杀人罪的成年被告人适用死刑,而在第 49 条则规定了禁止对未成年人适用死刑。因此,当未成年人实施罪行严重的故意杀人罪行为时,基于上述规定,法院将优先考虑无期徒刑。而在实践中影响涉罪未成年人判处无期徒刑的量刑情节包括"手段残忍""情节恶劣",在未成年人故意杀人罪量刑规范化研究中,有必要将无期徒刑量刑情况进行研究。样本中共有 57 个犯罪人,其中被判处无期徒刑的犯罪人有 7 个,有 4 个样本中有"手段残忍"情节,2 个样本被认定为"情节恶劣",具体量刑情况如表 4-3 所示。

表 4-3　　　　　　　　　　　　　无期徒刑量刑情节适用

案件	犯 罪 事 实	量 刑 情 节
范某甲	因争吵对被害人扼颈捂嘴,致其窒息死亡,后抛尸水塘	16 岁
贾某	因感情纠纷采用扼颈、捂嘴、在口鼻脸部捂毛巾并缠绕胶带的方式致被害人死亡,后抛尸路边	16 岁+如实供述+主犯+手段残忍+情节恶劣
杨某 1	因纠纷持木柄拖把殴打被害人,后持刀连刺被害人 1 手臂、背部和大腿数刀,连刺被害人 2 背部数刀,致其死亡	16 岁+如实供述+杀害 2 人
姜某标	因感情纠纷用被子蒙住被害人头部,并用手掐住被害人脖子,致其死亡,后抛尸荒山	17 岁+如实供述+悔罪态度良好+被害人家属谅解+手段残忍+平时表现良好、性格内向
吕某波	因争吵持刀连刺被害人胸、腹四刀,左手一刀,致其死亡	17 岁+初犯偶犯

续表

案件	犯罪事实	量刑情节
王某	因报复杀人，拧断被害人胳膊并将其勒死，后将尸体绑上砖块投入井中	17 岁 + 3 岁幼童 + 赔偿被害人 + 手段特别残忍
尹某	因醉酒打骂侮辱被害人，逼被害人脱衣，用打火机烧被害人的头发、烫被害人腿，逼迫被害人跪下并多次踢其头部、裆部和其他部位，致其颅脑损伤死亡	17 岁 + 主犯 + 手段残忍 + 情节恶劣

"手段残忍"是从严情节，以上案例中，法院对具有该情节的未成年人故意杀人案件一般判处无期徒刑，从情节作用角度来看，"手段残忍"情节在量刑中发挥了应有的作用，但是在具体案件中，对于"手段残忍"的认定标准，却各有不同。从上述表格中可以看出，被认定为"手段残忍"的行为包括："扼颈、捂嘴致死 + 抛尸""用被子蒙住头部、扼颈致死 + 抛尸""拧断胳膊勒死 + 抛尸""侮辱打骂被害人，打火机烧头发、腿部，多次踢打要害部位致死"，从上述描述中可以发现，前三个被认定"手段残忍"的杀人行为都是采用一定手段致使被害人窒息死亡并抛尸，但是扼颈、勒颈、捂嘴、蒙被致被害人窒息死亡，客观来看属于常规杀人，并不能因为抛尸行为而认定为"手段残忍"。在"王某故意杀人案"中，其对于 3 岁幼童实施杀人行为，且抛尸井中，对此残害无辜幼童的行为更应当认定为"情节恶劣"而非"手段残忍"。其次，对于"情节恶劣"的认定，2 个被认定为"情节恶劣"的样本中，未成年犯罪人都是主犯，其不管是客观上还是主观上，都比其他从犯更加严重。因此对于"情节恶劣"的认定还是合理的。笔者认为样本中"手段残忍"情节虽然发挥了从严作用，但是其认定标准不明确，容易存在扩大认定范围的问题。

(三)有期徒刑量刑情况分析

要研究多个因素对于结果的综合影响，首先要确定研究的变量。由于回归分析是数据分析的一种，因此需要确定的数据，在之后的回归分析中，筛去无期徒刑的样本，将有期徒刑单位统一转换为月，将情节的有无以"0"或"1"进行数据转换，最后得出一张数据表，再利用 SPSS 进行回归分析。样本中共有 57 个犯罪人，其中被判处无期徒刑的未成年人有 7 个，因此以下回归分析是在 50 个被判处有期徒刑的未成年人的基础上所进行的：以判决书中的刑期的长短（以月为单位）为因变量，自变量为判决书中"本院认为"部分所适用的符合法律规定的量刑情节，主要包括法定量刑情节和酌定量刑情节。其中，法定量刑情节包括年龄、坦白、主犯、从犯、犯罪未遂、自首；酌定量刑情节包括初犯、偶犯、被害人谅解、赔偿、被害人过错、个人成长经历和一贯表现。

　　1. 法定量刑情节的作用分析结果

表 4-4　　　　　　　　　　法定量刑情节线性回归分析①

	非标准化系数		标准化系数	t	P	VIF	频数
	B	标准误差	Beta				
常数	113.364	175.852	—	-0.645	0.523	—	—
1. 年龄	11.914	10.743	0.188	1.109	0.274	1.627	47
2. 坦白	23.348	16.252	0.22	1.437	0.159	1.329	26
3. 犯罪未遂	-7.662	24.07	-0.048	-0.318	0.752	1.313	6
4. 主犯	46.065	21.233	0.311	2.169	0.036*	1.163	11
5. 自首	12.479	17.307	0.11	0.721	0.475	1.324	15
6. 从犯	-43.61	18.796	-0.325	-2.32	0.026*	1.113	10

　　根据表 4-4 中的数据可以发现，将法定量刑情节作为自变量进行回归分析后，发现是否为主犯、是否为从犯能够对有期徒刑的刑期产生显著影响，而其他自变量甚至年龄几乎不能对量刑结果产生显著影响。这是在考虑自变量的综合影

---

　　① 表中 t 值用于计算 P 值，当 $P<0.05$ 时，该自变量对因变量有显著作用，VIF 用于判断共线性问题，当 VIF<5 时，说明不存在共线性问题。本次回归分析中 R^2 值为 0.295，这意味着上述法定量刑情节可以解释量刑结果 29.5% 的变化原因。对模型进行 F 检验时发现模型通过 F 检验（$F=2.785$，$P=0.023<0.05$）即说明法定量刑情节中至少有一项会对量刑结果产生影响。另外，针对模型的多重共线性进行检验发现，模型中 VIF 值均小于 5，意味着不存在着共线性问题；并且 D-W 值在数字 2 附近，因而说明模型不存在自相关性，模型较好。

响的情况下作出的分析，接下来将进一步具体分析各个情节对量刑结果的作用情况。

（1）年龄

在本次研究样本中，被判处有期徒刑的共有 50 名涉罪未成年人，其中 14 岁未成年人为 3 人，15 岁未成年人为 2 人，16 岁未成年人为 18 人，17 岁未成年人为 24 人，3 人未给出具体年龄，因此可以看到具体年龄分布和相应的平均刑期情况如图 4-2 和表 4-5 所示。

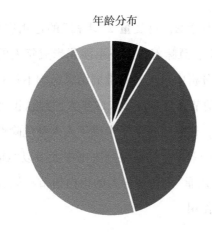

年龄分布

■14岁 ■15岁 ■16岁 ■17岁 ■年龄不详

图 4-2 犯罪人年龄分布图

表 4-5   犯罪人年龄与平均刑期对应

年龄/周岁	刑期/月
14	56
15	90
16	100.67
17	101.67

由图 4-2 和表 4-5 可以看出，样本中未成年人的年龄大多集中在 16 周岁和 17

周岁，且二者平均刑期较为接近，这也是在回归模型中年龄自变量未体现出显著性的原因。但单从各个年龄段的平均刑期来看，年龄越小，相应的刑期越短；刑期的长短随着年龄的增长而增长。同时被判处无期徒刑的未成年人，年龄都为16岁以上，符合《最高人民法院关于贯彻宽严相济刑事政策的若干意见》中对于不满16周岁的未成年人一般不判处无期徒刑的规定。以上情况都表明，在司法实践中，总体上法官在量刑时将年龄纳入考量范围之中，对于不同年龄的未成年人在作出量刑结果时给予了不同的考量。

（2）坦白

由表4-5的分析结果可见，自变量2"坦白"的适用次数仅次于自变量1"年龄"，占样本数的45.6%，意味着将近一半涉罪未成年人的审判中都适用了坦白这一情节，但是从回归分析中可见其对量刑结果影响不具有显著影响（$P=0.159>0.05$）。但"坦白"这一情节表现了涉罪未成年人已经认识到自己的行为所带来的危害以及悔罪认罪态度，这意味着涉罪未成年人人身危险性较小，理论上应当对其从轻处罚。深入具体个案中，发现在判决书中大多以"如实供述自己罪行""如实供述犯罪事实""坦白认罪"描述被告人的坦白情节，但从上述数据中却不能体现其对量刑结果的显著作用。

（3）犯罪未遂

刑法及相关司法解释规定对于未遂犯，可以比照既遂犯从轻或者减轻处罚，并且减少的幅度为基准刑的50%以下，可见对于量刑结果应当具有显著影响。但上述样本分析中的数据却与理论相去甚远。自变量3"犯罪未遂"的 P 值为0.752，远大于0.05，这意味着自变量3对于因变量没有显著作用。表4-6为只关注未遂这一个变量时的量刑结果。

表4-6　　　　　　　　　　　　犯罪停止形态与刑期对比表

犯罪停止形态	最短刑期/月	最长刑期/月	平均刑期/月
未遂	24	156	74
既遂	24	180	102.84

从表 4-6 可以看出，犯罪未遂的平均刑期明显小于犯罪既遂的平均刑期，并且对刑期上限也存在影响，犯罪未遂的最高刑期为 13 年，犯罪既遂最高刑期为 15 年，可以在一定程度上表明犯罪未遂这一量刑情节对于量刑结果存在一定的影响，但显著程度微乎其微。

（4）主犯和从犯

表 4-7　　　　　　　　　　　　犯罪地位与平均刑期对比表

犯罪地位	刑期/月
主犯	138.67
从犯	54.6

从表 4-4 和表 4-7 中能够看出，是否为"主犯""从犯"对量刑结果的影响都达到了显著水平（"主犯" $P=0.0036<0.05$，"从犯" $P=0.0026<0.05$），并且二者的平均刑期相差极大。这表明，在未成年人犯罪审理的司法实践中，法官量刑时明确将未成年被告人是否为"主犯"或"从犯"纳入考量范围，对于在犯罪中发挥不同作用的未成年被告人在量刑时给予了不同的考量，犯罪地位因素受到了应有的重视。

（5）自首

从表 4-7 的数据可以发现，自首对量刑结果影响并不显著（ $P=0.475>0.05$ ）。这表明未成年人被告人是否具有自首情节对法官量刑结果几乎没有影响，这与我国对于自首的规定有所出入。逐个分析判决书可以发现，在判决书中对于存在"自首"情节的未成年人被告人多以一句话带过："有自首情节，可以从轻或者减轻处罚"或直接按照定义"主动投案，如实供述犯罪事实，是自首"来概括这一情节，都没有综合论述自首的动机、时间、方式、如实供述罪行的程度以及悔罪表现等情况，从判决书说理的角度可以看到对于自首这一情节在未成年人量刑活动中并未得到充分重视。

2. 酌定量刑情节作用分析结果

表4-8　　　　　　　　　　酌定量刑情节线性回归分析①

	非标准化系数		标准化系数	t	P	VIF	频数
	B	标准误差	Beta				
常数	121.475	13.475	—	9.015	0.000**	—	—
1. 初犯	−26.595	32.043	−0.149	−0.83	0.411	1.634	6
2. 偶犯	81.192	62.483	0.213	1.299	0.201	1.353	2
3. 谅解	−20.118	22.135	−0.188	−0.909	0.369	2.152	28
4. 赔偿	−11.954	21.162	−0.112	−0.565	0.575	1.976	25
5. 被害人过错	−10.821	20.504	−0.087	−0.528	0.6	1.356	12
6. 一贯表现	−4.417	22.808	−0.036	−0.194	0.847	1.769	14
7. 个人成长经历	−25.964	23.8	−0.202	−1.091	0.282	1.718	11

根据表4-8数据可以发现，将酌定量刑情节作为变量进行回归分析后，发现几乎所有自变量甚至适用次数最多的"被害人谅解"都不能对量刑结果产生显著影响。这同样是在考虑多个自变量综合影响的情况下作出的分析，接下来将进一步具体分析各个情节对量刑结果的作用情况。

（1）初犯

表4-8的回归分析结果可以得出，未成年被告人是否为"初犯"对量刑结果影响并不显著（$P = 0.411 > 0.05$），在判决书中适用的次数也仅为6次，其余样本中未成年被告人究竟是否为"初犯"也并不明确。其中在一判决书中，明确提到未成年被告人存在"初犯"情节，但法官综合全案其他情节和罪行严重程度考量，最终不予适用"初犯"这一减轻情节，"被告人杨某1纠集多人为逞强斗狠，在公共场所与他人进行互相斗殴，且被告人杨某1持刀对被害人要害部位进行刺杀，造成

_____

①　本次回归分析 R^2 值约为0.17，意味着上述酌定量刑情节可以解释量刑结果的16.6%的变化原因，对模型进行 F 检验时发现模型并没有通过 F 检验（$F = 1.194$，$P = 0.327 > 0.05$），即说明酌定量刑情节并不会对量刑结果产生显著影响，因而不能仅凭回归模型分析酌定量刑情节的作用，应增加单个因素对于量刑结果影响的研究。

严重后果，故对其可以从轻处罚的情节在量刑时不予考虑"①。在该判决书中，法官阐释了虽然存在"初犯"这一情节，但不予以适用该情节的理由，充分发挥了判决书释法说理的作用，是值得肯定的做法。但在其他样本中，并未提及"初犯"情节是否予以适用的理由，这也体现了判决书释法说理作用发挥得并不充分。

（2）偶犯

同样地，从上述分析中，"偶犯"作为酌定量刑情节在量刑结果中也并未体现出显著影响。不管是我国2017年《最高人民法院关于常见犯罪的量刑指导意见》还是2021年《意见（试行）》中，都规定了对于未成年人犯罪，综合考虑是否为初犯、偶犯。但在样本中，"偶犯"这一情节仅适用了2次，还有一次和上述"初犯"情节类似，被法官判定不予适用。实际上，对于"偶犯"和"初犯"这两个情节的判定标准都很明确，法官只需认定是否存在该情节，而无须进行程度判断，但是在适用上却存在一定困境，有学者认为"初犯"与"偶犯"这两个情节和"犯罪年龄"具有较大的关联性。② 对于未成年人而言，具有前科的涉罪未成年人年龄往往会更大；而年龄越小，"初犯"和"偶犯"的可能性就越大。如此一来，"再犯"不减轻刑罚或者加重刑罚和"犯罪年龄大"减轻的刑罚较少的情况可能存在重合，因此在没有明确的酌定量刑操作规定的情况下，很难真正体现"初犯"和"偶犯"在量刑中的发挥作用。

（3）赔偿与谅解

对受害人进行赔偿以及取得被害人或其家属的谅解这两个情节，通常会合并考虑。司法解释规定积极赔偿被害人损失并取得谅解的可以减轻处罚，赔偿但未取得谅解或者取得谅解但没有赔偿的，都可以酌情减轻处罚；同时也规定了对于严重危害社会治安犯罪的，应当从严掌握。可以看出积极赔偿和获得谅解对于量刑是存在一定的影响。但在表4-9的回归分析中，我们发现被害人或其家属是否谅解对量刑结果影响并不显著（$P = 0.369 > 0.05$），且涉罪未成年人是否积极赔偿损失也并未对量刑产生显著影响（$P = 0.575 > 0.05$）。

---

① 参见江西省九江市中级人民法院（2016）赣04刑初16号刑事附带民事判决书。

② 莫然. 应然与实然之间的距离：未成年人量刑实证研究[J]. 政法论坛，2015，33（04）：140-148.

表4-9 赔偿谅解与平均刑期对比表

量刑情节	刑期/月
既无赔偿也无谅解	105.58
仅赔偿无谅解	87.79
仅谅解无赔偿	81.44
赔偿并且谅解	79.65

从表4-9可以发现,"谅解"和"赔偿"这两个情节对于量刑存在一定的结果,没有这两个情节和同时存在这两个情节的平均刑期相差将近两年,只有一个情节的案件平均刑期也较没有这两个情节的案件短。从个案出发,也能够发现法官在量刑活动中对于"赔偿"和"谅解"这两个情节的运用十分重视。比如在"李某故意杀人案"中,一审法院根据被告人的具体犯罪事实、性质、情节以及对社会的危害程度判处李某无期徒刑,而在该案二审期间,法院鉴于李某的亲属主动代其赔偿被害人家属经济损失,并达成谅解,依法将无期徒刑改判为十年有期徒刑。[1]

(4)被害人过错

"被害人过错"这一量刑情节在量刑过程中出现频数为12次,约1/5的样本中适用了这一情节,但是该情节对于量刑结果的作用并不显著($P = 0.60 > 0.05$)。深入个案分析发现,在判决书中只有少数对"被害人过错"这一情节进行充分说明,如"被害人赵某宁纠集麦某华等人并率先动手对周某进行殴打,具有一定过错"[2];"被害人杨某德严重违背公序良俗,在案发起因上具有重大过错"[3];更多判决书中对于该情节仅以"被害人存在过错"或"被害人存在重大过错"一句话予以概括,但是对过错程度却并未予以说明,释法说理过程过于简单,以至于无法真正体现"被害人过错"在量刑活动中的作用。

(5)个人成长经历与一贯表现

---

① 参见辽宁省高级人民法院(2017)辽刑终32号刑事判决书。

② 参见广西壮族自治区贺州市中级人民法院(2013)贺刑初字第17号刑事判决书。

③ 参见黑龙江省鸡西市城子河区人民法院(2017)黑0306刑初38号刑事判决书。

"个人成长经历"和"一贯表现"是未成年人量刑活动中特有的酌定量刑情节，能够充分反映未成年人量刑活动的特殊性和重要性，是未成年人刑罚个别化的重要依据。在样本统计中，将"个人成长经历"概括为涉罪未成年人的"家庭结构""收入条件"和"亲子关系"等相关内容；将"一贯表现"概括为"在学校、社会上的表现"等相关内容。据此，在研究样本中，"个人成长经历"出现 11 次，"一贯表现"出现 14 次，且二者对于量刑结果都没有显著影响（"个人成长经历"P 值为 0.282，"一贯表现"P 值为 0.847，二者都远大于 0.05）。"个人成长经历"以及"一贯表现"是涉罪未成年人社会调查报告的重要内容，在下文社会调查报告适用情况分析中进行论述。

3. 社会调查报告适用情况分析

社会调查报告最能体现涉罪未成年人的个人情况，但在样本中，社会调查适用率并不高，只有 17 个样本，即约 30% 的涉罪未成年人进行了社会调查，说明实践中对于社会调查制度的适用尚不够普及，抑或在判决书中并未充分体现社会调查报告的作用，不管是哪种情况，社会调查制度在我国的适用情况并不乐观。

表 4-10　　　　　　　　　　　**社会调查与平均刑期对比表**

平均刑期/月	99.38
未进行社会调查的平均刑期/月	102.44
进行社会调查的平均刑期/月	77.25

根据表 4-10，涉罪未成年人的社会调查报告对量刑能够产生一定的影响，在 57 个样本中，除去被判处无期徒刑的样本，剩下 50 个样本的平均刑期约为 99 个月，其中未进行社会调查的涉罪未成年人的刑期约为 102 个月，进行社会调查的涉罪未成年人的平均刑期约为 77 个月。从数据上看，经过社会调查的涉罪未成年人的平均刑罚确实会低于未进行社会调查的涉罪未成年人的刑罚，这意味着社会调查报告对量刑存在一定减轻的作用。

表 4-11　　　　　　　　　　　　社会调查主体分布表

调查(启动)主体	样本数
法院	6
村委会	1
社区矫正办公室	2
辩护人	1
机关名称不明	7

　　根据表 4-11 可以看出，约 30% 的社会调查均由法院进行。有学者认为由法院进行的社会调查启动时间过晚，可能会完全服务于审判，不利于对涉罪未成年人的保护。① 其他一部分社会调查分别由涉罪未成年人居住地的村委会、社区矫正办公室以及其辩护人进行，多元的调查主体意味着不同调查主体调查的侧重点可能有所不同，辩护人委托开展的社会调查可能更有利于未成年被告人，而法院或者其他机构进行的社会调查可能会更偏重形式化。

表 4-12　　　　　　　　　　　　社会调查内容

社会调查报告内容	样本数
受教育情况	6
就业情况	3
性格特征	11
家庭情况	11
平时表现	6
犯罪原因	2
犯罪目的	1

---

　　① 桂林市中级人民法院课题组，李忠林，谢斌等. 社会调查报告收集和审查机制的实证研究——以桂林市两级法院未成年人刑事案件为研究对象[J]. 中国应用法学，2017(06)：113-130.

表 4-12 是对样本中有关社会调查报告部分的内容的统计，在这 17 份判决书中社会调查报告的内容并不全面，其中出现频率最高的内容是涉罪未成年人的性格特征和家庭情况，对于"性格特征"大多描述为"性格内向""不爱说话""性格孤僻"等，对于"家庭情况"多是对家庭收入、父母情况、亲子关系等的调查。对于犯罪目的的调查最少，仅在一份判决书中提到"被告人为了彻底摆脱被害人的控制，采取捆绑、堵嘴，使被害人再无法阻拦的方法实施自我逃离救助，犯罪目的完全是成功逃离，主观恶性相对较小"①。但是存在一些判决书仅以一句话概括社会调查程序"社会调查员受××市人民检察院委托，提交了被告人刘某 1、王某 1 的未成年人社会调查报告"②，并无具体内容质证过程，也没有体现社会调查报告对未成年被告人量刑的影响。此外，总体上社会调查报告缺少对于未成年犯罪人的人身危险性的全面评估，没能完整地反映未成年人的情况，不能为审判量刑提供参考。

最后，关于社会调查报告的法律地位，在司法实践中存在很大的争议。样本中，存在一部分判决书将未成年被告人的平时表现，以证人证言的方式进行质证，但更多判决书中并未将社会调查报告作为证据予以体现，早在 2009 年修订的《人民法院量刑程序指导意见(试行)》中就已经规定，有关方面向法庭提交涉及未成年人量刑的社会调查报告的，应当当庭宣读并接受质证，但法律却一直未赋予社会调查报告证据地位，从而导致不同法官对于社会调查报告的适用情况存在差异。

三、未成年人故意杀人罪量刑现存问题及原因

(一)现存问题

通过上述分析，可以发现我国未成年人故意杀人罪量刑存在以下三方面问题：

第一，量刑情节适用存在偏差。量刑情节的法律效果虽然有强弱之分，但通

---

① 参见山西省大同市中级人民法院(2014)同刑终字第 59 号刑事判决书。
② 参见辽宁省沈阳市中级人民法院(2020)辽 01 刑初 69 号刑事附带民事判决书。

常情况下,法定量刑情节不会直接吞噬或强烈干涉酌定量刑情节的作用,虽然影响力存在差别,但法官在审判时都需要予以考虑。而在上述研究中,个别法定量刑情节和酌定量刑情节并没有发挥出应有的作用,这与司法解释中的量刑规则存在偏差。

第二,社会调查适用情况不够理想。在上述研究中,只有30%的涉罪未成年人启动了社会调查,但是尽管启动了社会调查,其报告内容不够全面,司法适用也较为混乱,不能够充分发挥作用。

第三,判决书说理不够充分。在调查样本中,一些判决书存在论证匮乏、说理生硬等问题,且对于"手段残忍""情节恶劣"等术语适用不准确,量刑情节简单罗列,未进行充分的论证分析等。

(二)原因分析

1. 量刑情节的适用方面

第一,对于法定量刑情节。不管是最早的已经失效的 2008 年《人民法院量刑指导意见(试行)》,还是 2021 年最新发布的《意见(试行)》,对于常见的法定量刑情节对刑罚影响程度的量化幅度都有清楚明了的规定,例如未遂犯、从犯、未成年犯、累犯、自首情节、立功情节以及坦白等法定量刑情节都明确规定了量刑幅度,但即使法律已经对量刑幅度予以规定,实践中对法定量刑情节的适用仍然存在偏差。在上述实证分析中,可以发现仅"从犯"和"主犯"两个法定量刑情节对于量刑结果产生了显著影响,其他法定量刑情节都未发挥显著作用。

第二,对于酌定量刑情节。一方面,我国相关司法解释仅对部分酌定量刑情节的适用予以规定,最早的《人民法院量刑指导意见》中仅规定了前科、被害人过错、赔偿谅解以及退赔退赃四种酌定量刑情节;2021 年《意见(试行)》中删掉了被害人过错这一情节的规定,但同时对于被告人自愿认罪、认罪认罚、羁押期间表现以及犯罪时间和犯罪对象都作了规定,虽然对于酌定情节的规定有所增加,但实践中的适用并不彻底。在上述实证分析中,样本中所涉及的酌定量刑情节在回归分析中均未体现显著性,也就是说,从整体上看酌定量刑情节对于量刑结果不产生显著影响。但是在个案中,某些酌定量刑情节却发挥巨大的作用,例如"赔偿谅解"对于刑种和刑期的影响等,可以看出不同法官对于酌定量刑情节的适用存在差异，虽然最高人民法院出台了关于量刑的指导意见，但对于酌定量刑情节的适用仍然操作性不高。另一方面，对于"手段残忍"和"情节恶劣"的认定没有统一标准，法官仍将某些常规杀人手段认定为"手段残忍"，且没有相关法律或者指导案例进行规范和指引。

第三，对于未成年人犯罪的特有情节而言，根据《意见（试行）》和《解释》的规定，对于未成年人犯罪量刑，应当综合考虑是否初犯、偶犯、犯罪目的和动机、悔罪表现、对犯罪的认识能力、个人成长经历和一贯表现等因素。从上述情节分析中可以看出，对于这些未成年人犯罪量刑的特有情节，例如初犯偶犯、个人成长经历以及一贯表现的适用频率不高，对于量刑结果的作用也并不明显。我国司法解释虽然概括了未成年人犯罪量刑活动应当考虑的情节，但只是选择性地对其中的年龄因素进行了较为明确的规定，并未建立覆盖面广、相对完善的未成年人量刑体系，正是由于对未成年人量刑活动存在较大的扩展空间，导致各地法院在处理多情节的未成年人案件时，出现适用标准不一致而导致的量刑不均衡以及量刑过程不够规范等问题。

2. 社会调查方面

第一，社会调查适用不充分。我国《人民检察院刑事诉讼规则》以及《人民检察院办理未成年人刑事案件的规定》中都明确规定人民检察院可以根据情况对涉罪未成年人进行社会调查并制作调查报告，由此可见，社会调查报告制度并非强制适用，人民检察院根据情况可以进行调查也可以不进行调查，在这种非强制性的规定之下，不管是检察院还是公安机关，抑或是法院，都有根据具体情况选择的空间，社会调查报告的适用不充分问题就凸显出来了。

第二，社会调查主体不统一。《人民检察院刑事诉讼规则》授权检察院以及公安机关可以对涉罪未成年人进行社会调查；最高人民法院、最高人民检察院、公安部等印发的《规范量刑程序若干问题的意见》中也允许公检法三机关以及辩护人可以委托有关方面制作涉及未成年人的社会调查报告。因此，我国社会调查主体可以是公安机关、检察院、法院以及上述机关或者辩护人委托的相关机构，例如社会矫正工作部门等。调查主体之众多就可能导致各自制作的社会调查报告内容冲突，也有可能导致重复调查或相互推诿。

第三，社会调查报告内容不全面。我国司法解释要求涉罪未成年人的社会调查报告应包含涉罪未成年人的个人基本情况、家庭情况、成长经历、社会生活状况、犯罪原因、犯罪前后表现、是否具备有效监护条件、社会帮教条件等方面的内容，但在司法实践中，社会调查报告内容片面、深度不够、形式单一，笔者在某区检察院实习的几个月里，对社会调查报告进行了调研，发现对涉罪未成年人的社会调查报告多数存在制作过于模板化的问题，通常表现为"四段论"形式：第一段表明涉罪未成年人身份信息；第二段明确调查主体及过程；第三段为调查结果，但往往过于简单，且语句相似度极高；第四段为调查人员的主观结论。社会调查报告的内容不够全面完整，就不能够充分发挥社会调查制度的作用。

第四，社会调查报告法律地位不明确。不论是学界还是司法实践中，对于社会调查报告属于何种证据存在很大争议。在上述实证研究中，法官对于社会调查报告的适用也存在较大不同：有的法官将被告人的平时表现放在证人证言中予以质证；有的法官在"本院认为"部分总结被告人的成长经历和一贯表现；有的法官在"本院认为"之前概括社会调查报告的大致内容。正是由于社会调查报告法律地位的不明确，使得实践中的操作性不强以及适用上的不统一，这是报告没有发挥应有作用的最根本原因。

3. 判决书说理方面

第一，判决书存在说理程式化倾向。在上述样本中，多数判决书都存在关于未成年人量刑说理部分内容简单、说理不彻底等问题，例如对于量刑情节仅作简单陈列，对于未成年人成长经历和一贯表现进行简单概括，这些都会影响判决书的公信力和权威性，应当使用更加规范的语言、严密的逻辑来阐释裁判理由，适用通俗易懂的语言阐述未成年人的具体情况，教育未成年人，对其起到积极的引导作用。

第二，释法说理针对性不强。未成年人不管是在心理上还是生理上都和成年人存在一定的差异，但是其可塑性更强，很大程度上能够通过教育和惩罚相结合的方式进行改造。但是实践中判决书的说法说理并未体现未成年人的特殊性和个体差异性，缺乏针对性，因此就很难达到教育改造、预防再犯的目的。

第三节　域内外未成年人量刑制度及人身危险性评估的比较

由于我国在实践中存在量刑情节适用不规范以及社会调查报告适用不充分的问题，而英国量刑指南制度和我国量刑指导制度具有高度相似性，都是由专门机构出台相应量刑指导文件对量刑活动进行指导，且目前英国的量刑指南制度已发展得较为完善，因而其对我国量刑制度的发展具有借鉴意义。美国对未成年人量刑前社会调查制度规定得较为全面，而且立法与实践中都存在与未成年人故意杀人罪相关的调查制度的规定和案例，有助于对比分析我国相关制度。因此选取英国量刑指南制度与美国未成年人社会调查制度与我国相应制度进行对比分析。

一、域外量刑制度评介

(一)英国量刑指南制度

1. 量刑委员会

依据英国 2009 年《验尸官和司法法》(*Coroners and Justice Act*)第 118 条的规定，量刑委员会(Sentencing Council)成为独立的量刑指南创制机构。[1] 量刑委员会的成员包括 8 名来自所有级别刑事法院的司法成员以及 6 名非审判成员，这些非审判人员应在相关法律领域有从业经验，如刑事辩护、量刑政策和司法管理、警务及相关学术研究等，委员会主要职权是创制和发布量刑指南，其创制的司法量刑指南被认为在普通法上有约束力。[2]《验尸官和司法法》还规定量刑委员会制定量刑指南时，允许其针对紧急情况缩减修正量刑指南的程序，可以不经过征求大众意见的量刑指南草案阶段，仅需征求御前大臣的意见即可。[3] 量刑委员会不仅具有制定量刑指南的职权，同时还应当监督和评估量刑指南的运行效果、法庭

---

[1]　Coroners and Justice Act 2009，§ 118.

[2]　安德鲁·阿什沃斯. 量刑与刑事司法(第 6 版)[M]. 彭海青，等译. 北京：中国社会科学出版社，2019：27.

[3]　Coroners and Justice Act 2009，§ 123.

偏离量刑指南的程度和频率以及量刑指南对提升司法系统公信力的效果等。① 对于量刑指南的效力，《验尸官和司法法》第 125 条规定了在对罪犯量刑时，每一个法庭必须遵守任何与该罪犯案件相关的量刑指南，除非法庭认为这样做是与司法利益相冲突的。② 可以看出在英国量刑中原则上强制适用量刑指南，例外情形可以偏离指南规定，但应当说明理由。

2. 儿童和青少年量刑指南

英国对于儿童和青少年量刑同样制定了相关量刑指南，即《儿童和青少年量刑指南》(Sentencing Children and Young People Definitive Guideline)，其是对总则性内容进行规定，主要包括：一般原则、管辖、父母责任、确定刑罚、有罪答辩、其他命令等内容。③ 除总则以外，还分别对具体犯罪予以规定，如抢劫、性犯罪、持有刀具或儿童不雅照片、与恐怖主义相关犯罪等，本书在对具体犯罪的检索中，未检索到有关未成年人故意杀人罪的相关量刑指南，但英国以量刑指南来规范量刑活动的做法值得借鉴，且抢劫罪也属于严重暴力犯罪，同样具有借鉴意义。因此，本书将以《儿童和青少年抢劫罪量刑指南》(Robbery-Sentencing Children and Young People)为例,④ 对英国规范未成年人量刑的做法予以分析。

第一步是对罪行严重性的判断，以列举的方式说明影响监禁刑适用的相关情节，如表 4-13 所示。

表 4-13　　　　　　　　　　　情节对刑种的选择作用

可判处非监禁刑的情况	判处监禁刑的情况
以武力相威胁或使用最低武力	使用显著武力
对受害人造成轻微的身体或心理伤害	对受害者造成严重身体或心理伤害
受胁迫或恐吓参加犯罪	威胁或使用枪支、刀具

---

① Coroners and Justice Act 2009, § 128.

② Coroners and Justice Act 2009, § 125.

③ 参见 https：//www. sentencingcouncil. org. uk/overarching-guides/magistrates-court/item/sentencing-children-and-young-people/。

④ 参见 https：//www. sentencingcouncil. org. uk/offences/magistrates-court/item/robbery-sentencing-children-and-young-people/。

第二步继续对罪行的严重性进行判断，根据与罪行相关的加重或减轻情节来完成对罪行严重程度的评估，如表 4-14 所示。

表 4-14　　　　　　　　　　　　加重和减轻情节

	加重情节		减轻情节
法定	以往有罪裁定的相关性和时间		
	保释期间犯下的罪行		
	基于受害者宗教、种族、性取向等特征所犯罪行		
酌定（非详尽）	事先预谋		无预谋
	蓄意羞辱受害者		良好的品格
	威胁或使用刀具以外的武器		受胁迫参加犯罪
	受害者处于弱势地位		悔罪，赔偿受害人
	主犯		无前科

第三步是考虑对儿童和青少年个人的减刑，在这一步会着重考虑未成年人的个人因素，如是否特别年幼或不成熟、存在沟通或学习障碍等心理问题、成长经历等，在这些因素中尤其重视涉罪未成年人的成长经历，包括被照顾的时间、家庭支持的缺失、接触毒品或酗酒、存在家庭虐待、创伤经历等。

第四步是认罪减刑。根据总则的规定考虑任何可能减轻刑罚的因素。

第五步是确定刑罚。根据量刑指南的建议选择合适的刑罚，然后全面审查判决，再次评估未成年人再犯可能性和人身危险性，以确保判决适合涉罪未成年人。

英国《儿童和青少年量刑指南》对未成年人部分重点罪行进行了规定，量刑步骤更加精细化，从上述表格中能够看出，对于法定量刑情节和酌定量刑情节都采用列举式予以罗列，同时将未成年人个人情况纳入量刑程序，更加体现出对未成年人个体化差异的重视。

(二)美国未成年人社会调查制度

美国在刑事立法中确立了审前调查制度，也称判决前调查，是指在法院判决前，由专门机构对行为人的个人情况、犯罪背景等情况进行专门调查，并对其人身危险性进行系统评估，然后将调查与评估报告提交法院，供法院在裁决时参考的一种制度。

1. 谋杀案中调查报告的适用

美国有 39 个司法管辖区确定了未成年人谋杀罪的强制性最低刑罚，最低值为 5 年，29 个司法管辖区建议谋杀罪最高刑罚为终身监禁，这意味着大多数司法管辖区仍允许对犯谋杀罪的未成年人判处终身监禁，但是在对未成年人判处终身监禁之前，法院必须对其进行减刑情况调查（Youth Mitigation Inquiry）。① 从逻辑上讲，判处终身监禁是十分严厉的刑罚，相应的涉罪未成年人的权利应当得到更充足的保障，例如及时任命有经验的律师、获得精神健康评估以及完整的社会生活史报告。亚拉巴马州规定对被判处终身监禁的未成年人应当考虑其减轻处罚的情况，包括被告人性格或社会史等任何方面。② 在"福耶案"中，亚拉巴马州刑事上诉法院推翻并废止了其因谋杀而被判处终身监禁的判决，原因是法院未遵从最高法院的量刑指导方针，未考虑未成年人的个性化情况。③ 可以看出，美国大部分州面对可能因谋杀而被判处终身监禁的未成年人，都强制性地启动减刑情况调查，如未对涉罪未成年人进行调查，则可能面临驳回或推翻判决的风险。

2. 调查主体

在美国刑事司法实践中，对可能因谋杀而被判处终身监禁的未成年人强制启动调查，而对涉及其他犯罪的未成年人，法官可以要求对其社会情况进行实地调查，其目的都是协助法院作出适合未成年人的判决。《得克萨斯州家事法典》第54 章第 1 条规定了少年法院可以要求缓刑官或者法院专业顾问提交书面报告；④《堪萨斯州少年司法法典》中规定由具有相关资质的专业人员对未成年人的心理、情感状态作出评价和书面报告，由医生提供未成年人身体状况诊断说明，由就读学校行政主任提供未成年人教育情况，法院服务人员作陈述调查和报告。⑤ 不同

---

① Kallee Spooner, Michael S. Vaughn. Sentencing Juvenile Homicide Offenders: A 50-State Survey[J]. Va. J. Crim. L., 2017(5): 143.

② Code of Ala. § 13A-5-52.

③ Foye v. State, 153 So. 3d 854 Type: Cases.

④ Tex. Fam. Code § 54. 01.

⑤ Revised Kansas Juvenile Justice Code. New Sec. 60.

州的法律所规定的调查主体不完全相同，但通常情况下为法院进行调查的机构是缓刑部门，① 缓刑官一般由少年委员会推荐，由少年法院法官任命，必要情况下缓刑官可以委托心理学专家，对涉罪未成年人进行情绪诊断或者心理测试从而协助其制定报告。

3. 调查报告内容

在美国第九巡回上诉法院 2021 年 12 月 6 日公布的"布里奥内斯谋杀案"中，法院酌情考虑了被告的性格特征、父子关系、心理成熟度以及因长期滥用酒精和其他药物而导致大脑受到影响等因素，判处被告终身监禁不得假释。②

立法上对于调查内容的规定，各个州的法律也有所不同。《威斯康星州少年司法法典》第 938 章第 34 条规定了调查报告应载有下列内容：社会交往情况、身体及心理健康检查、使用药物记录、父母相关情况、照料服务规划、健康治疗及愤怒管理服务、安置类型建议等;③《密歇根州法律汇编》中第 722 章第 824 条规定向法院转移未成年人时应当对下列因素进行调查：被指控的罪行性质、未成年人年龄、犯罪的原因、未成年人的性格、未成年人在学校、家庭和社区的表现以及此前是否作出过转移决定等。④《堪萨斯州少年司法法典》中规定少年被裁定为少年犯后，法院应当命令相关机构对未成年人进行调查，调查包括未成年人心理、情感状况评价、未成年人身体状况、教育情况、犯罪情节、被害人态度、犯罪记录、社会交往情况、家庭关系等。⑤《佛罗里达州少年司法法》中规定法院首先应当对未成年人制作调查报告，该报告应当包含对下列因素的评估：犯罪的严重性、犯罪行为是否具有攻击性、暴力性或者是否有预谋、未成年人的成熟度、犯罪记录等。⑥

从上述法律规定中可以发现，美国未成年人社会调查内容不仅包括性格、教育情况、一贯表现、社会交往情况等内容，还包括药物记录、医疗情况等内容，

---

① Albert R. Roberts with Forewords by Creasie Finney Hairston and Vernon Fox. Social Work in Juvenile and Criminal Justice Settings[M]. Charles C. Thomas，1997：89.

② United States v. Briones，18 F. 4th 1170 (9th Cir. 2021).

③ Wis. Stat. § 938. 34.

④ Michigan Compiled Laws Service. § 722. 824.

⑤ Revised Kansas Juvenile Justice Code. New Sec. 60.

⑥ Juvenile Justice Act of 1995，1995 Fla. § 39. 0587.

而且有相关研究说明犯谋杀罪的未成年人更加自闭、焦虑、易怒、抑郁,① 美国对于未成年人精神和心理状态的重视在法律中同样有所体现,多数州法律都规定了对未成年人的心理成熟度或者说心理状态进行测评。

二、域外量刑制度与我国的比较

(一)规范化量刑方面

1. 量刑机构

英国量刑指南的创制主体为专门机构——量刑委员会,独立的机构对量刑指南制度的发展起到了至关重要的作用。我国具体负责量刑指导意见的是最高司法机关的业务部门——最高人民法院刑三庭,② 其对量刑改革作出了卓越的贡献,且我国对于量刑指导工作并非只由最高法院负责,最高人民检察院同样对量刑具有指导作用,两者对于我国量刑体系和量刑工作最为了解,因此我国不需要另行创制独立的量刑指导机构,英国的专门量刑委员会模式对于我国国情而言并不合适。

2. 量刑指南

从量刑指南的结构和内容可以看到,英国量刑指南具体有以下特征:第一,量刑步骤精细化。常见罪名的量刑步骤有7步,严重身体伤害增加了对于罪犯危险性的评估以及对已羁押时间的考量,量刑步骤十分详细;第二,考虑因素丰富化。量刑指南采取了列举式,将法官需要考量的因素予以列举,从而使得量刑更加规范;第三,量刑一致性和自由裁量权之间的平衡,即法官量刑时必须考虑量刑指南的规定,超出指南的量刑应当说明理由。但同时也存在不足之处:第一,《儿童和青少年量刑指南》中对于具体犯罪的规定尚未涵盖部分重点罪行,例如对于严重侵犯人身权利的故意杀人罪就并未予以规定。第二,虽然对于部分具体犯罪列举了影响量刑的情节,但是并未规定这些情节的作用大小,以及其对于量刑结果的调节程度,这一点我国《意见(试行)》做得更好。

---

① Moen, M. C. Characteristics for the Identification of Children Who Commit Family Murder in South Africa[J]. *Journal of Interpersonal Violence*, 2020(35):4796-4813.

② 王烁. 英国量刑指南制度及其对我国的启示[J]. 刑法论丛, 2017, 50(02):468-498.

我国《意见(试行)》对于量刑的规定同样采取了总分模式，先规定量刑指导原则、基本方法及常见量刑情节对量刑结果的影响，之后再对具体的常见罪名进行详细的指导，在形式和内容上和英国量刑指南都很相似，但其中对于未成年人犯罪量刑部分只突出了未成年人的年龄对于量刑的影响，而对于其他特有情节，例如个人成长经历、一贯表现等情况并未予以明确规定，只笼统地规定了"综合考虑未成年人对犯罪的认知能力、实施犯罪行为的动机和目的、犯罪时的年龄、是否初犯、偶犯、悔罪表现、个人成长经历和一贯表现等情况，应当予以从宽处罚"，并未体现具体的适用标准，并且对于故意杀人罪同样没有进行详细指导。因此，在未成年人量刑方面可以参考英国的量刑模式，即结合我国现有的量刑指导文件和英国量刑指南，对量刑过程进行细化，进一步规范量刑活动。

(二)社会调查方面

1. 社会调查之适用

美国多数州法律规定对因谋杀而可能被判处终身监禁的未成年人必须进行减刑情况调查，即对该未成年人的性格、社会史等方面进行调查，并制作调查报告，根据其有利于未成年人的情况，判处个性化刑罚。我国对于未成年人的社会调查并非强制进行，且尚未明确其证据属性，仅作为量刑参考予以规定。这也导致了在故意杀人罪这种严重犯罪中，社会调查报告的适用率也仅为30%，不符合未成年人刑法个别化背景下的量刑理念。因此，可以借鉴美国对因谋杀而可能被判处终身监禁的未成年人进行强制性减刑情况调查的规定，对犯故意杀人罪的未成年人强制性启动社会调查制度。

2. 社会调查之主体

从《刑事诉讼法》和《规范量刑程序若干问题的意见》等相关法律的规定中可以看出，我国涉罪未成年人社会调查的主体呈现多元化局面：公安机关、检察机关、法院、司法行政机关、共青团组织以及其他社会组织，都可以作为社会调查主体，但以实践状况来看，以公检法三机关为调查主体的制度安排存在一定的问题，公检法三机关作为调查主体将会大大增加案件承办人的工作量，可能会影响办案质量，并且三机关因为本身的职责很难站在中立、客观的角度对未成年人的情况进行调查。① 美国通常将缓刑官等专门机构或专门人员作为社会调查主体，同时可以委托心理学专家对涉罪未成年人进行专业评估，调查主体具有专业优势且具有独立地位，这就使得社会调查报告的内容更加客观、专业。因此，公检法三机关不适合作为我国社会调查主体，可以委托司法行政机关或者社区矫正机关来进行调查。

3. 社会调查报告之内容

美国社会调查报告内容较为全面，不仅包含犯罪行为的相关调查，同时包含未成年人社会史等情况的调查，尤其是将心理成熟度和情感状态分析等专业调查融入社会调查报告，全面调查有利于从宏观上来把握涉罪未成年人的人身危险性，为法官正确审理和合理量刑提供科学的支撑。此外，美国社会调查报告内容具有本土特色，如对青少年酗酒、使用药物等情况进行调查，且对于调查内容多偏向于对涉罪未成年人有利部分，注重对减刑因素的调查。我国社会调查报告内容尚不够全面，这一点可以借鉴美国经验，但同时应当注意结合本国国情，以公正客观的角度，对未成年人进行社会调查，全面记录未成年人的个人情况，是否减轻刑罚以及最终运用都由法官裁量。

第四节　未成年人人身危险性评估与量刑规范化之建议

一、量刑情节规范化适用

(一)限缩和明确"手段残忍""情节恶劣"的含义

在2021《意见(试行)》中规定了法官进行刑罚裁量时应当在量刑起点的基础上，根据"手段残忍"程度增加刑罚量，确定基准刑。《刑法修正案(十一)》中也将"情节恶劣"作为已满12周岁不满14周岁的低龄未成年人故意杀人追究刑事责任的条件之一。虽然立法对此进行了规定，但在实践中对于"手段残忍"的认定存

①　陈丽玲. 未成年人刑事案件社会调查报告制度运行分析——以桂林市检察机关办案实践为样本[J]. 人民检察，2016(23)：53-55.

在随意、扩大现象，且容易与"情节恶劣"的认定存在混乱，因此，应当限缩和明确"手段残忍"和"情节恶劣"的含义和认定标准。

对于"手段残忍"的认定，司法实践中被认定"手段残忍"的涉罪未成年人确定基准刑时优先考虑无期徒刑，该情节影响力发挥适当。主要问题在于其适用较为随意，且没有明确的认定标准，部分案件中行为人以常规手段实施杀人行为，但在描述上却使用了"手段残忍"的表述，这种做法扩大了"手段残忍"的含义，容易造成滥用。我国理论界对于"手段残忍"的认定标准存在分歧，主要有三种观点，即"被害人感受说""一般人评价说"以及"客观说"，本书认为应当综合"被害人感受说"和"法益侵害效果说"进行考量，即犯罪人在被害人死亡之前客观上多次实施致使被害人痛苦的伤害行为，这种伤害行为包括毁坏身体、多次伤害重点部位、使用多种工具、反复多次侵害等行为，这里需要说明的是"抛尸""分尸"等在被害人死亡之后实施的犯罪行为不能被认定为"手段残忍"，这在司法实践中存在认定不清，"抛尸""分尸"这种破坏身体完整性的行为发生在被害人死亡之后，难以被认定为杀人手段残忍，而在被害人死亡之前实施破坏身体完整性的行为，例如断肢、毁坏器官等行为，显然已经不是常规杀人，类似行为应当被认定为"手段残忍"。综上，当犯罪人在被害人死亡之前客观上多次实施致使被害人痛苦的伤害行为时，应当被认定为"手段残忍"。

对于"情节恶劣"的认定，在司法实践中主要存在与"手段残忍"认定混乱问题，即在综合犯罪人犯罪行为和主观恶性后应当评价为"情节恶劣"但却认定为"手段残忍"。"情节恶劣"属于综合性评价用语，难以类型化且判断基础更加复杂，一般包括犯罪的动机、犯罪事实以及犯罪过程中、案前案后能够体现未成年人主观恶性和人身危险性的事实情况，[①] 这些事实并不止发生在犯罪过程中，因此不能仅着眼于案件事实，同时还需要充分利用未成年人社会调查报告，全面调查未成年人的犯罪原因、动机、一贯表现、家庭情况等信息。明确了"情节恶劣"的含义，就可以在裁判文书中根据涉罪未成年人的具体犯罪情况准确适用、充分说理，从而得出正确合理的裁判结果。综上，本书认为在未成年人实施犯罪行为

---

① 赵权，赵驰. 酌定量刑情节司法适用问题与改进[J]. 学术交流，2019(11)：118-126.

之后，相关部门通过对涉罪未成年人的成长经历、犯罪原因、一贯表现等情况进行调查，制作社会调查报告，评定未成年人的社会危害性与人身危险性，作为办案参考，综合评价涉罪未成年人客观行为的社会危害性以及人身危险性，最终再对是否属于"情节恶劣"进行认定。

(二)确定量刑情节的影响力大小

由于实践中犯罪情况错综复杂，一起案件可能存在多个量刑情节，不能简单地用"估堆式"量刑方法将其简单罗列，应当判断不同情节影响力的大小，综合进行考量。目前，我国没有专门规定未成年人犯罪量刑方面的法律和相关司法解释，并且涉及未成年人量刑规则的个别司法解释中条文过于简单，缺乏可操作性，如在《解释》中，规定对于未成年人犯罪量刑，应当综合考虑犯罪目的和动机、对犯罪的认识能力、犯罪年龄、是否初犯、偶犯、悔罪表现、个人成长经历和一贯表现等因素，并未明确说明如何考虑这些量刑情节。而在《意见(试行)》中仅对于法定年龄进行划分，并明确规定了量刑幅度，使之具有一定的可操作性，在实践中能够得到很好的执行。相较之下，其他几个与未成年人量刑息息相关的酌定量刑情节都不具备类似的判断标准，如初犯、偶犯、成长经历和一贯表现，司法解释仅仅规定法官在量刑过程中应当综合考虑这些因素，缺乏如何根据情节进行量刑的说明。2010年3月31日，河南省高级人民法院下发的《未成年人犯罪量刑规范化指导意见(试行)》，是全国第一个也是唯一一个未成年人犯罪的量刑规范化指导意见。《未成年人犯罪量刑规范化指导意见(试行)》规定了对未成年被告人从轻、加重处罚的具体幅度，并对社会调查报告对未成年被告人量刑的调节程度作出了规定，这对于未成年人量刑具有重要意义。

为此，本书认为，可以借鉴英国《儿童和青少年量刑指南》的结构设计，制定《未成年人犯罪量刑指导意见》，其内容组成可以参照《意见(试行)》和河南省高级人民法院发布的《未成年人犯罪量刑规范化指导意见(试行)》：第一部分为未成年人量刑的指导原则，包括宽严相济的刑事政策，该宽则宽，当严则严；以事实为根据，以法律为准绳原则；客观全面原则，全面考量可能对量刑产生影响的所有案件事实情节；个别化原则，具体案件具体认定，充分考量个体差异。第二部分为量刑基本方法，量刑方法上和成年犯罪人并无明显差异，仍应当以定性分析为主，定量分析为辅，依次确定量刑起点、基准刑和宣告刑。第三部分为量刑情节的适用，应当确定各个量刑情节的调节比例，尤其对未成年人特有的量刑情节，例如个人成长经历、一贯表现、初犯、偶犯等情节进行具体认定。第四部分为八种犯罪的具体量刑指导意见，可结合我国《意见（试行）》和英国量刑指南进行分步设计：第一步根据犯罪严重类型确定量刑起点；第二步列举与该罪相关的量刑情节并规定其对于基准刑的影响幅度，综合涉罪未成年人的个人因素，确定基准刑；第三步，根据犯罪情况确定附加刑，第四步决定刑罚的适用方式。

（三）借助指导案例规范量刑情节适用

美国著名大法官霍姆斯说过，法律的生命在于经验。"法律不是由君王意志的诏令武断地创制，而是由法官和法学家对过去实现或没有实现正义的法律原理、法律原则的经验教训中发现的。"①2010年"两高"各自出台了《关于案例指导工作的规定》，这意味着案例指导制度在我国大陆地区初步建立；2015年最高人民法院发布《〈最高人民法院关于案例指导工作〉实施细则》，其中规定了各级人民法院正在审理的案件，在基本案情和法律适用方面，与最高人民法院发布的指导性案例相似的，应当参照相关裁判要点作出裁判。由此可见，在未成年人犯罪量刑过程中，可以与案例指导制度相结合，更好地指导法官定罪量刑。

2021年3月2日，最高人民法院发布7起未成年人司法保护典型案例，其中第1起于某某抢劫案是未成年人作为犯罪人的案例指导，该指导案例中明确指明了在审理过程中，综合考虑本案的事实、情节，包括"于某某在校期间表现良好，担任学生干部，被连续多次评为区、校级三好学生；此次犯罪与家庭关系紧张、与父母存在沟通障碍有一定关系等"能够体现犯罪未成年人自身情况的内容。但是在发布的指导案例中，未成年人多作为受害人出现，指导案例更倾向于保护未成年被害人。

---

① 罗斯科·庞德（Roscoe Pound）. 普通法的精神［M］. 唐前宏，等译. 北京：法律出版社，2001：37.

本书认为指导案例不仅以受害人为保护对象,同时也应当关注犯罪未成年人的量刑问题。尤其是对于未成年人故意杀人罪,其刑期轻可判缓刑,重则至无期徒刑,这种巨大的差异极为考验法官对于相关法律的把握,也容易造成案件失衡。对于我国的案例指导制度,首先,指导性案例的选择必须确立标准。最高人民法院和最高人民检察院分别在《关于案例指导工作的规定》中已经作出了概括性列举,即案例应具有典型性、新颖性、影响性和说理性,这些标准同样适用于未成年人指导性案例的选择;其次,对于指导性案例的选择应当适当地向未成年人量刑方面予以倾斜,适当选取未成年人量刑的优秀案例,尤其是重罪未成年人的优秀案例,以此指导司法实践;最后,对指导性案例进行选择后,还应当强化指导性案例的约束力,尤其对于未成年人量刑的约束力应当更大,并且基于未成年人的特殊性,强化指导性案例在法律解释、法律效果和社会效果方面的阐述力度,以真正起到对司法机关审判活动的指导和约束作用。①

二、完善社会调查报告制度

未成年人社会调查制度作为一项重要的少年司法制度,应当符合未成年人刑事案件办理的实际需求。然而实践中社会调查制度仍然存在适用效果不理想、法律属性不明确、主体不规范、内容不全面等诸多弊端。鉴于此,为解决社会调查制度的适用困境,应当将选择性适用社会调查转变为对未成年人故意杀人案强制性适用社会调查制度,规范社会调查报告的适用,从而使社会调查制度切实发挥应有的价值。

(一)对未成年人故意杀人案强制性启动社会调查制度

在我国相关法律以及司法解释中,对于社会调查制度并未作出强制性规定,仅仅规定对于涉罪未成年人"可以进行社会调查并制作社会调查报告"。而通过对我国司法实践中犯故意杀人罪的未成年人社会调查制度的适用情况进行调查,可

---

① 吴瑞益."估堆量刑"与"必减主义"之省思——未成年人犯罪规范化量刑模式构建[J].预防青少年犯罪研究,2015(05):68-81,24.

以发现我国对于该制度的适用情况并不乐观，在故意杀人罪如此严重的犯罪中也只有约30%的案件进行了社会调查，那么没有进行社会调查的案件，是否做到了对未成年人进行充分的了解，是否量刑结果做到与其个体特殊性以及人身危险性相适应，这些都无从体现。我国对于涉罪未成年人始终秉持"教育为主、惩罚为辅"的原则，在此基础上可以借鉴美国的做法，对犯故意杀人罪的未成年人强制性启动社会调查，了解其犯罪动机，通过专门人士利用专业知识判断其人身危险性，慎重适用无期徒刑，进行个别化刑罚处罚，将"教育、感化、挽救"和"宽严相济"的方针政策贯彻其中。

(二)明确社会调查主体

我国目前社会调查主体包括公检法以及三机关委托的社会机构，在实践中，公安机关、检察院以及法院的诉讼分工各有不同，在调查过程中就难免会有不同的侧重点，进而影响报告的可信度和准确度；同时，法院本身处于中立地位，如果其既当裁判者又当调查者，有损法院的公正性和权威性，对于涉罪未成年人进行调查也可能会对法官造成先入为主的影响，从而损害司法中立。

有观点认为委托具有专业调查资格的社会调查机构来进行社会调查更具有科学性和中立性。[1] 也有观点认为法律可以直接规定由司法行政机关或社区矫正机构来承担实际的社会调查责任。[2] 本书赞同由司法行政机关或社区矫正机构作为社会调查的主体，理由如下：司法行政机关和社区矫正机构担任调查主体相对独立，可以避免公检法担任调查员的不利影响，能够更加中立、客观地对涉罪未成年人进行调查；司法行政机关和社区矫正机构工作人员具备一定的法律专业知识，且对社区情况较为了解，调查更加便利；从第二章的实践调查来看，由社区矫正办公室作出的社会调查报告内容最为全面，分析最为详细充分。因此由司法行政机关或者社区矫正机构担任调查主体更为合适。

----

[1]　唐玲.未成年人社会调查制度省察：制度检视与变革路向[J].当代青年研究，2020(06)：97-103.

[2]　许斯文.未成年人刑事案件社会调查制度适用之分析[J].天津检察，2013(02)：39-42.

(三)明确社会调查报告内容

社会调查报告最终目的是量刑和矫正，直接目的是调查未成年被告人的人身危险性。实践中社会调查报告的内容包括：家庭背景、个性特点、与案件有关的情况、对涉案行为的认识、帮教条件、其他需要说明的情况和综合评价意见等。其中最能反映未成年人特殊性的只有家庭背景和个性特点，不够全面。在我国法律中对于社会调查报告内容的规定过于笼统，容易使得实际制作形式"千人一面"。因此，本书认为对于社会调查报告的内容应当结合标准化与特性化，综合事实描述与专业结论，完整全面地对未成年人的实际情况作出调查与评估。在体现未成年人特殊性方面，内容可以包括以下几个方面：①身心状况，包括涉罪未成年人的年龄、性别、性格特征等。②家庭情况，包括家庭结构、家庭经济状况、亲子关系等。③社会经历，主要分为成长经历和社会交往经历。成长经历中应当调查涉罪未成年人的教育情况、就业情况等，社会交往具体包括择友情况、社会评价、经常活动场所等。④人格心理学评估，这一部分主要是对于对未成年人心理状态和情感状态进行分析，预估未成年人的人身危险性，尤其对于犯故意杀人罪的未成年人，更应当科学评估其心理状态。对于心理状态的评估可以借鉴"美国威斯康星危险评价工具"，即犯罪危险性评价量表，通过 11 个问题来得出分数和相应的危险性等级，① 我们也可以引入心理学上人格测量方法，将相关因素进行分析，预估涉罪未成年人的人身危险性。⑤其他与犯罪相关情况，包括犯罪原因和动机、犯罪前后的表现、对犯罪行为的认识等其他与案件有关的情况。

(四)规范社会调查报告适用

保障社会调查报告能够得到充分适用，是实现社会调查报告功能所要解决的重要难题。对于社会调查报告的适用，有观点主张社会调查报告不仅包含涉罪未成年人的性格以及平时表现等内容，还包含对于未成年人人身危险性、心理状况

---

① 陈姝 . 未成年人刑事案件社会调查制度的实践与完善[J]. 人民司法，2014(21)：67-71.

评估等内容的专业知识以及专家意见，更类似于鉴定意见。① 本书认为，社会调查报告属于专家意见，具有专业性。因此本书认为对于社会调查报告的适用，可以参照鉴定意见进行：第一，调查人员进行调查后，应当制作调查报告，并且签名。调查人员故意作虚假调查报告的，应当承担法律责任。第二，侦查机关应当将用作证据的社会调查报告告知犯罪嫌疑人和被害人。如果犯罪嫌疑人或被害人提出申请，可以补充调查或者重新调查。第三，在法庭调查最后阶段当庭宣读社会调查报告，在审判长的主持下，控辩双方围绕调查的主体资格、调查方法、调查报告内容进行发问。第四，公诉人、当事人或者辩护人、诉讼代理人对社会调查报告有异议，人民法院认为调查人员有必要出庭的，调查人员应当出庭作证，经人民法院通知，调查人员拒不出庭作证的，调查报告不得作为量刑的依据。

三、完善未成年人故意杀人案的说理工作机制

"于德水案"判决书长达 12000 多字，对罪与非罪、此罪与彼罪、刑罚的衡量上都进行了充分的论证说理，当事人及社会公众对此都表达了充分的认可和极高的满意，更被称为"伟大的判决""最牛判词"。在该判决书中，裁判说理部分占据全文篇幅一半之多，其中运用了大量的法理、情理和道理等方式论证裁判结论的合理性。本书并不是说字数越多、篇幅越大的判决书就是最好的，从"于德水案"判决书中可以看出，其被多数人接受并广受赞誉的原因是其对专业法律术语进行解释、公开定罪过程、充分论证裁量过程，展现了裁判的灵魂——释法说理。

（一）完善相关司法解释

释法说理，是司法机关在履行检察职能过程中就案件的事实、证据、法律适用所涉及的有关事项和理由进行法律解释、举证说明、以理服人的过程。在未成年人刑事案件中，释法是指结合案情讲解罪名的含义和犯罪构成，分析行为的社会危害性等；说理是指帮助未成年人分析犯罪原因、强化悔罪心理，教育未成年

---

① 周立武. 论未成年人社会调查报告的审查与运用[J]. 青少年犯罪问题，2018(04)：87-94.

人正视现实，树立正确的世界观、人生观、价值观。做好释法说理工作，一方面可以促进普法宣传，引导未成年人行为规范。通过判决书向未成年人做好普法工作，使青少年可以根据裁判文书中所涉及的法律规范适当控制自己的行为，令其不敢犯罪乃至不想犯罪。另一方面，充分的释法说理可以防止法官滥用职权，促进司法公开公正。在判决书中明确指明适用法律规范以及刑罚裁量的理由，能够使当事人及社会公众从内心接受法律的裁判结果，公开的同时倒逼法官规范量刑过程。

2018 年最高人民法院印发的《关于加强和规范裁判文书释法说理的指导意见》，不同于以往强调文书样式和格式的文件，其首次对法官提出针对裁判文书内容进行说理的要求，明确各级人民法院应当提高释法说理水平和裁判文书质量，其中第 8 条规定应加强释法说理的裁判文书，但其中并不包括未成年人案件。本书认为，在未成年人刑事案件中，尤其是严重犯罪的案件中更应该加强法律文书的释法说理，原因有以下几点：首先，涉罪未成年人由于生理和心理的特殊性，对于抽象的法律规定和犯罪后果有可能无法充分准确地理解，以至于走上了违法犯罪道路。因此，基于特殊预防的目的，在判决书中加强释法说理效果，对涉罪未成年人进行普法教育，使其理解自己的罪行严重程度以及应受惩罚性，真心伏法认罪，降低未成年人人身危险性以及涉罪未成年人再犯的可能性。其次，对于受害人而言，裁判文书中的说理部分能够使其了解裁判结论的推理过程，从源头上化解矛盾，减少其不公心理和报复心理，能够在一定程度上促进社会和谐。最后，对于其他在犯罪边缘徘徊的未成年人，及时充分的释法说理能够起到一定的警示作用，使其真正了解到犯罪的危害性及应受惩罚性，进而有效规制其行为，防止潜在犯罪行为的发生。因此应当在《关于加强和规范裁判文书释法说理的指导意见》等相关司法解释中增加对未成年人刑事案件裁判文书的释法说理的要求，明确各级人民法院应当提高未成年人重罪刑事案件中释法说理水平和裁判文书质量。

(二)规范裁判文书中量刑说理内容

我国判决书的构成较为统一，说理部分主要体现在对案件事实的认定和裁判说理部分，应当明确具体，与合法证据相符合，尤其要摒弃"以上事实、证据充分确凿"的片面说理方法，对事实的认定应当有事实阐述、证据支撑和断定事实的逻辑关系，对刑罚裁量结果应当详细解释其依据并说明其裁判理由。基于未成年人犯罪的特殊性，其裁判文书中的说理应当遵循准确、详细和个性化原则。

第一，未成年人裁判文书的说理应当体现准确性。针对刑事实体类裁判文书说理，应当依据我国刑法和刑事司法解释的规定，围绕裁判文书所涉及的犯罪事实认定、犯罪证据采信和刑法适用问题进行，整个裁判文书说理活动以阐明犯罪事实为基础，以阐释说明刑法原理、刑法制度、保证正确适用刑法为关键。① 在未成年人故意杀人罪裁判文书中，"准确"不仅应注意依照未成年人相关刑事证据规则，有效回应案件事实证据的争议焦点以及涉罪未成年人的具体情况，同时要求法律用语准确、规范，例如对"手段残忍"和"情节恶劣"的适用，法官不能为了强调故意杀人罪的严重法益侵害性而宣示性地使用"手段残忍""情节恶劣"等用语，而应当结合案件事实，根据其杀人方式的残忍程度、各个情节综合体现的主观恶性和社会危害性来判断是否达到"手段残忍""情节恶劣"的标准，才能予以适用。

第二，未成年人裁判文书的说理应当详细充分。阐明裁判所依据的法律规范以及适用法律规范的理由。② 例如，在故意杀人罪的未成年人犯罪量刑中，刑种包含无期徒刑和有期徒刑，如果选择无期徒刑，应当着重说明该未成年人犯罪行为的社会危害性以及其人身危险性；有期徒刑的法定幅度也有不同，法官作出刑罚裁量后，裁判文书也应当充分论证得出判决结论的理由，对各个量刑情节的考量过程予以阐述；对于判处缓刑的判决，应当详细说明涉罪未成年人罪行的轻缓程度以及人身危险性相对较低等情况。

第三，未成年人裁判文书的说理应当凸显个性化。基于未成年人心理和生理的特殊性，其刑事案件的量刑往往更为灵活，自由裁量权更大，因此量刑说理就显得尤为重要。与成年人已经固定的危险性人格不同，未成年人的心理和生理处

---

① 荣晓红. 对我国检察机关刑事实体类案例指导、以案释法、文书说理制度的思考——兼议我国刑法司法解释制度的完善[J]. 江西警察学院学报，2018(04)：109-114.

② 陈增宝. 将社会主义核心价值观融入刑事裁判文书说理[N]. 人民法院报，2021-03-19(005).

于不稳定的发展阶段，人格特征与人身危险性还有改造的可能。盗窃、抢夺等犯罪在未成年人中发生频率较高，但是对于严重犯罪，尤其是犯故意杀人罪的未成年人，其在成长变化期很有可能经历重大变故，如家庭结构瓦解、学业中断、交友不慎等因素，这些都有可能是其走上歧途的原因，更应当充分说明。而每个未成年人的成长经历、犯罪原因、性格特点又是完全不一样的，基于此，裁判文书应当结合社会调查报告，在保障未成年人个人隐私的同时进行个性化说理，凸显未成年人特点，将"教育"和"挽救"寓于其中，更有助于涉罪未成年人真心认罪悔过。

未成年人一直是刑事司法中的一个特殊群体，因为其生理与心理的特殊性便获得从轻或减轻处罚的"优待"，"刑罚个别化原则"更是对法官量刑提出了更高的要求。在量刑活动中，法官不仅要精准地评价法定量刑情节，对于酌定量刑情节也应当规范化适用，对于未成年人特有的量刑情节同样应当予以重视。在本章研究中，可以发现我国对未成年人量刑实践中存在一定的问题，如法官在量刑过程中对于各个量刑情节对量刑结果的作用并未充分体现，社会调查制度适用情况不理想，以及判决书释法说理不够充分等问题。域外对于青少年司法制度以及少年法院等相关制度的研究虽然充分，但由于本章是对于未成年人人身危险性评估在量刑阶段应用问题的研究，因此并未研究借鉴青少年司法制度等相关内容，仅对于量刑相关经验进行借鉴，例如英国制定针对未成年人犯罪的量刑指南以规范未成年人犯罪量刑问题，我国可以借鉴该做法，根据我国司法实践情况，制定相应的量刑指导意见，对未成年人量刑中量刑情节的把握进行规定，从而在实践中指引法官量刑活动；对于未成年人社会调查报告，我国理论界对此进行了大量的研究，对其法律性质也有不同的观点，笔者更赞同其证据属性，并将其比照鉴定意见予以适用，在此基础上，完善社会调查的程序和报告内容，对未成年人故意杀人案强制性启动社会调查，从而发挥社会调查制度在未成年人刑事司法中的作用。

由于客观原因的限制，本章的实证研究存在以下局限：第一，本章研究样本的选取是全国范围内的未成年人故意杀人案，因此量刑地域差异对研究结论的可能存在细微影响；第二，本章的研究仅以未成年人故意杀人罪刑事判决书作为研究的整体，样本来源于裁判文书网，经筛选确定的最终有效样本 51 个，属于小样本；第三，本章研究的样本是公开的裁判文书，不能以实际中全部的案件材料为基础进行实证研究，对量刑结果具有显著影响的因素不一定都写进了判决书主文。基于上述的样本局限性，本章在样本分析过程中使用回归分析的同时，使用图表方式予以辅助分析，希望能够使得研究结果更加客观准确。

第五章　未成年人人身危险性评估在
监禁刑中的应用

本章为了充分了解人身危险性评估在未成年犯监禁刑阶段应用的真实情况，项目组选择了 H 省未成年犯管教所作为本章的研究样本，以期从 H 省未成年犯管教所实施人身危险性评估的宝贵经验中总结有益经验、发现共性问题，从而不断优化完善人身危险性评估在未成年犯监禁刑中的应用。

第一节　监禁刑阶段未成年人人身危险性评估的现状

一、未成年犯人身危险性评估基本类型

H 省未成年犯的人身危险性狱内评估自 2020 年开始正式实施，其实施基础是司法部监狱管理局在全国范围内推广的"上海模式"，该模式中的《犯罪人格测试量表》是上海市监狱管理局和上海师范大学联合研制，主要针对 18 周岁及以上的男性罪犯进行狱内危险性评估的测试量表。① 而未成年犯管教所内关押的群体绝大多数都是 18 周岁以下的未成年人，且其中 1/5 为女性，其心智发展与成年罪犯存在明显差异，如果直接套用成年男性的测试量表，就会导致测试的效度降低，无法真实地反映未成年犯的人身危险性。因此 H 省未成年犯管教所的民警结合未成年人的身心特点和本省未成年人犯罪的基本情况，对"上海模式"进行本土化改造，并在三年的具体执行过程中不断进行完善，提升其信度和效度，使其

---

① 苏鹏成，徐婷婷，褚兴苗. 罪犯人格量表理论结构的因素分析[J]. 中国监狱学刊，2022，37(05)：87-95.

能更加准确地反映未成年犯在监禁刑期间的人身危险性。

当前 H 省未成年犯管教所内实施的人身危险性评估大致可分为两个部分，即再犯风险评估与狱内危险性评估。

再犯危险性评估主要由人格测试量表与民警访谈量表两部分组成，同时从主观和客观方面出发，综合考量未成年犯刑满释放后再犯罪的潜在可能性。其中人格测试量表为自评量表，由未成年犯独立作答 107 题人格测试量表，专用测评软件会记录其姓名、囚号、管区以及测试时间等基本信息和对应的作答情况；民警访谈量表为他评量表，通常由兼职测评民警对其进行一对一访谈，部分情况下测评民警还会对该未成年犯的管区民警和同改未成年犯进行访谈，了解其改造期间的相关情况，再根据访谈结果完成他评量表，最终将量表上传至专用测评软件。系统将自动整合自评量表结果与他评量表结果，根据程序内设赋分权重对每一个问题的分值进行计算，最后得出一个百分制的分数结果来量化表示该未成年犯再犯风险，通常将未成年犯再犯危险性分为四类分值，两种危险性，即评估结果分值为 0—22 分属于低分段，评估结果 23—30 分则认为其是中分段，31—39 分则认为其为高分段，评估分值在 40 分以上则是极高分段；其中评估分值处于低分段的未成年犯则认为其具有一般再犯风险，而评估分值处于中分段、高分段和极高分段的未成年犯则认为其具有较高再犯危险。目前 H 省未成年犯管教所内通常在未成年犯刑满释放前三个月内对其进行再犯风险评估，同时要对未成年犯采取刑罚变更执行时，也会提前对其进行再犯风险评估，并将其评估结果作为其刑罚变更执行的参考依据。

H 省未成年犯管教所内进行狱内危险性评估，相对再犯危险性评估起步稍晚一些，2023 年才开始全面开展狱内危险性评估。狱内危险性评估涉及脱逃风险、行凶风险和自杀风险三个方面，共划分极高风险、高风险、中风险和低风险四个等级。狱内危险性评估也同样采取"自评+他评"的模式，自评部分依然是由未成年犯独立完成 107 题的人格测试量表，他评部分则是由民警进行访谈，了解未成年犯的相关情况后完成狱内危险性评估民警访谈量表，将未成年犯自评量表与民警访谈完成的他评量表输入测评系统，系统根据内设程序对每一项问题进行赋分，最终以前述四个等级来评定未成年犯的狱内危险性。

但相较而言，未成年犯狱内危险性评估的频次远高于再犯危险性评估，也更好地体现了评估的长期性和动态性。在该省未成年犯管教所，狱内危险性评估是入监必做项目，每一名未成年犯在正式进入未成年犯管教所接受教育改造之前都要完成完整的狱内危险性评估，并会在其档案中详细记载其入监时狱内危险性评估的结果。同时，测评系统会根据未成年犯初次测评的结果，在一定时间后提醒未成年犯管教所民警对其进行复测，掌握教育矫正后未成年犯狱内危险性的变化情况，以期在下一阶段制定更有针对性的矫正措施。

二、未成年犯人身危险性评估方法与内容

从 H 省未成年犯管教所人身危险性评估的形式可得知，监禁刑阶段的未成年犯人身危险性评估主要涉及三个量表：一份自评量表即人格测试量表；两份他评量表，即未成年犯再犯风险评估量表和狱内危险性评估民警访谈量表。

1. 人格测试量表的具体内容

人格测试量表共计 107 题，受测人仅需回答是或否。内容既涉及未成年犯的过往经历与内心想法，也包括被测者对日常生活中一些人和事的心理感受以及习惯性行为(参见表5-1)。该量表无论是内容还是形式，与"上海模式"设计的针对18 周岁以上的成年男性的人格测试量表都一致。

表 5-1 　　　　　　　　　**H 省未成年犯管教所人格测试量表题目**

1. 许多事情，我做过以后就后悔	2. 我比大多数人更敏感	3. 有时我真想摔东西	4. 我小时候曾被父母抛弃
5. 偶尔我会想到一些坏得说不出口的事	6. 我曾一连几天、几个星期什么也不想干，因为我总是提不起精神	7. 有时我会兴奋得难以入睡	8. 我的心境常常有起伏
9. 有时我会闻到奇怪的气味	10. 有时我将今天应该做的事情，拖到明天去做	11. 我认为最难的是控制我自己	12. 我深信生活对我是残酷的
13. 我自己时常弄不清为什么会这样暴躁地发牢骚	14. 我与家人或朋友的关系好的时候非常好，但好景不长，没多久就会闹翻	15. 我有时会发怒	16. 我睡得很不安，容易被惊醒

续表

17. 有时我的思想跑得太快都来不及表达出来	18. 我曾无缘无故觉得"真是难受"	19. 在我独处的时候，我听到奇怪的声音	20. 做游戏的时候，我只愿赢而不愿输
21. 我的父母和家里人对我过于挑剔	22. 假如不是有人和我作对，我一定会有更大的成就	23. 有时我想借故和别人打架	24. 我对自己的印象一会儿好，一会儿坏，很不稳定
25. 有时我也会说说人家的闲话	26. 有时我觉得我真是毫无用处	27. 有时我十分烦躁，坐立不安	28. 我常常为自己不该做而做了的事，不该说而说了的话而紧张
29. 我时常听到说话的声音，而不知道它是从哪里来的	30. 我曾经贪图过分外之物	31. 我的原则是坚持强烈维护自己的意见	32. 我提防那些对我过分亲近的人
33. 我时常因为自己暴躁和抱怨而感到懊悔	34. 我有时很冲动，自己控制不了自己的行为	35. 我曾经将自己的过错推给别人	36. 许多时候，我觉得浑身无力
37. 我时常听从某些人的指挥，其实他们还不如我高明	38. 我对某些事物容易冒火	39. 有时我觉得有鬼神附在我身上	40. 我所有的习惯都是好的
41. 我的做事方法容易被人误解	42. 大部分人之所以是诚实的，主要是因为怕被人识破	43. 只要有人催我，我就生气	44. 我没有很好的朋友
45. 我在谈论中有时不懂装懂	46. 大部分时间，我觉得我还是死了的好	47. 我为寻求刺激而经常去做危险的事	48. 我是一个容易伤感情的人
49. 我相信有人暗算我	50. 在没有废纸篓时，我将废纸扔在地板上	51. 我在上学的时候，曾多次因不良行为而被老师叫去谈话	52. 我觉得我时常无缘无故地受到惩罚
53. 在排队的时候如果有人插到我的前面去，我会感到恼火而指责他	54. 我曾有过自残行为	55. 我曾讲过别人的坏话	56. 我对异性的兴趣减退
57. 无聊的时候，我就会惹事寻开心	58. 我常常感到厌倦	59. 我确信别人正在议论我	60. 我小时候曾对父母粗暴无礼

续表

61. 我曾因打架斗殴被处分过	62. 大多数人为了获得成功会不择手段	63. 谁和我对着干就是我的敌人	64. 我的情绪变化很快，连自己也不能控制
65. 我总觉得人生是有价值的	66. 我有时会无缘无故地觉得非常快乐	67. 我常为有罪恶感而苦恼	68. 有人控制着我的思想
69. 我有钱往往自己花，很少给家里人花	70. 我认为大多数人是不可信任的	71. 我对那些没有报酬的事情不感兴趣	72. 我经常觉得心里很空虚
73. 有时，我仿佛觉得我必须伤害自己或别人	74. 别人说我话太多，讲的内容无法理解	75. 我觉得自己是一个神经过敏的人	76. 我有时会哭一阵笑一阵，连自己也不能控制
77. 我想世界上如果没有法律该多好	78. 我感觉经常有人在监视或谈论我	79. 我曾因一时冲动而闯祸	80. 我常常会很愤怒
81. 我感觉我的思考能力不如以前了	82. 我最近常做关于性方面的梦	83. 我是一个多忧多虑的人	84. 我不能像从前那样理解我所读的东西了
85. 我在被关押前什么都不怕	86. 我觉得别人对我的评价不公平	87. 有时我会发无名火	88. 我很难与人相处
89. 我总在担心会发生可怕的事情	90. 最近一段时间，我自己做过的事情全不记得了	91. 我和家人以及亲戚朋友相处得很好	92. 我曾怀疑我的恋人对我不忠
93. 有时我会因顾忌自己的形象而忍耐愤怒	94. 我与朋友的关系一直很好	95. 我认为自己很紧张，如同"拉紧的弦"一样	96. 我曾经有过几次突然不能控制自己的行为或言语，但当时我的头脑还很清醒
97. 我会为了维护自己的利益而撒谎	98. 我总感到别人想占我的便宜	99. 有时，我一生气就会拿自己的身体出气	100. 我为自己的健康担忧
101. 我曾经发呆，（发愣）停止活动，不知道周围发生了什么事	102. 当我和其他人一起搞砸一件事情时，我会勇于承担责任	103. 伤害了我的人，只要有机会我就会报复回来	104. 有时，一件小事也能让我暴跳如雷
105. 我常失眠	106. 我容易激动	107. 遇到一次难堪的经历后，我在一段长时间内还感到难受	

2. 未成年犯再犯风险评估量表

未成年犯再犯风险评估量表共计 73 题，而成年犯再犯风险评估共 71 题，二者题量略有不同。未成年犯再犯风险评估量表主要包括犯罪经历、早期社会化问题、家庭婚姻①、教育就业、同伴交往、兴趣爱好、再社会化预期、成瘾问题及犯罪助长、犯罪态度、行为模式、人格特点和其他需要补充的情况十三个方面（参见表 5-2）。

表 5-2　　　　　**H 省未成年犯管教所未成年犯再犯风险评估量表题目**

一、犯罪经历

1. 此前有前科劣迹（次/次） □是 □否	2. 曾因违法犯罪而被判处监禁，请勾选（少教、劳教、戒毒、服刑） □是 □否	3. 曾有异地监禁改造经历，请勾选（少教、劳教、戒毒、服刑） □是 □否	4. 曾在监禁机构内受到过如警告、严管、禁闭等处罚 □是 □否
5. 曾在缓刑或假释期间再次犯罪 □是 □否	6. 此次犯罪类型为盗窃 □是 □否	7. 此次犯罪类型为涉毒类 □是 □否	8. 此次犯罪类型为抢劫 □是 □否
9. 此次犯罪刑期 3 年及以下 □是 □否	10. 此次犯罪是团伙犯罪主犯 □是 □否		

二、早期社会化问题

11. 有过性生活 □是 □否	12. 受过性侵害 □是 □否	13. 不与父母共同生活 □是 □否	14. 父母离婚 □是 □否
15. 父母教养方式不良 □是 □否			

三、家庭婚姻

16. 与父母关系差 □是 □否	17. 直系亲属中有人犯罪 □是 □否	18. 与其他亲属失联或关系差 □是 □否	19. 家庭经济收入低 □是 □否

---

① 原表该处表述即为"家庭婚姻"，该处本书仅作摘录，并未对其进行改动。

续表

20. 随父母异地打工 □是 □否	21. 父母监护无效果 □是 □否		

四、教育就业

(一)在就业环境期间

22. 经常变动工作岗位 □是 □否	23. 就业未满一年 □是 □否	24. 工作环境具有一定的犯罪风险 □是 □否	25. 有一些犯罪相关特殊技能(具体说明:　　　) □是 □否

(二)在学校期间

26. 文化程度为小学或以下水平 □是 □否	27. 文化程度为初中或以下水平 □是 □否	28. 在校期间曾因学业不良,留级、主动辍学或长期逃课 □是 □否	29. 在校期间曾受到过处分、停学或除名 □是 □否

以下两题,如果罪犯在校,则完成全部二题。如果罪犯未就学,则二题均选择"是"。

30. 对教育等相关活动没有兴趣 □是 □否	31. 与同学或老师存在持久矛盾或关系疏离 □是 □否		

五、同伴交往

32. 几乎没有正常交往的朋友 □是 □否	33. 有犯罪朋友 □是 □否	34. 重视与朋友的关系 □是 □否	

六、兴趣爱好(在社会环境期间)

35. 几乎不参加积极的休闲活动 □是 □否	36. 业余时间利用不当 □是 □否	37. 闲暇时间很少与家人一起 □是 □否	

七、再社会化预期

38. 技能训练或学习教育与就业的关联程度低 □是 □否	39. 没有就业计划 □是 □否	40. 没有就业技能 □是 □否	41. 不愿就业 □是 □否

续表

42. 难以落实安置帮教工作 □是 □否	43. 社会保障状况差 □是 □否	44. 生活自理能力差 □是 □否	45. 回归社会后不被接纳 □是 □否

八、成瘾问题(在社会环境期间)

46. 曾有酗酒问题 □是 □否	47. 曾有过吸毒问题 详细说明毒品种类 □是 □否	48. 曾有赌博问题 详细说明赌博种类 □是 □否	49. 曾有网瘾 □是 □否

当第46—49题中任一项为"是",请勾选因成瘾问题导致的结果:

50. 严重的违法问题 □是 □否	51 严重的家庭问题 □是 □否	52. 严重的学习问题 □是 □否	53. 其他症状, 具体说明: □是 □否

九、犯罪助长

54. 学习能力差 □是 □否	55. 身体有伤残 □是 □否	56. 经常向父母要钱或向朋友借钱 □是 □否	57. 无稳定居所 □是 □否
58. 生活所在地多发同类型犯罪(如涉毒、盗窃等,具体说明种类:) □是 □否	59. 遇到紧急和困难情况时,不会向他人求助 □是 □否	60. 容易受到他人影响和指使 □是 □否	

十、犯罪态度

(一)在社会环境期间

61. 仇恨社会 □是 □否	62. 对社会感到无知冷漠 □是 □否		

(二)在监禁机构期间

63. 对犯罪有借口 □是 □否	64. 对被害方无内疚或负罪感 □是 □否	65. 违反监规纪律 □是 □否	66. 对法院/检察院/公安机关藐视 □是 □否

续表

十一、行为模式

(一)在监禁机构期间

67. 反社会行为表现。选择"是"须符合以下至少一项,勾选所符合的答案 □是 □否 a. 有脱逃史 b. 有前科或劣迹(1) c. 有攻击/暴力记录 d. 破坏监管秩序行为(4) e. 其他	68. 犯罪的态度。选择"是"须符合以下至少一项,勾选所符合的答案 □是 □否 a. 对被害方没有愧疚、负罪感(64) b. 违反监规纪律(65) c. 对法院/检察院/公安机关的态度差(66)

(二)在社会环境期间

69. 导致犯罪的其他因素,以下须至少符合四项,勾选所符合的答案

□是 □否

a. 有辍学经历 b. 惯偷惯盗 c. 经常打架斗殴 d. 曾因同一罪名受到过处理 e. 缺乏支持的家庭关系(16) f. 就业不稳定(23) g. 在本地区范围内变更三次或以上住址 h. 有戒毒经历 i. 与父母或亲属关系差 j. 好逸恶劳(41、44) k. 经常出入网吧、KTV 等场所或夜不归宿

十二、人格特点

70. 对反社会性的判断,选择"是"须符合以下至少一项,勾选所符合答案 □是 □否 a. 行为违背社会规范,经常违法乱纪 b. 以自我为中心,冷漠无情 c. 早期越轨行为(反复说谎、违反校规、逃学、斗殴、盗窃等)	71. 对冲动性的判断,选择"是"须符合以下至少一项,勾选所符合答案 □是 □否 a. 极易激惹,行为难以自控,虽有懊悔但易再犯 b. 人际关系紧张,几乎没有持久的朋友 c. 情感爆发时有暴力行为(自伤或伤害他人) d. 工作学习任务难以坚持
72. 对偏执性的判断,选择"是"须符合以下至少一项,勾选所符合的答案 □是 □否 　a. 敏感多疑 b. 容易记恨 c. 容易记恨	73. 因心理问题有过心理咨询或治疗经历。具体说明: 　　□是 □否

十三、其他需要补充的情况

在查阅罪犯档案,调查访谈的过程中,如遇到您或者受访者认为可能是导致罪犯重新犯罪的重要因素或情况,但未在以上各因子列表中出现的,请在此补充。

3. 狱内危险性评估民警访谈量表

狱内危险性评估民警访谈量表共计 47 题，涉及三类(自杀、脱逃、行凶)危险史、身心异常或疾病、成瘾行为、家庭环境、生活经历、认罪态度及狱内表现和保护性因子七个方面的内容(参见表 5-3)。

表 5-3　　H 省未成年犯管教所未成年犯狱内危险性评估民警访谈量表题目

一、三类危险史

1. 过去实施过自杀行为 □是 □否 若选"是"请填写初次实施自杀行为的年龄：	2. 最近一年内实施过自杀行为 □是 □否	3. 有自杀的念头或想法 □是 □否	4. 曾经制订过自杀计划 □是 □否
5. 重要他人曾经实施过自杀行为 □是 □否	6. 曾经实施过自伤自残行为 □是 □否	7. 曾在押送过程中或监管场所内预谋或实施过脱逃 □是 □否	8. 有流窜作案史 □是 □否
9. 在社会上曾经实施过暴力行为 □是 □否	10. 在社会上实施过严重的暴力行为 □是 □否	11. 有同暴力行为相关的劣迹或前科 □是 □否	12. 有过 2 次及以上同暴力行为相关的劣迹或前科 □是 □否
13. 曾经在监管场所实施过暴力行为 □是 □否	14. 此次犯罪情节恶劣 □是 □否	15. 有特殊经历或技能 □是 □否	16. 虚假信息尚待核实 □是 □否

二、身心异常或疾病

17. 曾患有精神障碍(请勾选)

(1)精神分裂(2)抑郁(3)躁狂(4)双向情感障碍(5)人格障碍(6)性心理障碍(7)创伤后应激障碍(8)急性应激障碍(9)精神发育迟滞(10)其他

18. 精神障碍发作。请填写具体疾病名称：	19. 患有严重损害生活质量的疾病和伤残。请填写具体疾病或伤残情况：

157

续表

三、成瘾行为

20. 有物质或行为成瘾史。(请勾选)
(1)毒品(2)药品：一般处方药、麻醉类(吗啡、美沙酮等)、安眠药(3)酒精(4)赌博(5)上网(6)其他：

四、家庭环境			
21. 未成年期有不良的家庭模式(请勾选) (1)家庭缺失(2)单亲家庭(3)留守型家庭(4)否	22. 有不良的教养方式(请勾选) (1)溺爱纵容(2)漠不关心(3)严厉粗暴(4)否	23. 与家人或伴侣的联系缺失 □是 □否 如果选"是"，请填写失联时间：	24. 与家人或伴侣的矛盾突出 □是 □否
25. 家人之间存在严重矛盾，影响罪犯的情绪 □是 □否	26. 家人或伴侣发生重大变故 □是 □否	27. 家人不服判决，怂恿罪犯对抗改造 □是 □否	

五、生活经历			
28.18岁前患有品行障碍 □是 □否	29. 成年后未从事过正当职业 □是 □否	30. 人际交往能力差 □是 □否	31. 几乎没有正常交往的朋友 □是 □否
32. 漠视社会规范 □是 □否			

六、认罪态度及狱内表现			
33. 自罪感强烈 □是 □否	34. 自觉刑期漫长，或不适应改造生活，感到绝望 □是 □否	35. 不认罪服判 □是 □否	36. 以不认罪为由，拒绝服从监狱管理 □是 □否
37. 怨视司法机关 □是 □否	38. 有隐瞒余罪的可能 □是 □否	39. 余罪爆发 □是 □否	40. 有狱内违纪行为。(请勾选) (1)一般违纪(2)较重违纪(3)严重违纪(4)重大违纪(5)警告、记过或禁闭(6)否

续表

41. 自认为长期受到其他罪犯欺压 □是 □否	42. 自认为受到监狱或民警个人不公正的对待 □是 □否	43. 狱内人际关系较差 □是 □否	
七、保护性因子			
44. 对死亡持排斥的态度 □是 □否	45. 对暴力持排斥的态度 □是 □否	46. 对家人或伴侣负有责任感 □是 □否	47. 对未来生活有期待 □是 □否

三、未成年犯人身危险性评估主体

未成年犯监禁刑阶段的人身危险性评估，通常由未成年犯管教所内的兼职测评民警主导完成。目前所内并未设置专门机构和专门人员进行未成年犯的人身危险性评估，通常是由年轻的业务民警兼职未成年犯的人身危险性测评工作，在人员选聘上尽可能选择具有一定心理学、教育学学历或培训背景的民警。

同时，考虑到人身危险性评估他评量表中的内容存在着较大的主观性，兼职测评的民警禁止选聘受访未成年犯的包管民警，因为包管民警与未成年犯在日常改造中有较为密切的联系，可能对其在访谈过程中的中立性造成影响，从而无法真实反映未成年犯的人身危险性。

四、未成年犯人身危险性评估结果

未成年犯在刑满释放时进行的再犯风险评估，其结果包括较高风险及一般风险。评估为一般再犯风险的刑满释放未成年犯，无须再对其进行额外的干预及重点关注，自行回归社会生活即可；而评估为较高风险的未成年犯，刑罚执行科会结合该犯的具体情况，决定是否确定其为重点帮教对象，若确定为重点帮教对象，则需要与司法局对接，对其进行重点关注。在 H 省未成年犯管教所中约有20%的刑满释放未成年人，会被认定为有较高再犯风险的重点帮教对象。并且随着未成年犯人身危险性评估体系更加完备，未成年犯管教所也开始在未成年犯刑罚变更执行的过程中引入再犯风险评估，以有效预测其重返社会后再犯罪的概率，避免其尚未达到改造目标后就重返社会而再次造成社会危害。

未成年犯狱内危险性评估结果主要用于维护监区秩序，保障未成年犯狱内人身安全，制定有针对性的改造计划。未成年犯的狱内危险性评估划分了四个等级：极高、高、中、低，针对评估结果为极高和高的未成年犯，监区民警会高度注意该类未成年犯的动向，及时阻止其可能的伤人或自伤行为，同时有针对性地对该类未成年犯进行心理疏导。此外，该评估结果也决定该名未成年犯狱内危险性评估的频次。危险等级越高的未成年犯，其评估周期更长，频次更密集，以确保对此类未成年犯能进行有效的动态评估。

五、人身危险性评估辅助未成年犯假释审查

假释制度是我国刑事司法当中一项非常重要的刑罚变更制度，该制度对于我国刑事司法体制的完善和罪犯改造矫正工作实效的提升，都发挥了不可或缺的作用。假释制度的存在，既是一种激励已经认罪悔罪的罪犯积极参与改造、早日回归社会的手段，又是纾解部分改造良好、人身危险性较小的罪犯，减轻狱内压力，节约司法成本，提高刑罚执行效率的重要措施。在我国，假释的适用需满足两方面的条件，即实质条件与消极条件，实质条件指犯罪分子已执行原判刑期1/2以上，被判处无期徒刑的犯罪分子，实际执行13年以上，认真遵守监规，接受教育改造，确有悔改表现，没有再犯罪的危险且应当考虑其假释后对所居住社区的影响。消极条件指对累犯以及因杀人、爆炸、抢劫、强奸、绑架等暴力性犯罪被判处10年以上有期徒刑、无期徒刑的犯罪人，不得假释。

尽管我国假释制度构建已经相对完善，但在当前司法实务工作中，却面临假释率极低的困境，假释制度的落实难以保障。据统计，2016年我国假释率为1.28%，2017年为0.93%，2018年为1.17%，2019年为0.94%，从上述数据推算，2016年至2019年我国年均假释率为1.08%，远低于国际平均水平，也低于国内30%左右的减刑率。① 尽管按照最高人民法院的相关要求，如果罪犯同时符

---

① 题召伟．我国假释制度的现实困境与完善建议[J]．犯罪与改造研究，2024(01)：68-74.

合减刑和假释的要求应当优先适用假释。① 出现这种本末倒置的情况，根本在于假释所带来的潜在风险更大，终身追责制度让办案人员有意识地规避假释可能带来的风险。

未成年犯管教所内的假释适用整体与成年犯监狱的应用现状一致，适用比例极低，甚至部分未成年犯管教所几年都没有一例假释案例，导致这种现状的原因有两方面：其一是与成年犯监狱相同，办案人员在终身追责制度下为规避假释可能带来的潜在风险，对于未成年犯的假释适用慎之又慎；其二是在罪错未成年人分级处遇的制度架构之下，违法犯罪情节轻微、社会危害较小的未成年人，会通过分流机制，由相关部门采用专门教育、社区矫正等措施代替监禁刑。因此，通过分流后不得不对其采用监禁刑进行教育改造的，均是罪行严重，情节恶劣，社会危害较大的未成年犯。这类未成年犯即便能满足假释的实质条件，依然有相当一部分因存在消极条件而无法假释。② 以 H 省未成年犯管教所为例，截至 2024 年 2 月，该所共关押未成年犯 207 名，其中 90%以上都是涉及强奸、抢劫这两项罪名，也就意味着 90%以上的未成年犯如果被判处刑期在 10 年以上，他们就无法获得假释。

1. 人身危险性评估辅助假释实质条件审查

从未成年犯假释适用的实质条件来看，其应当满足五方面的条件：一是执行刑期的限制，二是认真遵守监规，接受教育改造，三是确有悔改表现，四是没有再犯罪的危险，五是应当考虑其假释后对所居住社区的影响。假释程序最终的裁决权在人民法院，执行机关的任务是向法院提供相关材料以证明未成年犯符合假释条件。其中前两项的条件相对客观，通过其相应狱内改造档案和计分考核结果就能清楚展现，但是后三项的条件相对主观，如何用具体材料证明该名未成年犯具备该项条件成为实务当中的难题。在假释审查阶段应用人身危险性评估，能有效量化其主观方面相关因素，为未成年犯假释提供更加有力的支撑。

(1)实现"没有再犯危险"的量化评估

---

① 参见《最高人民法院关于办理减刑、假释案件具体应用法律的规定》第 26 条、第 31 条。

② 陈思贤. 未成年人假释制度的理论解析及法律完善[J]. 青少年犯罪问题，2013(05)：41-45.

"没有再犯危险"是假释制度中最具争议的条件，主要原因在于该条件过于抽象，执行机关很难直接证明该未成年犯"没有再犯风险"，同时部分法官对"再犯危险"的认识出现一定偏差，导致在实务中法官无意识地提高了证明标准，要求执行机关提供材料证明在假释期间未成年犯一定不会再犯。

根据 2021 年 12 月最高人民法院、最高人民检察院、公安部、司法部联合出台的《关于加强减刑、假释案件实质化审理的意见》（以下简称《意见》）其中第 3 条明确了"坚持严格审查证据材料"，即在认定罪犯是否具有法定的减刑、假释条件时，应有具体的证据材料予以证明。因此，在认定未成年犯"是否具有再犯危险"时，不能仅凭主观推断，须有翔实的证据来证明其再犯危险的程度。且根据《意见》第 2 条的要求："要坚持主客观改造表现并重"，既要注重审查罪犯劳动改造、监管改造等客观方面的表现，也要注重审查罪犯思想改造等主观方面的表现。因此，实务工作中仅以客观表现评价罪犯改造良好的工作方式是不可取的。结合《意见》第 2 条、第 3 条的要求，我们可以确定针对罪犯的减刑、假释中改造表现的评价，需同时兼顾其主观思想改造表现以及客观行为改造表现，实行主客观相统一的标准。同时必须有具体的证据材料分别对主客观的改造表现进行证明，不可在其中强加司法人员的主观推断，从客观表现良好自然证得其主观思想改造良好，进而减少举证责任。

未成年犯狱内危险性评估和再犯危险性评估，其本质都是一种面向未来的预测性价值判断。[①] 因此，作为一项科学的预测评估，其必然不可能得出"没有再犯危险"类似的结论，其只能进行概率的预测。所以无论是否是罪犯，任何一个个体进行危险性评估得到的结果只能是其再犯危险性的高低，即低度危险、中度危险、高度危险和极高危险。如果直接将没有再犯可能性作为假释的条件，那假释制度就根本无法落实。因此，从人身危险性评估的角度出发，《刑法》第 81 条第一款表述的准确性值得商榷。"没有再犯罪的危险"只能在程度上规范地理解为"再犯罪的危险较低"，包括"再犯罪危险绝对低"和"再犯罪危险相对低"。"再犯罪危险绝对低"是指该犯罪人改过自新的意愿强烈，且再犯危险程度低到不需要再耗费监管资源，从而对其进行假释。而"再犯风险相对低"是认为虽然犯罪人的

---

① 曾文科. 论假释实质条件的合目的性解释[J]. 环球法律评论，2024(01)：167-168.

再犯危险程度尚未达到"绝对低"，但是监所服刑交付社区矫正更有利于犯罪人改过自新的，也应当对其适用假释。①

综上，未成年犯假释适用实质条件中"没有再犯危险"，应当理解为审查其再犯危险性高低，从而确定继续执行当前监禁刑是否合理。此外，调研中笔者发现部分司法人员将再犯危险性作为法官自由心证的裁量范围，认为法官可以通过其他改造材料判断未成年犯的再犯危险性。笔者认为这也是对法律规定的误解。假释的过程中，法官要判断的是未成年犯的情况是否符合法律所规定假释的条件，而每一项条件都需要相关材料进行支撑。换言之，法官的任务是审查证明未成年犯再犯危险性高低的证据，而不是由法官来确定未成年犯再犯危险性的高低。

未成年犯人身危险性评估包括狱内危险性评估和再犯危险性评估，毫无疑问，再犯危险性评估结果是最直接的"没有再犯危险"的证明。未成年犯管教所在向人民法院建议对未成年犯适用假释前，应当单独对该未成年犯进行再犯危险评估，其评估结果应当作为其符合假释条件的佐证，同时要提交其入监以来的危险性评估报告档案辅助证明，证明其不仅当前再犯危险性处于低度危险状态，而且其在改造期间人身危险性相对稳定，波动较小，假释期间也能维持较低的再犯危险。因此，将人身危险性评估作为"没有再犯危险"的证明，可以统一该条件的证明标准，以同一套科学的可靠的评估模式，将原本抽象的再犯危险性以量表的形式量化，一方面降低了执行机关对于未成年犯"没有再犯风险"的证明难度；另一方面，法官作出假释决定能更有依据，增强法官作出假释裁决的信心。

（2）作为悔改表现的佐证材料

悔改表现是决定未成年犯能否适用假释的重要实质条件，"确有悔改表现"体现了行为人对整个社会的价值观以及法律规范的认可，其人身危险性降低，继续对国家和社会造成损害或威胁的可能性降低，因此对审判阶段的量刑以及刑罚执行阶段的减刑、假释都具有重要的影响。② 但实务工作中对于"确有悔改表现"的认定，往往存在认定不全面和评价要素不恰当等问题。《刑法》第81条对假释中

① 曾文科. 论假释实质条件的合目的性解释[J]. 环球法律评论，2024（01）：167-168.

② 耿亮，张永强. 论罪犯"确有悔改表现"的认定[J]. 西南石油大学学报（社会科学版），2016，18（01）：69.

"悔改表现"的描述为"……如果认真遵守监规，接受教育改造，确有悔改表现，没有再犯罪的危险的，可以假释……"其并未明确说明何为"悔改表现"，部分司法人员简单粗暴地套用法条，将"认真遵守监规，接受教育改造"作为"确有悔改表现"的解释，即只要"认真遵守监规，接受教育改造"就可被认定"确有悔改表现"。① 但是如果采取该种认定模式，那么在"悔改表现"的认定过程中，也会出现仅以客观表现为标准而忽略主观思想改造表现的评价，从而产生只重客观表现而忽视主观思想的倾向，这并不符合《意见》所要求的"要坚持主客观改造表现并重"。

从字面意思上看，"悔"是思想上的认识，是对过去行为的反思。"改"是行为上的表现，是现在的行动表现。② 即"悔"是思想认识指标，"改"是行为表现指标。③ 而在减刑、假释中注重对悔改行为的评价，彰显了刑罚的最终目的是重新塑造罪犯的内心世界和正确的人生观与价值观。④ 2016 年公布的《最高人民法院关于办理减刑、假释案件具体应用法律的规定》（以下简称《规定》），其中第 3 条对"确有悔改表现"进行了明确界定，必须同时满足以下四种情况才能认定"确有悔改表现"："（一）认罪悔罪；（二）遵守法律法规及监规，接受教育改造；（三）积极参加思想、文化、职业技术教育；（四）积极参加劳动，努力完成劳动任务。"⑤从《规定》所确定的"确有悔改表现"的条件看，《刑法》第 81 条所规定的"认真遵守监规，接受教育改造"，仅仅是"确有悔改表现"的一部分，还需同时满足其他条件才能认定"确有悔改表现"。《规定》所明确的四种情况，第一种属于主观思想悔改的表现，第二、三、四种属于客观行为悔过的表现，较为全面地涵括了在监禁刑期间罪犯悔改表现的主客观方面。从实践经验看，客观行为悔过

---

①　姚学强 ."确有悔改表现"在司法解释中存在的问题及其改进研究[J]. 犯罪与改造研究，2022(08)：36-42.

②　古乾 . 假释条件之"确有悔改表现"认定研究[D]. 重庆：西南大学，2022：5.

③　周红梅 . 刑罚执行论[M]. 沈阳：辽宁人民出版社，1993：267.

④　耿亮，张永强 . 论罪犯"确有悔改表现"的认定[J]. 西南石油大学学报（社会科学版），2016，18(01)：68-74.

⑤　《最高人民法院关于办理减刑、假释案件具体应用法律的规定》第 3 条："确有悔改表现"是指同时具备以下条件：(1)认罪悔罪；(2)遵守法律法规及监规，接受教育改造；(3)积极参加思想、文化、职业技术教育；(4)积极参加劳动，努力完成劳动任务。

表现的证明相对来说比较容易获得，如"遵守法律法规及监规，接受教育改造"，可以通过其在未管所内是否存在违纪违规情况来证明；"积极参加思想、文化、职业技术教育"可以通过未成年犯在监禁刑期间参与各种教育矫正活动的考勤报告予以佐证；"积极参加劳动，努力完成劳动任务"则可以通过计分考核的具体分数，以及获得奖励、表扬的次数予以证明。

而对于主观思想悔过表现的"认罪悔罪"的证明则具有一定的难度，根据《意见》第5条的相关规定，罪犯的认罪悔罪书、自我鉴定等文书材料，经过审查确定为罪犯本人所写，可以认定为悔过表现的证明材料，也即罪犯自书的认罪悔罪书、自我鉴定书等材料可以作为其"认罪悔罪"的证明。这种方式在一定程度上，可以将罪犯的内心想法通过文字表现出来，从而作为书证以证明其"认罪悔罪"的真实想法。但是以认罪悔罪书、自我鉴定书等自书式文件证明未成年犯的认罪悔罪态度，也存在两个较为明显的弊端：其一是对该类证明的审查只能证明其是否为本人书写的真实性，却难以证明其内容是未成年犯的真实意思表达，未成年犯可能会为了争取减刑、假释而刻意自书认罪悔罪书或者捏造自我鉴定等材料，因此仅通过书面审查难以鉴定其真实性；其二是未成年犯相对文化水平较低、受教育水平有限，对于部分未成年犯而言可能难以独立完成自书式文件的书写，或者仅能表达部分的真实想法，如果仅以自书式文件作为"认罪悔罪"的鉴定，实质上不利于文化程度较低的未成年犯获得假释机会。

基于此，本书认为用人身危险性评估来证明未成年犯主观悔过表现——"认罪悔罪"更为科学合理。当前未成年犯监禁刑阶段的人身危险性评估所采用的评估因子大致分为两类，一类是静态评估因子，即在矫正期间并不会发生变化的，如犯罪经历、早期社会化问题、同伴交往等；另一类是动态评估因子，即通过监禁刑期间相关教育矫治活动会发生改变的，如认罪态度及狱内表现、犯罪态度、狱内暴力行为等。显然，监禁刑的本质便是通过教育改造从而改变相关动态评估因子，从而降低未成年犯的人身危险性，使其能回归社会后不会对社会再次造成危害。无论是再犯风险评估还是狱内危险性评估，"认罪悔罪"都是其中非常重要的动态评估因子。在前述表5-2"未成年犯再犯风险评估量表"中，有4题专门用以评估未成年犯服刑期间的犯罪态度，有2题评估未成年犯服刑期间的反社会表现和犯罪态度，有3题评估未成年犯的反社会性、冲动性、偏执性等人格特点；

在表5-3"狱内危险性评估民警访谈量表"中，共有11题用以评估未成年犯的认罪态度及狱内表现，约占该量表题量的1/4。

由此可见，在当前未成年犯监禁刑人身危险性评估的基本模式下，若一名未成年犯在主观上"认罪悔罪"，客观上也有积极参与改造的表现，那么其人身危险性评估一定会呈现动态下降的变化。① 在此基础上，再与未成年犯相关自书式材料进行综合审查评估，二者相互印证的前提下方可认为该未成年犯确符合"认罪悔罪"的条件。最终结合客观悔过表现的相关证明材料，保证主客观相统一，才能认定其"确有悔改表现"。

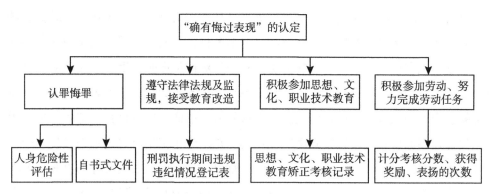

图5-1　"确有悔过表现"的认定条件及其所需证明材料

（3）作为对居住社区影响调查评估报告的组成部分

社区矫正适用前调查评估报告是我国在社区矫正制度建构进程中的一项重要举措，其本质是论证被告人或罪犯是否适用社区矫正的证明材料，充分体现了量刑和刑罚执行方式适用上的公平正义。② 早在《刑法修正案（八）》和《社区矫正实施办法》颁布前，各地已经开始有关调查评估的实践，但相关标准和工作方式并不统一，存在较大的差异。2012年《社区矫正实施办法》正式明确社区矫正适用前调查评估报告为社区矫正执行中的重要环节，同时也首次对社区矫正适用前调

---

① 需补充说明的是，由于静态评估因子相关系数和未成年犯具体实施犯罪情况不同，即使其具有主客观相统一的悔过表现，可能也尚未降到"低度危险"的程度，但是其主客观相统一的悔过表现一定能让其人身危险性评估数值下降。

② 吴一澜.社区矫正适用前调查评估模式研究［D］.上海：华东政法大学，2022：68.

查评估的主体及具体内容进行明确说明，县级司法行政机关是该调查评估的具体执行主体，公安机关、检察机关、法院、监狱是该调查评估的委托主体。该项调查评估的主要内容包括被告人或者罪犯的居所情况、家庭和社会关系、一贯表现、犯罪行为的后果和影响、居住地村（居）民委员会和被害人意见、拟禁止的事项。① 2020年《中华人民共和国社区矫正法》（以下简称《社区矫正法》）正式出台，在法律层面对社区矫正工作进行了全局性的规范，其中也涉及对社区矫正适用前调查评估的相关规范，《社区矫正法》将原有《社区矫正实施办法》中规定的社区矫正适用前调查评估的执行主体，进一步明确为"社区矫正机构或者其他有关社会组织"，同时调查评估的内容也调整为"社会危险性和对所居住社区的影响"②。根据吴宗宪教授的观点，"社会危险性"具体是指再次实施违法犯罪行为的可能性，主要可以指其是否可能实施新的犯罪，是否有危害国家安全、公共安全和社会秩序的风险，以及是否可能自杀或者逃跑。而"对所居住地的影响"是指被告人罪犯适用社区矫正是否对其所居住的社区的安全、秩序和稳定带来重大、现实的不良影响。③

当前，社区矫正适用前调查评估针对两类四种人群，一类是未决犯，包括判处或可能判处缓刑、管制的被告人；另一类是已决犯，包括已经在监狱服刑但可能调整为假释或监外执行的罪犯。本章主要关注已决未成年犯在社区矫正适用前的调查评估。此类调查评估的底层逻辑，是确定未成年犯由监禁刑转为非监禁刑的必要性与可行性，即确定前期监禁刑对于罪犯改造是否确有成效，其脱离监禁刑后的人身危险性是否仍具有转化为现实社会危害性的较大可能？而这些包括"对所居住地的影响"，在很大程度上取决于未成年犯的人身危险性。

---

① 《社区矫正实施办法》第4条：人民法院、人民检察院、公安机关、监狱对拟适用社区矫正的被告人、罪犯，需要调查其对所居住社区影响的，可以委托县级司法行政机关进行调查评估。受委托的司法行政机关应当根据委托机关的要求，对被告人或者罪犯的居所情况、家庭和社会关系、一贯表现、犯罪行为的后果和影响、居住地村（居）民委员会和被害人意见、拟禁止的事项等进行调查了解，形成评估意见，及时提交委托机关。

② 《中华人民共和国社区矫正法》第18条：社区矫正决定机关根据需要，可以委托社区矫正机构或者有关社会组织对被告人或者罪犯的社会危险性和对所居住社区的影响，进行调查评估，提出意见，供决定社区矫正时参考。居民委员会、村民委员会等组织应当提供必要的协助

③ 吴宗宪. 社区矫正导论[M]. 北京：中国人民大学出版社，2020：115.

因此，社区矫正适用前的调查评估的重要内容就是明确被评估人的人身危险性，关注其未来重返社区生活的可能性，视角从关注其犯罪人属性向关注其社会人属性转变。考虑其适用假释可能对社区造成影响的同时，关注其重返社区后社区环境对其人身危险性所产生的反向影响。

如上所述，评估主体必然会将社区实际环境与未成年犯的具体情况相结合，从而预测其社区矫正期间的社会危险性，那是否意味着监禁刑期间的人身危险性评估结果，对于社区矫正适用前的调查评估没有意义呢？答案显然是否定的。未成年犯在监禁刑期间的人身危险性评估报告，也是分析其社会危险性的重要材料。依照现有未成年犯管教所的人身危险性评估制度，会对所内每一名未成年犯都进行入监、中期、即时、出监四个阶段的人身危险性评估，也就意味着每一名未成年犯在监禁服刑期间都会形成一份相对完整的人身危险性评估档案。根据其监禁刑期间的人身危险性评估档案，可以大致分析出其具体的人身危险性变化情况，从而评估其参与改造工作的具体质效。

不仅如此，周期性的人身危险性评估档案可以有效地反映未成年犯的人身危险性与动态评估因子变化的关系，进一步指导后续社会危险性调查的开展。例如，若该未成年犯当前人身危险性处于低度危险，但在监禁刑期间其人身危险性出现过较为明显的波动，调查评估人员则应重点关注其前后两次评估报告的区别，筛选可能是影响其人身危险性产生波动的动态评估因子，并将其作为后续调查评估的重点，以确定在实行矫正的社区之中是否会存在相同的因素，从而使其人身危险性显著升高。通过对未成年犯监禁刑期间的人身危险性评估档案的分析，可以增强社区矫正适用前的调查评估的针对性和有效性。

2. 运用人身危险性评估建立主客观相统一的未成年犯假释审查机制

原有的假释审查机制一直存在着"重客观，轻主观"的倾向，导致并未真正落实"主客观改造表现并重"的要求，有违刑事司法精神。而将人身危险性评估作为一种程序引入未成年犯的假释审查，就能有效弥补现有审查机制在主观方面审查的不足。人身危险性评估有助于区分未成年犯在监禁刑期间积极改造的客观表现属于"内驱型"还是"外驱型"，从而判断其是否达到改造预期。以人身危险性评估来完善未成年犯假释主客观相统一的审查标准，贯彻了对罪错未成年人"教育、感化、挽救"的方针，彰显了社会对于整个未成年刑事司法体制的期待，即希望通过未成年刑事司法的一系列改造措施，将罪错未成年人重新塑造成健全的社会人，在主观上尊重法律、敬畏法律，客观上遵守法律、维护法律。显然，单从客观方面判断未成年犯的改造情况，难以满足未成年刑事司法对于健全社会人的期待。以人身危险性评估辅助未成年犯假释审查主客观相统一的标准建立，既是对未成年犯本人负责，也是对社区安全负责。于未成年犯而言，若其并没有发自内心地认识到自己的错误，真诚认罪悔罪，对监禁刑工作抱有抵触心态，那么在脱离未成年犯管教所强力管教后，其就很有可能再次误入歧途，使前期的教育改造工作前功尽弃；于社区而言，若获得假释的未成年犯内心无对法律的敬畏，没有积极向善的态度，其将会是影响社区治安的潜在危险。针对改造表现主客观不统一的未成年犯，不能轻易适用假释，应及时在未成年犯管教所内对其错误认识进行及时干预，始终贯彻主客观相统一的改造评价标准。

当然，强化人身危险性评估在未成年犯假释审查中的运用，还应注意以下两点：

(1)法官职责应回归审查评估结果

我国《刑法》虽对假释的具体条件作出明确规定，但在实务工作中对这些条件审查判断的情况却不尽如人意。有些假释实质条件缺少切实的证据加以佐证，因此不少法官选择要么以其他材料所反映的情况进行逻辑关系的推断，要么采取自由心证的主观判断，其中以"没有再犯危险性"和"确有悔改表现"的审查最为明显。而人身危险性评估能将原本抽象的"再犯危险性"和"悔改表现"通过评估结果具体量化，通过评估分数直观反映未成年犯的"再犯危险性"和"悔改表现"。在此模式下，未成年犯的"再犯危险性"和"悔改表现"的认定是依据未成年犯本身及其所处环境、过往经历等多方面因素，通过科学可靠的系统所进行的综合判断。法官在进行假释审查时，其职责回归为审查人身危险性评估结果是否满足法律规定的假释标准。这个过程大幅降低了法官主观价值判断的比重，保证了假释审查的客观性、真实性。

(2)建立人身危险性评估和假释审查容错机制

实践中未成年犯的假释适用一直处于较低水平，其中很重要的一个原因就是在"终身追责"的压力之下，法官对于假释的适用慎之又慎，导致部分应当假释、可以假释的未成年犯并未享受到应有的待遇。法官对此最大的担忧是，如果对某未成年犯适用假释，意味着法官认为该未成年犯在考察期内没有再犯罪的风险，若其在社区矫正期间再犯，对社会造成的影响可能是非常恶劣的。但这种担忧没认识到人身危险性评估的本质，是对个体未来潜在危险行为现实化的预测，陈兴良教授曾明确指出："由于预测是基于过去和现在的已知，而过去和现在毕竟还不是未来，因此预测未来难免会出现某些误差。"①因此，在人身危险性评估辅助假释审查的模式之下，如发生假释考验期内再犯的情况，保证程序合法合规，主客观评估结果正常且相互印证的情况下，不应对法官进行追责。未成年犯管教所并非只是一个单纯的监禁刑执行场所，其肩负的是改造、挽救未成年犯的职责，不能简单粗暴地一关了事，刑期一到再一放了事。健全人身危险性评估辅助假释审查模式后，未成年犯管教所和法院应积极提高未成年犯假释适用率，科学合理地适用未成年犯刑罚执行方式。

第二节　监禁刑阶段未成年人人身危险性评估存在的问题

在监禁刑阶段开展未成年犯人身危险性评估，无论是对于未成年犯的个性化矫治，还是对未成年犯管教所狱政管理效率的提升，都有着十分重要的意义。但是作为一项新制度，监禁刑阶段未成年犯人身危险性评估制度与未成年犯管教所的体系存在一个磨合适配的过程。调研中，项目组成员也发现了未成年犯的人身危险性评估在实务工作中开展所遇到的难点和困境，主要涉及评估主体、评估量表的内容以及评估因子的设置。只有积极发现问题、正视问题并解决问题，最终才能促进制度的良性发展。故本节将对未成年犯人身危险性评估实务工作中的问题进行详细讨论。

一、评估主体兼职模式降低评估结果的有效性

在当前监狱管理体制下，未成年犯人身危险性评估都是由未成年犯管教所自身负责并主导进行，但是由于此类评估在未管所系统开展时间较短，评估系统和制度的构建并不完善。如承担未成年犯人身危险性评估的主体均为所内民警，且

---

① 陈兴良．刑法哲学［M］．北京：中国政法大学出版社，2004：129.

均为兼职，该所尚未设立专司人身危险性评估的部门或机构，所内评估工作均由负责行政工作的年轻民警承担。且笔者发现，当前未管所内开展的两类评估——狱内危险性评估和再犯危险性评估，都涉及他评部分，都需要评估主体对未成年犯进行访谈。他评部分对于整体未成年犯人身危险性评估非常关键，其要求评估主体能最大限度地了解被评估客体的真实情况，同时尽可能排除主观因素，客观真实地将访谈所获取的信息以量表的形式反映出来，可见该项工作十分考验评估主体的专业素养。即立足于未成年犯管教所内人身危险性评估工作的实际需要，评估主体应当具备三种能力：一是亲和力——是否能拉近与被评估客体的关系获取其信任以便顺利开展评估。二是洞察力——是否能从与被评估客体的访谈中获取人身危险性评估的有关信息。三是判断力——是否能去伪存真，有效判断被评估客体在访谈过程中所提及信息的真实性。

从当前实务工作的经验来看，由未成年犯管教所主导监禁刑阶段的人身危险性评估，选任兼职民警担任评估主体的模式存在一些弊端，主要包括专业知识的缺乏、收集信息渠道的限制以及评估人员流动性的负面影响。

1. 兼职评估民警缺少相关专业知识

兼职模式下，评估民警的专业背景参差不齐。虽然在 H 省未成年犯管教所的实践工作中会尽可能地选任具有教育学、心理学等学科背景的民警，但囿于基层警力不足及人员招聘的专业限制，难以保证担任测评主体的每一位民警都能理解评估的原理，保证评估工作开展的有效性。此外，兼职民警开展相关培训难度大，且力度不足。兼职民警除承担评估工作外还负责自身的业务工作，其工作强度相对较大。因此未成年犯管教所很难组织所有兼职民警接受系统的评估培训，只能以碎片化、短期的培训来提高兼职民警的专业评估能力，但其效果与预期相去甚远。而兼职民警也对相关技能学习和培训重视不足，一方面是兼职民警没有正确认识未成年犯人身危险性评估的重要性，"兼职模式"也为民警制造了一种该评估不重要的错觉；另一方面是兼职模式增添了民警的工作负担，加之是自己本不熟悉的工作，还要挤占休息时间进行技能培训，在高强度的工作压力下，民警难免会产生职业倦怠，无法以积极热情的心态投入相关学习当中。因此，兼职民警的后续专业评估技能培训，也难以实现有效提升兼职民警专业评估能力的预期。

评估民警专业能力的欠缺，增大了评估主体自身主观性对评估结果的影响。标准化的他评量表，要求评估主体尽可能摒除自身对于被评估客体以及其经历的主观感情，客观中立地通过量表反映未成年犯的相关情况。但人想要时刻保持客观理性并非易事，排除主观情感的干扰就要求评估主体有较强的专业素养，既不能对被评估客体既往悲惨遭遇过度怜悯，也不可因其过往的不良行为而心生厌恶。

2. 兼职评估民警外部动态评估信息收集困难

从评估内容来看，未成年犯人身危险性评估既涉及其在未成年犯管教所的具体表现以及既往经历，也包括家庭环境和所在社区支持和接纳情况的考量，评估主体需要全面了解与未成年犯有关的各种情况。开展未成年犯的人身危险性评估既要收集其在改造阶段的情况，也要了解外部环境可能对其产生的影响。并且家庭、社区的情况属于动态评估因素，是会随着时间发生变化的，因此要高质量完成对未成年犯的人身危险性评估，评估主体必须切实走访调查相关情况，充分保证评估的准确性。但对于兼职的评估民警而言，要切实了解每一个评估客体的家庭实际情况以及所在社区情况，就必须实地调查，而所内未成年犯来自全省不同的地方，逐个走访了解显然需要耗费大量的时间和精力。评估民警本身就有繁重的本职工作，要想落实走访调查几乎是不可能的。

因此，评估民警通常会选择从未成年犯本身入手，从未成年犯的描述中去了解其家庭和社区的情况，但是这样获得的信息难免存在一定的偏差。一方面是未成年犯的描述本身就具有一定的主观性，反映的情况不一定客观真实，另一方面这些评估因子都是动态因子，未成年犯在未成年犯管教所内难以掌握其家庭和社区情况的变动，所提供的情况难以及时更新，导致评估的结果缺乏客观真实性。

3. 兼职评估民警流动性强，评估工作难以有效衔接

兼职民警的主职岗位并非人身危险性评估，这也导致兼职评估民警经常会因主职岗位调动而不得不中止担任兼职评估民警，使评估民警不具有稳定性。如前所述，未成年犯管教所内的两项评估都包括自评和他评，而他评部分虽然要求评估主体客观真实地记录未成年犯的有关情况，但是在题目设置上，部分问题并没有以一种完全量化的形式呈现，需要评估主体就实际情况进行二次判断才能完成

量表。因此，评估主体对于量表问题的判断标准不同，也会影响评估结果。

未成年犯的人身危险性评估是动态评估，其重点在于关注改造前后未成年犯人身危险性的变化趋势，从而判断矫正的有效性。当评估主体主观认识对评估的干扰无法被排除时，就应保证同一未成年犯的不同阶段的评估主体尽可能一致，只有这样才能保持评估主体对于同一问题的判断标准是一致的，从而能从数次评估中准确发现其人身危险性的变化趋势。

二、评估量表部分内容针对性不足

当前 H 省未成年犯管教所采用的评估量表源于"上海模式"中成年男犯的评估量表，仅对其中部分问题进行了简单修改后就在未成年犯中适用，而该系列量表缺少对未成年犯特殊性的实际考量。尽管套用成年男犯的评估量表在一定程度也能实现对未成年犯人身危险性的评估、预判，但其准确度可能大打折扣，尤其是后续人身危险性评估结果还将服务于未成年犯在监禁刑期间的教育矫正工作，通过评估结果制定更有针对性的教育矫正措施，这也就对评估量表的针对性和准确性提出了更高的要求。且在"上海模式"中并非只有一套评估模板，其既有针对成年男犯的评估量表，也有针对成年女犯的评估量表，且两者之间的差异较大。在再犯危险性评估量表中，成年男犯共计 71 题，而成年女犯则有 106 题，且涉及的维度和各维度的题目都有较大的差异。由此可见，不同类别的罪犯其评估的内容是有区别的，同时其各部分的权重赋值也有所不同，难以通过一套系统评估所有罪犯的人身危险性。

现有未成年犯人身危险性评估内容针对性不足，主要体现在两方面：

其一，评估要素设计缺乏针对性。现有量表制定时的评估因素的选取以及各因素的权重设置，都是基于对大量成年男犯的深入研究。从犯罪学角度来看，未成年犯和成年男犯在犯罪成因、犯罪特点以及犯罪矫治等方面都存在不同，因此在成年男犯人身危险性评估中表现出较强针对性的评估内容，难以在未成年犯的评估中发挥良好效果。以学校教育为例，由于成年犯和未成年犯的年龄差异，相对来说，学校教育对成年男犯在犯罪方面的影响是有限的，学校教育的系列因素对成年男犯造成的影响，会被后续社会生活、家庭生活中的其他因素冲淡。但是对未成年犯而言，他们正处在受学校教育影响最浓厚的阶段，抑或是刚刚脱离学校教育的阶段，因此对于未成年犯而言，无论是评估其人身危险性还是制定教育矫治方案，都无法轻视学校教育的重要作用。所以，对未成年犯适用成年男犯的评估量表，其在学校教育方面相关因素的评估权重将会占比不足，从而影响评估的准确性。

其二，评估题目缺乏量化针对性。人身危险性评估的本意是希望将抽象的人身危险以具体的方式呈现。也就是说评估的关键在于量化，因此评估题目的设置应当便于量化，题目设置边界越清晰明确，量化结果也就越准确。但是从当前量表的问题设置来看，部分问题却存在操作化定义不明或缺乏量化指标的问题，也就是说这一类问题需要评估主体进行二次判断才能得到结果，所以在实务工作中同一未成年犯的情况，不同的主体对同一问题的判断可能存在不一致。例如，在再犯风险评估量表中有"父母教养方式是否不良""父母监护是否无效果"这类问题就是典型的操作化定义不明，何为教养方式不良？何为监护无效果？这就需要评估主体根据未成年犯的实际情况进行分析和二次判断，显然会加大主观因素对评估结果的影响，进而有损评估结果的确定性。

三、人身危险性评估的静态评估因子权重过高

现有未成年犯人身危险性评估因子分为两类：一类是会随着时间发生改变的动态评估因子，主要是未成年犯主观态度及狱内表现；另一类则是已经发生过的稳定不变的静态评估因子，主要是未成年犯的既往经历。对于未成年犯人身危险性评估而言，动静态评估因子同等重要，静态评估因子溯源于既往经历，对于未成年犯人身危险性影响有积极意义；动态评估因子则是关注当下的事物对未成年犯造成的现有影响或未来潜在影响，只有二者紧密结合，才能最客观真实地呈现未成年犯的人身危险性。

但调研中本书发现未成年犯的人身危险性评估，大多数问题都是静态评估因子，对动态评估因子关注过少，且静态评估因子的权重会略高于动态评估因子。这也就导致一个现象：如果一名未成年犯在被执行监禁刑前存在较多越轨行为、成瘾问题或者犯罪性质恶劣，那么就必然会造成该未成年犯的人身危险评估结果偏高，加之评估体系对于静态评估因素的偏重，因此被有效计算的静态评估因子越多，整体评估的基础得分越高，而动态评估因子对最终结果的影响被相对削弱

了，即便该名未成年犯积极改造、认真悔改，也会因过去的不良行为而被评估为较高危险性。

既往的违法犯罪史的确是衡量未成年犯人身危险性的重要指标，但在问题比例和权重设置上应当更加科学。如果因为既往违法犯罪史的影响而给未成年犯永久打上"高危"的标签，显然并不符合未成年人刑事司法的原则。从实务工作经验来看，经教育改造后回归社会再犯的未成年人，其初犯的罪名往往是社会危害性较小的侵财类犯罪。

未成年人刑事司法过程中有多个环节涉及人身危险性评估，但是每一环节评估的目的应当有所侧重，监禁刑期间未成年犯管教所开展的人身危险性评估，显然与检察机关、法院所进行的评估在目的上存在差异。此阶段的人身危险性评估主要是为了检验教育改造的具体成效，以及判断未成年犯是否达到刑满释放或者刑罚变更执行的要求，评估更应关注动态变化而非静态历史。因此，在监禁刑期间开展的未成年犯人身危险性评估，不应过多关注未成年犯既往做了什么，犯了哪些错误，而应当更多地着眼于当下与未来，即关注经过教育矫正的未成年犯的人身危险性发生了何种改变，以及经过现有改造的未成年犯是否能达到重返社会的标准，是否不致再危害社会。

第三节　监禁刑阶段未成年人人身危险性评估机制的完善与展望

一方面，从实践应用层面看，当前监禁刑阶段实施的两类人身危险性评估——狱内危险性评估和再犯危险性评估应用场景相对单一，仅分别用于日常的监区管理和未成年犯释放前的出监危险性评估。相对限缩的应用场景不仅让监禁刑阶段的人身危险性评估无法流畅衔接，同时也会使其陷入浮于表面的尴尬境地，难以在教育矫正工作中发挥真正效用。结合当前未成年犯监禁刑工作现状，人身危险性评估应逐步向分级处遇、减刑、假释及刑罚执行个别化等相关领域有序扩展。

另一方面，国际上人身危险性评估工具已经发展到第五代。第一代工具主要依靠临床观察以及非结构化和半结构化量表完成；第二代评估工具则是基于实证研究选取已经被证明会影响再犯的因素作为评估指标；第三代评估工具在第二代的基础上，将影响人身危险性的动态因素和静态因素相结合，能反映出人身危险性的变化趋势；第四代评估工具将评估与矫正相结合，风险评估的目标主要是为社区矫正提供决策依据，其中以 COMPAS（Brennan & Oliver，2000）和 LS/CMI（Andrews，Bonta & Wormith 2004）为代表；第五代评估工具则是立足于认知神经科学借助脑电等生理仪器以期探索犯罪人的神经递质、人格等个体差异。① 我国大部分地区的评估工具处于第二代、第三代，少数地区能利用第四代工具开展评估，极个别地区开始试点以认知神经科学为手段的第五代评估工具。② 因此，为提高未成年犯人身危险性评估的质效，未来可从优化未成年犯人身危险性评估工具着手，努力提升评估的针对性、实时性和智能性。

一、优化人身危险性评估在分级处遇中的应用

1. 改变未成年犯分级处遇过于依赖计分表现的现状

分级处遇是指依据罪犯的矫正表现、服刑时间和剩余刑期的长短、综合考虑罪犯的犯罪性质和恶习程度，将罪犯分为不同的级别，并按级别实行宽严有别的处置和待遇的制度。分级处遇制度的基础在于《中华人民共和国监狱法》所确定的分押分管制度，即根据不同犯罪类型、刑罚种类、刑期、改造表现等情况，实行分别关押，采取不同方式管理。③ 为了方便监狱管理和贯彻"宽严相济"的刑事政策，在分押分管的前提下，进一步提出了分级处遇制度，强调要根据罪犯的改造表现，具体确定宽严有别的分级处遇，而不同的级别决定了罪犯在活动范围、会见通信、狱内消费、关押条件等方面的不同待遇。④ 罪犯的处遇并非固定的，其

---

① 何川，马皑. 罪犯危险性评估研究综述[J]. 河北北方学院学报（社会科学版），2014，30（02）：67-72，85.

② 四川法治报. 四川监狱召开教育改造工作暨罪犯综合评估"慧心"系统试点推广应用部署会［EB/OL］（2024-03-24）［2024-03-31］. https://www.scfzbs.com/yw/202403/82489657.html.

③ 《中华人民共和国监狱法》第 39 条：监狱对成年男犯、女犯和未成年犯实行分开关押和管理，对未成年犯和女犯的改造，应当照顾其生理、心理特点。监狱根据罪犯的犯罪类型、刑罚种类、刑期、改造表现等情况，对罪犯实行分别关押，采取不同方式管理。

④ 罪犯分级处遇的条件和待遇［EB/OL］.（2019-12-11）［2024-03-06］. https://jyj.beijing.gov.cn/ywgknew/201912/t20191211_1070530.html.

在狱中的改造表现是确定其处遇的关键，改造表现良好可以享有更加宽泛的改造待遇，反之则面临更为严苛的改造待遇。① 分级处遇的根本目的是应用级差效应强化管理的约束、矫治、教育、养成、惩戒和激励功能，调动罪犯的改造极性。②

近年来分级处遇制度在未成年人司法中更是一个热点，自 2019 年最高人民检察院提出要在五年内建立罪错未成年人分级处遇机制以来，学界和实务界都对如何落实罪错未成年人的分级处遇制度展开了广泛的讨论。③ 分级处遇制度正逐步成为未成年违法犯罪治理的主要方式，其背后也反映出针对涉罪未成年实行"教育、感化、挽救"的方针。因此，未成年犯管教所无论是从特殊监狱机关的立场，还是从未成年司法执行机关的立场，都应将分级处遇制度一以贯之，使其有效促进未成年犯的积极改造。

当前分级处遇制度在实务工作中的具体落实主要依靠计分考核制度推进。计分考核制度是指监狱机关根据《监狱法》《服刑人员行为规范》及其他有关法律法规的规定，遵照一定的标准和程序，对罪犯在一定时期内的改造表现进行综合考查和评定，然后根据考评的结果给予罪犯奖励或惩处的一项基本的刑罚执行制度。④ 该制度能科学有效地对罪犯的日常表现进行管理和记录，规范监狱民警的执法工作，有效量化罪犯在狱内的改造表现；是评价罪犯日常表现的重要工作，是监狱衡量罪犯改造质量的基本尺度，是调动罪犯改造积极性的基本手段。⑤ 自1990 年司法部出台《计分考核奖罚服刑人员的规定》(司发〔1990〕158 号)确立计分考核制度以来，该制度在我国监狱系统中广泛应用，不断融入中国特色社会主义法律体系，成为其中的重要制度。

不可否认，在三十余年的司法实践中，计分考核制度在刑罚执行工作中卓有

---

① 拓东.Y 监狱罪犯分级处遇管理研究[D]. 西安：西安电子科技大学，2022：37-38.

② 《广东省监狱管理局罪犯分级管理实施办法》第 2 条：实施分级管理，是对罪犯划分不同等级并予以相应的管束和处遇，应用级差效应强化管理的约束、矫治、教育、养成、惩戒和激励功能，调动罪犯的改造极性。

③ 截至 2024 年 3 月 6 日，在"中国知网"以"罪错未成年""分级"为关键词进行检索，共有 104 篇期刊论文、67 篇硕博论文、3 篇会议报告以及 10 篇报纸报道。

④ 王红斌，钱志强. 监狱服刑人员计分考核制度研究[J]. 犯罪与改造研究，2016(09)：71-75.

⑤ 参见《监狱计分考核罪犯工作规定》(司规〔2021〕3 号)第 2 条，https：//www.gov.cn/gongbao/content/2021/content_5662011.htm。

成效。但一些问题也随着计分考核制度的发展而产生，计分考核制度的广泛适用和其显著成效让不少司法机关对其过于依赖，过多关注计分考核所量化的客观表现，而忽视了罪犯主观方面的影响因素。以分级处遇为例，分级处遇的依据主要是罪犯的矫正表现，计分考核所量化的狱内表现仅仅能反映罪犯矫正表现的客观方面，在实务工作中不少民警片面地将客观表现与矫正表现画等号，仅凭单纯的正向客观表现就认为罪犯矫正表现良好。罪犯矫正表现的评定应当是主客观相统一的价值判断。然而在计分考核制度的激励下，罪犯可能会为了更好地改造条件，基于外部驱动而选择积极改造，并没有认识到自身犯罪行为所带来的社会危害，没有真正认罪悔罪。在这种心理作用下，即使罪犯积极参与改造，但最终改造效果可能收效甚微。因此，要建立主客观相统一的未成年犯矫正表现评定机制，关键在于如何将未成年犯对教育改造工作的主观态度具象化。未来监禁刑阶段的未成年犯分级处遇制度要逐步建立以计分考核制度为基础，人身危险性评估为参考的科学可量化的操作模式。

2. 建立"计分考核+人身危险性评估"的分级处遇流程

在未成年犯首次入监时，未成年犯管教所应对其个人情况进行全面评估，严格按照相关要求对其进行入监危险性评估，仔细审核前期公安机关、检察机关移送的社会调查报告，对其狱内危险性和再犯危险性进行评估，建立其危险性评估档案；同时结合该未成年犯所涉及的罪名和判处刑期等客观因素，初步评定其分级处遇等级。

在刑罚执行阶段，依旧以计分考核作为未成年犯分级处遇调整的基础，当前计分考核制度经过数次调整，能很好地适应我国当前的刑事司法实务工作，因此可以沿用现有的计分考核制度，自罪犯入监之日起实施，日常计分满600分为一个考核周期，等级评定在一个考核周期结束次月进行。[①] 一个考核周期结束后，按照未成年犯计分情况，将其划分为积极、合格与不合格三个等级，对不同等级给予表扬或物质奖励。此外，未成年犯管教所还可依据计分考核结果，依照相关规定调整未成年犯在活动范围、会见通信、生活待遇、文体活动方面的

---

① 参见《监狱计分考核罪犯工作规定》（司规〔2021〕3号）第4条，https：//www. gov. cn/gongbao/content/2021/content_5662011. htm。

不同处遇。①

依据计分考核结果调整分级处遇会分为两种情况：一种是计分考核周期内表现较好，计分考核等级评定为积极的，可在现有分级处遇等级基础上，从宽调整其处遇，使其享有更加宽泛的改造待遇；另一种则是计分考核周期内表现不佳，得分较低，计分考核等级评定为不合格的，从严调整其处遇，限制其改造待遇。无论是哪种程序，未成年犯分级处遇的调整都离不开人身危险性评估，但是在两种程序中人身危险性评估所发挥的作用却截然不同。

在从宽调整的程序中，人身危险性评估发挥的是"否决"作用。监区计分考核小组结合未成年犯当前处遇和其本考核周期内的评定等级，认为有未成年犯满足分级处遇从宽调整的要求，应当主动上报狱政管理部门，并向其移送其本考核周期内计分考核档案；狱政管理部门初步判断未成年犯若具备分级处遇调整的基本条件，则应调取该未成年犯的人身危险性评估档案，重点考察本次计分考核周期内未成年犯的人身危险性评估结果，判断其是否与计分考核所反映的客观表现相符合，若人身危险性评估为低度危险，且周期内不存在较大的人身危险性评级波动，则可以认定该未成年犯主客观改造表现都较好，可以给予其从宽调整分级处遇等级。但若该名未成年犯的人身危险性评估结果为中度危险、高度危险和极高危险，则应否决对其分级处遇从宽调整的申请。若该名未成年犯日常改造表现良好，但却具有一定的人身危险性，说明该未成年犯属于外驱型的积极改造，没有对教育改造工作形成正确认识。若仅根据其客观表现从宽调整其处遇，而忽视其主观上对改造工作的错误认识，那么其极有可能在相对宽松的改造环境下进行自我伤害或伤害他人的危险行为，因此出于对狱内安全的考量，凡属主客观改造表现不统一的未成年犯都应禁止从宽调整其处遇。针对此类情况，除了否决对其分级处遇从宽调整的申请，还应对其进行重点关注，保持对其人身危险性的动态评估追踪，同时要找出其对改造工作主观认识偏差的成因，及时对其进行心理干预，尽快消除其错误认知，促使其从外驱型的积极改造向内驱型积极改造转型，达到主观上能正确认识改造，客观上能积极参与改造的目标。

---

① 参见《监狱计分考核罪犯工作规定》（司规〔2021〕3 号）第 40 条，https：//www. gov. cn/gongbao/content/2021/content_5662011. htm。

在从严调整的程序中，人身危险性评估发挥的是"救济"作用。从严调整分级处遇的前期程序基本与从宽调整一致，由计分考核小组综合评估计分考核为"不合格"的未成年犯，若认定需要调整其分级处遇，则应上报狱政管理部门，由狱政管理部门调取其本考核周期的人身危险性评估报告，确定其周期内人身危险性动态。若其人身危险性评估在周期内始终处于低度危险，说明其暂时不具有制造危险事件的主观意愿，在当前处遇条件下能保持相对安全的状态，则不应随意调整其分级处遇，重点应关注其计分考核评估不合格的客观原因，在下一考核周期及时干预可能影响其改造的客观因素。若其人身危险性评估始终处于中度危险、高度危险和极高危险状态，或在周期内多次反复上述状态，则应及时调整其分级处遇，收紧其改造待遇，加强重点监控，防止危险事件的发生。同时要及时调整其改造计划，针对其人身危险性评估和积分考核评估结果所反映的现实情况，采取有针对性的改造措施，及时进行心理矫治。若其人身危险性评估在周期内曾出现中度危险、高度危险和极高危险的评估结果，但经管教民警介入后危险性又重新回到低度风险水平，此时应关注其人身危险性评估结果波动与计分考核不合格二者之间的关系。如果该未成年犯在该周期计分考核不合格是由于周期内人身危险性变化所导致的，则认为经过干预措施消除了危险因素，其目前尚无制造危险事件的主观意愿，保留当前处遇不致危害狱政管理，不应从严调整其处遇。反之，若无法确认人身危险性的变化与计分考核不合格之间存在相关性，则认为尚可能存在其他危险因素，因此要及时从严调整其分级处遇。

3. 利用人身危险性评估提升分级处遇的科学性

人身危险性评估介入后，未成年犯分级处遇开始由原来单一的客观行为评价体系向更加科学全面的主客观相统一的二元评价体系转型。有效解决了未成年监禁刑过程中"口服心不服"的难题，对改造效果的评价更加全面，充分发挥分级处遇制度"调动改造积极性"的初衷。人身危险性评估的介入也能有效减少分级处遇调整所带来的危险事件。主客观相统一的评价体系能筛查出外驱型积极改造的未成年犯，从而通过保持其处遇和介入干预等措施，防止其在相对宽松的监管环境制造危险事件，提高了狱内的安全性和稳定性。

此外，人身危险性评估介入未成年犯分级处遇，实际也是"宽严相济"的刑事政策在未成年司法中的具体体现。针对改造期间现实表现良好，主观上有积极改

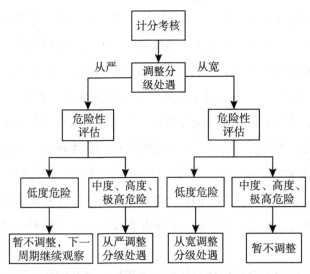

图 5-2 "计分考核+人身危险性评估"分级处遇调整流程图

造意愿且不具备人身危险性的，应当积极对其采取奖励措施，进一步鼓励其好好改造，充分彰显未成年司法中特有的人文关怀。针对不愿改造、抗拒改造的未成年犯也不能一味纵容，应及时调整改造措施，使其充分感受司法的威严，积极引导其自我反省，认识自身错误，从而能积极主动地参与改造。

二、强化未成年犯人身危险性评估内容的针对性

纵使在当前实务工作中已经针对未成年犯开展相关的人身危险性评估，但其更像是针对成年男性罪犯人身危险性评估研究的附随，二者的测试模式与量表几乎一致，仅有细微差别。不可否认这套基于成年男性罪犯的人身危险性评估模式，对未成年犯监禁刑执行期间的人身危险性评估也发挥了一定的积极作用，但这套评估模式缺少对未成年犯身心因素的特殊考量，难以达到开展未成年犯人身危险性评估的最佳效果。为此，有必要从以下两个方面改进评估内容：

1. 增强评估内容和指标的可操作性

开展未成年犯人身危险性评估最主要的目的，是希望将原本抽象的"人身危险性"这一概念通过评估以分数的方式进行量化，但是当前未成年犯人身危险性

评估却处于一种"半量化"的模式，尚未达到精准量化的程度。如前述现有评估模式中，评估量表部分问题的表述缺少明确的可操作化定义，导致此类问题在评估时还需经过评估主体自身的判断才能得出结论，也就导致可能针对同一评估客体的同一问题，不同评估主体会有不同的评估结果。例如"自罪感是否强烈""狱内人际关系是否较差""是否与父母关系差""父母监护是否无效果"等，这类问题评估的主要内容都采用了程度词来进行形容，但在具体执行时却很难把握其具体想要达到何种程度。再如，未成年犯人身危险性评估的他评量表均为二分量表，所有题目都只需选择"是"或"否"，但是同样的问题在成年男犯的他评量表中有相当一部分却是以"1""2""3""4"不同级别来进行评估。二分量表虽便于评估主体填写，但会造成评估结果过于粗糙，精细化程度不足，无法最准确地反映未成年犯人身危险性的具体情况。

因此，未成年犯人身危险性评估要素和指标，可从问题表述方式入手进一步优化，减少评估主体对于问题的"二次加工"。如针对"是否与父母关系差"这类问题，可修改为"是否常六个月不与父母联系"。此外，针对部分涉及程度的问题也应尽可能将其设置为分级选择，避免"一刀切"，如"是否不愿就业"这种问题，应将其修改为四级选择，从而有效区分"不想就业"的不同程度，对"非常抵触就业""有点不太想就业"等不同想法赋以不同分值，提高未成年犯人身危险性评估的区分度和准确性。

2. 人身危险性评估应凸显未成年人特点

当前未成年犯人身危险性评估是参照成年男犯犯罪特点的统计分析所确定的评估模型，缺少对未成年人心智发育以及未成年犯罪相关因素的综合考量。为增加当前评估模式中"未成年人要素"，可从以下两方面着手：

一方面，考虑未成年人的身心发育情况。心理上，未成年犯心智尚不健全，需要成年人给予其正确引导和教育，从当前未成年犯罪现状来看，未成年犯普遍缺乏自我评价和约束力，文化程度较低，法治观念严重缺乏，同时伴随家庭教育和学校教育的缺失以及社会环境的不良引导。[①] 因此，对于未成年犯而言，能

---

① 李豫黔. 未成年人犯罪现状原因及预防治理对策思考[J]. 预防青少年犯罪研究，2023(02)：23-28.

否获得有力的社会支持、家庭支持是影响其刑满释放后再犯风险的重要因素，甚至对其在监禁刑执行期间的狱内危险也会有较明显的影响。未成年人本身社会经验就有所不足，再经过一段时期脱离社会的监禁刑，其对于社会生活的脱离感更加明显，若此时家庭支持、社会支持再处于缺位状态，会使得其更加难以融入，进而增大其再次犯罪的概率。故针对未成年犯的人身危险性评估，应当在成年男犯的基础上合理加大外部支持要素在评估中的比重，综合考量家庭、学校、社区等是否能提供有力支持帮助未成年犯重新融入社会，从而避免其再次犯罪。

受年龄限制，成年人的部分经历是未成年人难以涉及的。例如，当前未成年犯评估模式中参照成年男犯的评估模式，将是否具有稳定的就业情况作为再犯评估的有关因素，但显然大部分未成年犯还未就业，即使有就业经历其持续时间也较短。于成年男性罪犯而言，既往的工作经历在一定程度上可以反映其谋生能力以及自食其力的意愿，进而判断其在刑满释放后能否有稳定的收入，从社会支持的角度判断其再犯风险。但就业经历的内容，对未成年犯的再犯风险评估，实际参考意义不大，多数未成年犯无就业经历，因此很难从既往就业经历中分析其刑满释放后稳定工作获得社会支持的可能性。

另一方面，要考虑未成年人犯罪的特点。当前我国未成年人犯罪呈现出低龄化趋势明显、暴力犯罪比例居高不下、涉及网络的犯罪活动逐渐增加的特点。[1]这些特点也正是治理未成年人犯罪的关键所在。从上述特点中不难发现，在未成年犯人身危险性评估中初犯年龄是一项较为重要的评估因素，低龄化犯罪往往有两种表现：其一，是其认知有限，缺乏法律意识，认为自己的行为不构成犯罪，如与未满14周岁的女童发生性关系，在其眼中双方发生性关系都是自愿的，不会构成强奸，但实际已经符合强奸罪的构成要件；其二，是认知不健全，认为自己是未成年人，其行为不会构成犯罪，而恶意实施犯罪行为。可见，低龄未成年犯的主观认知特点可以归结为一类是"无知"，另一类是"无畏"。但显然二者的

---

① 未成年人检察工作白皮书（2023）［EB/OL］.（2024-05-31）［2024-07-27］. https：//www. spp. gov. cn/xwfbh/wsfbh/202405/t20240531_655854. shtml.

主观恶性存在较大的差异，在针对低龄未成年犯的人身危险性评估中应当确定其犯罪原因，重点评估其在初次犯罪时的主观恶性。针对未成年犯罪中较为突出的团伙犯罪特点，重点评估其在团伙中具体发挥的作用——是盲从还是积极主动，从而确定其在初次犯罪中主观恶性的大小。此外，评估中应充分考虑未成年人犯罪类型的特点。调研结果显示，当前未成年犯罪以性犯罪最为突出，结合未成年人对性的好奇与渴望，也应当在评估中充分考虑两性关系和性教育，对未成年犯人身危险性评估的影响。

三、增强未成年犯人身危险性评估的实时性

现有未成年犯人身危险性评估采取周期性评估的模式，即定期开展所内未成年犯的人身危险性评估。在人工评估模式之下，周期性的评估能有效节省评估成本与时间。但是周期性评估同样存在评估间隔时间过长，导致无法准确掌握未成年犯人身危险性的确切动态变化，而任何一项评估要素发生改变都会导致其人身危险性评级产生波动。采用周期性的评估则可能出现：某未成年犯上一次的人身危险性评估都是正常低风险，但在进行下一次评估的间隙，其因受外部因素的影响，主观认识产生变化，其人身危险性也相应变化，但是此时尚未进行新一轮的评估，从而在管理民警的认识中，该未成年犯的人身危险性仍处于低风险水平，不需要采取特殊的管理措施，此时就可能出现具有较高人身危险性的未成年犯却处于一个相对宽松的管理环境中，这种情况下未成年犯就极易产生一系列过激行为，破坏狱政管理秩序。因此，在对未成年犯人身危险性评估进行智能优化时，应当充分考虑实现评估的实时性，保证能准确掌握未成年犯的人身危险性变化动态，从而采取必要的管理措施，防止出现狱内危险事件。

实时评估的前提是实现未成年犯动态实时监控，而动态实时监控的实现具有一定的难度。既然实时监控的目的是为评估服务，其监控的重点就应放在未成年犯危险性评估所需的动态因素上。而这部分动态因素大致可分为两类：狱内动态因素与狱外动态因素，两类动态因素实时监控的实现路径有所不同。狱内动态因素的实时监控主要依靠日常狱政管理的信息化、数据化实现。将日常狱政管理的内容进行数据化、结构化，上传至未成年犯大数据库，准确记录未成年犯矫正改造的全过程，客观呈现其在矫正中的具体表现。此外，可在狱政

管理中引入情绪识别系统，密切关注未成年犯在改造过程中的情绪情感变化。若长期处于消极情绪状态，应分析造成消极情绪的原因以及消极情绪与人身危险性变化之间的联系。

狱外动态因素的实时监控难度相对于获取狱内动态因素变化的难度更大，狱外涉及未成年犯人身危险性变化的因素主要涵盖：家庭支持、社会支持、社区支持、学校支持等方面。虽然狱外的动态因素更加繁多复杂，但是在未成年犯监禁刑期间能对其人身危险性造成影响的因素集中于家庭因素，同时未成年犯在服刑期间能接受家庭因素变化的渠道也相对单一，即探视期间与家人的接触交流能让其掌握家庭环境相关因素的变化。因此，未成年犯狱外动态因素实时监控的重点，应集中在其探视阶段。尽可能在探视后与未成年犯本人及其家属分别进行访谈，一方面可以了解未成年犯的家庭状况，更加全面地了解未成年犯的情况；另一方面可以引导家属在未成年犯改造期间给予足够的关心与理解，从家庭层面疏解未成年犯的抵触情绪。若从未成年犯家属处了解到其家庭因素有所变化，应第一时间反馈到评估系统当中，再由系统全面分析判断该因素的变化是否会影响其人身危险性评级。综上，未来应当从狱内和狱外动态因素实时监控两方面入手，落实未成年犯人身危险性评估的实时性。

四、提升未成年犯人身危险性评估的智能性

当前未成年犯人身危险性评估应积极提升评估的智能性，大力推动未成年犯人身危险性评估的智能化转型。

1. 构建大数据平台

根据人身危险性评估的基本逻辑，要实现未成年犯人身危险性评估的智能化转型，首要任务是构建能服务于智能评估平台数据采集的大数据平台。人工评估模式下，各种动静态评估因素都通过未成年犯的自评量表和民警访谈的他评量表获得。智能模式下，评估因素不再需要单次采集获取，而是通过对数据库内的改造数据进行采集，自动获取人身危险性评估所需要的各项因素。因此，大数据平台的建构是智能化人身危险性评估的基础。以江苏省研发的大数据罪犯狱内危险性评估工具 J3C 为例，其能成功运行的重要支撑是江苏省监狱管理局研发的监狱智能管理大平台即监狱大数据库，包含狱政管理、生活卫生、教育改造、刑罚执

行、狱内侦查、指挥调度、劳动生产等全面模块，为 J3C 工具提供了数据基础和技术支撑。①

在未成年犯大数据库的搭建过程中，应当注意：一是要将未成年犯的动态信息与静态信息进行区分处理，静态信息一次采集就能用作后续人身危险性评估，而动态信息的处理难度更大，需要时刻关注相关情况的动态，一旦有所变化就应当及时更新，保证数据的时效性；二是实现未成年犯信息数据结构化存储。在当前智慧司法实施的过程中，部分单位认为直接将原有的纸质材料通过扫描上传到系统储存，就是案件信息的数据化，但这种方式仅仅实现了案件信息的数据化存储，数据并非实现了结构化，其难以直接参与大数据系统的运作。

2. 智能采集

在智能化未成年犯人身危险性评估模式之下，应当进一步贯彻"一人一档"制度。自未成年犯入监执行改造开始，就应及时采集其相关的静态评估信息，输入系统的同时建立相应的人身危险性评估档案。档案建立之后，未成年犯管教所开展教育改造工作，准确完整地记录在狱政管理过程中未成年犯的具体情况，并将其上传至未成年犯大数据库，实时更新未成年犯的改造动态信息。而与未成年犯大数据相连接的智能化人身危险性评估系统，应及时捕捉系统内设定的评估要素的变化，从而实现对未成年犯相关评估要素的实时监控。

这种采集模式能有效保证评估的实时性，从而达到未成年犯改造情况一出现新的变动，就更新评估。例如，某未成年犯在改造期间得知其父母离异的消息，认为父母会抛弃自己，顿感生活没有希望，在改造期间态度消极，多次顶撞未管所民警。在该事件中主要有两个动态评估因素发生了改变：其一，是该未成年犯的家庭状况，其二，是该未成年犯的改造表现。因此系统需要自动提取这两个评估因素的变化，初步判断其是否存在人身危险性显著升高的可能性。值得注意的是，要实现智能采集，对大数据的建设就应当有较高的要求，要确保数据库的数据量足够大，几乎能涵盖未成年犯改造矫正的全方面，同时还要确保数据库能实时更新。

---

① 刘保民，朱洪祥，张庆斌等.江苏监狱罪犯狱内危险评估工具(J3C)的研发与应用[J].犯罪与改造研究，2017(02)：31-38.

3. 智能评估

智能评估整体分为两部分，即初步评估与全面评估。初步评估是指系统在检测到某一未成年犯的某些评估要素发生改变后进行采集，根据系统内所设定的评估程序，初步分析该要素的改变对其人身危险性是否会产生影响以及影响的强弱，从而判断该影响是否会造成未成年犯人身危险性的评级产生变化。若系统判断该要素的变动的确会导致人身危险性评估的评级上升，系统便会进行预警，提示未成年犯管教所的民警该未成年犯可能存在人身危险性变化，进而对其进行更加深入细致的全面评估。全面评估则需要未成年犯在系统内完成自评量表，更新系统内自评的内容，然后系统根据大数据库内该未成年犯的狱政管理信息完成他评部分，再将其自评内容与他评内容结合，得到该未成年犯人身危险性评估结果。可见，未成年犯大数据库内的狱政管理信息，实质上都是他评部分的相关评估要素，智能评估以日常狱政管理大数据取代单次的他评访问，更加节省评估时间，提高了评估效率。但自评部分涉及个体主观感受，难以通过狱政管理数据进行呈现，因此初步评估时会沿用上一次的自评内容以及本次要素的变化进行大致的预测，这一部分的评估并不能准确反映未成年犯的人身危险性变化，只能对其人身危险性变化趋势作出简单预测，其最终的人身危险性评级还得以全面评估为准。

4. 智能矫正

系统在全面评估得到未成年犯具体人身危险性评级后，若该未成年犯的人身危险性确有提升，狱内危险性为中度危险及以上，再犯风险达到较高风险及以上，智能化评估系统应对其人身危险性变化的要素进行深入全面的分析，同时与其之前的评估结果进行比对，从而确定导致其人身危险性变化的具体原因，形成完整的预警报告。预警报告中应当包含造成未成年犯人身危险性升高的具体原因。智能化评估系统所提供的原因分析，可以为未成年犯管教所的管教民警变更矫正方案提供科学可靠的依据。

第六章　未成年人人身危险性评估在社区矫正中的应用

未成年犯社区矫正调查评估是对可能适用社区矫正的未成年犯进行全面的分析与深入调查，形成明确的评估意见，提交给社区矫正决定机关决定是否适用社区矫正。社区矫正作为一种非监禁刑罚执行方式，其核心价值在于通过教育、感化、挽救等手段，促使犯罪人认识错误、改正行为，最终达到重新融入社会的目的。对于未成年犯而言，社区矫正更是承载着帮助其纠正偏差、健康成长、预防再犯的期望。然而，当未成年犯需要借助社区矫正这一途径进行改造时，如何确保不会对社区安全造成威胁，如何平衡未成年犯的改造需求与社区居民的安宁权益，成为不可忽视的问题。这也正是社区矫正调查评估的价值所在。本章着重从实践层面揭示未成年人社区矫正调查评估制度内容，剖析未成年犯社区矫正运行现状与实践情况，分析人身危险性评估结果的应用效果，为理论创新提供实证支持。通过"理论—实践—再理论"的循环往复，推动未成年人社区矫正调查评估的完善与发展，以期为提升未成年人社区矫正效果贡献些许力量。

第一节　未成年犯社区矫正调查评估制度概述

一、未成年犯社区矫正调查评估内涵及法律规定解读

（一）未成年犯社区矫正调查评估的内涵

社区矫正的适用需要考虑矫正对象的人身危险性，且这种考量基于以下两个

层面：一是社区矫正决定层面，即审判机关结合未成年犯案卷材料，决定是否适用社区矫正作为其刑罚执行方式，是对适用社区矫正作为未成年犯刑罚执行方式的法律层面的评估。二是社区矫正机构执行层面，在法律上具备适用社区矫正的可能性后，才会有客观上社区能否支持未成年犯的矫正的评估。这两个层面的未成年犯人身危险性评估彼此关联。审判机关在决定社区矫正的适用时，需要考虑社区客观上是否有支持矫正的能力，否则即使决定适用社区矫正，也会因社区不具备矫正条件而失去意义；同样社区矫正机构对未成年犯进行评估时，也需要考虑未成年犯犯罪相关内容，评估该犯罪行为对于社区或社区居住的被害人的不良影响。

社区矫正调查评估，直接目的在于全面评估未成年犯的人身危险性，即分析该个体在未来再次犯罪的可能性、对社区安全构成的潜在威胁以及可能给受害人或社会造成的伤害。但深入剖析不难发现，其核心远不止于对危险性的单一考量，而更多地聚焦于社区对未成年犯的支持态度与能力评估。这实质上是一个双向互动与综合判断的环节。一方面，其确实需要细致分析未成年犯的犯罪原因、心理状态、家庭背景、教育程度、社交环境等多个维度，以科学评估其社会危险性。另一方面，其强调了对社区资源的考察与评估，即社区是否具备为未成年犯提供必要帮助、监督与引导的条件，包括但不限于心理矫治服务、职业培训机会、教育支持、家庭关系修复指导以及防止再犯的社区监控网络等。社区的支持与否，直接关系到未成年犯能否顺利回归社会，避免再次陷入犯罪的深渊。一个积极、包容且资源丰富的社区，能够为未成年犯提供改过自新的土壤，通过正面的引导与帮助，激发其内在的向善力量，促进其社会功能的恢复与增强。相反，若社区缺乏必要的支持体系或存在排斥、歧视的氛围，则可能加剧未成年犯的边缘化，增加其再次犯罪的风险。

因此，社区矫正调查评估的重点在于构建一个以社区支持为核心的综合评估框架。这不仅要求评估人员具备一定的评估技能与知识，能够判断未成年犯的社会危险性，更要求他们具备前瞻性的视角，深入探索并评估社区对未成年犯的支持潜力与实际行动计划，从而制定出既符合司法公正原则，又能有效促进未成年犯再社会化的个性化矫正方案。

（二）未成年犯社区矫正调查评估法律规定

表 6-1　　　　　　　　　　　　未成年犯社矫调查评估法律规定

2006 年	《最高人民法院关于审理未成年人刑事案件具体应用法律若干问题的解释》	第 11 条：对未成年罪犯适用刑罚，应当充分考虑是否有利于未成年罪犯的教育和矫正 对未成年罪犯量刑应当依照刑法第六十一条的规定，并充分考虑未成年人实施犯罪行为的动机和目的、犯罪时的年龄、是否初次犯罪、犯罪后的悔罪表现、个人成长经历和一贯表现等因素。对符合管制、缓刑、单处罚金或者免予刑事处罚适用条件的未成年罪犯，应当依法适用管制、缓刑、单处罚金或者免予刑事处罚
2010 年	《中央综治委预防青少年违法犯罪工作领导小组、最高人民法院、最高人民检察院、公安部、司法部、共青团中央关于进一步建立和完善办理未成年人刑事案件配套工作体系的若干意见》	第 3 条第 1 款：公安机关、人民检察院、人民法院、司法行政机关在办理未成年人刑事案件和执行刑罚时，应当综合考虑案件事实和社会调查报告的内容 社会调查机关应当对未成年犯罪嫌疑人的性格特点、家庭情况、社会交往、成长经历、是否具备有效监护条件或者社会帮教措施，以及涉嫌犯罪前后表现等情况进行调查，并作出书面报告
2020 年	《刑法》	第 72 条：对于被判处拘役、三年以下有期徒刑的犯罪分子，同时符合下列条件的，可以宣告缓刑，对其中不满十八周岁的人……应当宣告缓刑：（一）犯罪情节较轻；（二）有悔罪表现；（三）没有再犯罪的危险；（四）宣告缓刑对所居住社区没有重大不良影响 第 76 条：对宣告缓刑的犯罪分子，在缓刑考验期限内，依法实行社区矫正 第 81 条：被判处有期徒刑的犯罪分子……如果认真遵守监规，接受教育改造，确有悔改表现，没有再犯罪的危险的，可以假释。对犯罪分子决定假释时，应当考虑其假释后对所居住社区的影响 第 85 条：对假释的犯罪分子，在假释考验期限内，依法实行社区矫正

续表

2019 年	《社区矫正法》	第 18 条：社区矫正决定机关根据需要，可以委托社区矫正机构或者有关社会组织对被告人或者罪犯的社会危险性和对所居住社区的影响，进行调查评估，提出意见，供决定社区矫正时参考。居民委员会、村民委员会等组织应当提供必要的协助 第 52 条：社区矫正机构应当根据未成年社区矫正对象的年龄、心理特点、发育需要、成长经历、犯罪原因、家庭监护教育条件等情况，采取针对性的矫正措施 社区矫正机构为未成年社区矫正对象确定矫正小组，应当吸收熟悉未成年人身心特点的人员参加 对未成年人的社区矫正，应当与成年人分别进行

二、调查评估在未成年犯社区矫正中的应用价值和基本流程

(一)调查评估在未成年犯社区矫正中的应用价值

对于未成年犯罪人而言，社区矫正中的人身危险性评估不仅能够体现对未成年人"教育为主、惩罚为辅"的刑事政策精神，还可以通过教育与改造相结合的方式，帮助未成年人树立正确的人生观、价值观，培养其社会责任感与法治意识；同时也能够对未成年人的行刑效果进行及时评估与反馈，为后续的矫正工作提供科学依据，确保社区矫正工作能够持续、有效地发挥其在未成年人犯罪预防与矫治中的独特作用。

刑罚不仅承载着对已然犯罪行为的惩戒功能，更蕴含了预防未来犯罪、矫正犯罪者心态与行为以及保护全体社会成员免受犯罪侵害的意义。人身危险性评估作为社区矫正不可或缺的前提与基石，对于优化我国刑罚结构、提升刑罚效能具有举足轻重的价值。通过科学的方法和全面的考量，对犯罪人的再犯可能性、再社会化融入能力、心理状态等多维度进行量化分析，为社区矫正工作提供了个性化的指导方向。评估结果的有效运用，能够促使社区矫正与监禁刑等刑罚手段之间高效配合，共同构建一个既体现宽严相济又注重个别化矫正的刑罚体系。

未成年人具有更强的可塑性特征，涉罪未成年人既可重新回归正常生活轨

191

迹，也能在违法犯罪的脱轨道路上越走越远。龙勃罗梭曾论证过人身危险性和犯罪与刑罚之间的关联，认为刑罚要与个别预防的需要相适应，他提出了处遇个别化原则。① 基于此，对于涉罪未成年人的矫正应基于其人身危险性而实施不同的矫正措施。社区矫正通常能够根据未成年人的个别需求和风险进行个体化矫正计划。因此，对未成年人人身危险性的评估必不可少，关乎矫正方式与效果。刑罚的真正作用应体现在以刑罚为凭借，努力消除犯罪人的主观恶性和人身危险性，使之能顺利复归社会。②

(二)社区矫正中调查评估的基本流程

社区矫正中未成年人社会危险性评估主要分为矫正前、中、后三个阶段。每一阶段的评估目的不同，其评估的内容也不尽相同。社区矫正前的评估目的是决定能否适用社区矫正，未成年人人身危险大小是否达到社区矫正的标准，能够为社区接纳。这一阶段的评估是由社区矫正决定机关委托社区矫正机构或者有关组织进行评估，评估信息来源于涉罪未成年人犯罪行为、心理健康、家庭环境、社会支持网络等，这些信息评估主体可以通过司法机关案卷材料和走访调查等方式知悉。

在社区矫正中，评估旨在监控未成年人在社区矫正过程中的表现，判断其是否按照矫正方案进行改造，以及是否需要调整矫正措施以更好地满足其个性化需求。此阶段评估主体是依据法律所确定的矫正小组。矫正小组可以观察未成年人在社区矫正期间的行为举止、遵守纪律情况、参与矫正活动的积极性等，评估其是否积极配合矫正工作。根据未成年人在矫正中的表现，重新评估危险大小，以便及时调整矫正方案，确保矫正效果。

解除社区矫正前的评估主要目的是检验社区矫正的效果，评估未成年人是否如期完成了矫正计划，并具备重新融入社会的能力。考察未成年人在矫正后是否具备适应社会生活的能力，包括人际关系处理、职业规划、法律意识等方面，根据评估结果，为未成年人提供必要的后续支持建议，如就业指导、心理辅导、社会融入培训等，以帮助其更好地融入社会，预防再犯。三个阶段的评估内容都能

---

① 贾元．预防性监禁制度研究[M]．北京：中国社会科学出版社，2021：39．

② 韦军，杨明．社区矫正实务[M]．南宁：广西人民出版社，2013：26．

够客观地获得信息来源，各有侧重，相互衔接，共同构成了一个完整、动态的评估体系，旨在通过科学、全面的评估，确保社区矫正措施的有效实施和未成年人的健康成长。

在评估主体上，法律规定由专门的矫正机构和矫正小组负责，同时通过吸纳社会志愿者、购买社会公共服务等方式，拓宽评估主体的来源渠道。评估方法包括直觉经验式评估和临床统计式评估。直觉经验法是通过走访调查、访谈等方式了解与人身危险性相关内容，借助自身法律知识与实践经验对涉罪未成年人人身危险性给出评估结论。临床统计式评估是借助量表测评等工具进行打分，将人身危险性量化为数据，避免评估过程中出现较大的主观肆意。

评估结果不仅为制定个性化的矫正方案提供了科学依据，还直接影响了矫正措施的选择、实施以及最终的矫正效果。司法实践中，法院在决定是否对涉罪未成年人适用社区矫正时，通常会充分考虑社区矫正机构提供的"社区矫正调查评估意见"，这些评估结果不仅反映了未成年犯罪者的犯罪情节和悔罪表现，还深入剖析了其再犯罪的可能性和风险等级。法院在综合考量这些因素的基础上，能更加科学地作出是否适用社区矫正的决策。在社区矫正中，评估结果帮助矫正小组明确了未成年犯罪者需要哪些类型的帮助和支持，比如是心理辅导、教育培训、行为矫正还是家庭干预等。在此基础上，矫正小组可以更加精准地配置资源，选择最适合的矫正方法和工具，确保矫正措施的有效实施。同时，评估结果还为矫正效果的评估提供了重要参考。通过对比矫正前后的评估结果，可以直观地看到涉罪未成年人在哪些方面取得了进步，哪些方面还需要进一步加强干预。这种反馈机制有助于矫正小组及时调整矫正策略，优化矫正方案，确保最终的矫正效果达到最佳。通过有效的人身危险性评估和矫正干预，可以降低涉罪未成年人再犯罪风险，从而维护社会的安全与稳定。

第二节　未成年犯社区矫正中调查评估运行现状与问题

《社区矫正法》以及相应的《实施细则》建立了一系列有关社区矫正调查评估的标准程序。通常包括四个主要步骤：首先，开展调查以收集相关信息；其次，进行证据收集，确保所获得信息的准确性和可靠性；再次，基于收集到的信息进行分析评估,判断未成年犯的人身危险性和矫正需求;最后,根据评估结果提供意见反馈,形成针对性的矫正建议。旨在从程序层面保障未成年犯在社区矫正中的权益,确保依法适用各种矫正措施。为了更深入地理解并完善未成年犯社区矫正调查评估制度,研究者不仅要探究理论层面的知识,还需要深入分析该制度在实际操作中的运行状况。这就涉及对制度实施的具体案例、操作细节、效果评价以及可能存在的问题等方面进行全面考察。因此必须将制度放置于实际操作的环境中,考察其在不同情境下的应用情况。通过实践调查才能从运行实际情况中全面分析社区矫正调查评估制度的落地情况,为制度的优化和完善提供有力的实践支撑。本节内容将依照《社区矫正法》所规定的标准程序,并结合 H 省未成年犯社区矫正调查评估实际情况,展开讨论。通过比较法律规定与实际运转之间的差异,揭示当前社区矫正调查评估制度的优势与不足,为未来的法律实践和政策制定提供有价值的参考。

一、未成年犯社区矫正调查评估运行程序与现状

(一)调查评估的启动

1. 调查评估对象

未成年犯社区矫正调查评估对象是可能判处社区矫正的未成年人,根据刑法及社区矫正法的规定,可能适用社区矫正的未成年人包括管制犯、缓刑犯、假释犯和监外执行犯。

2. 调查评估委托主体

调查评估主体包括调查评估的委托主体和评估主体。公安机关、检察机关和法院均可作为委托主体启动调查评估程序。根据《社区矫正法》的规定,委托主体向社区矫正机构或者有关组织发出调查评估函,对未成年犯进行调查评估。社区矫正机构查收函告材料后,或指派工作人员组成调查评估小组,完成调查并提交评估建议,或作出无法开展调查评估的情况说明。未成年犯社区矫正调查评估启动程序如图 6-1 所示。

《社区矫正法》第 18 条规定社区矫正调查评估的委托是"可以"而非"应当",即社区矫正决定机关有一定的自由裁量权。我国不同地区社区矫正实施细则对委

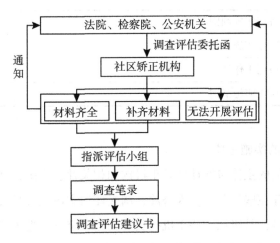

图 6-1　未成年犯社区矫正调查评估基本流程图

托形式的规定就此也存在差异，包括"应当委托""附条件应当委托"和"可以委托"三种情形，且以"可以委托"为主。

表 6-2　　　　　　　　我国社区矫正调查评估委托类型一览表

上海	关于贯彻落实《中华人民共和国社区矫正法实施办法》的实施细则	必须委托
吉林	关于对拟适用社区矫正的被告人、罪犯进行社区影响调查评估的暂行办法	附条件应当委托
浙江	社区矫正调查评估办法（试行）	附条件应当委托
郑州	社区矫正调查评估办法	附条件应当委托
湖北	社区矫正工作细则	可以委托
北京	《关于贯彻落实〈中华人民共和国社区矫正法实施办法〉的实施细则》的通知	可以委托
安徽	社区矫正工作实施细则	可以委托
江西	社区矫正工作实施细则	可以委托
四川	社区矫正实施细则（试行）	可以委托
江苏	社区矫正工作实施细则	可以委托

续表

山东	社区矫正实施细则	可以委托
广东	社区矫正实施细则	可以委托
广西	社区矫正工作细则	可以委托
云南	社区矫正实施细则	可以委托

3. 调查评估的实施主体

实施调查评估的主体包括社区矫正机构和相关社会组织，具体调查主体会因矫正阶段的不同存在些许差异。入矫前，调查评估主体主要是县级社区矫正机构和司法所工作人员，县级社区矫正机构负责调查、审核、把关危险性评估，经刑事执行委员会合议后出具评估报告。司法所负责走访调查村（居）民委员会（学校、工作单位）、社区等，并负责相关信息报送。此外，一些地区还会邀请共青团、妇联、教育部门、未成年人保护组织等相关工作人员，参与未成年犯的社区矫正调查评估工作，以确保调查内容来源的广泛与客观。① 但是实践中的社会组织扮演的更多的是协助角色，配合矫正机构开展调查，形成调查意见的主体仍是矫正机构。②

进入矫正阶段后，未成年犯的心理与行为矫正成为工作的重中之重。调查评估主体的构成也相应扩展，引入了心理咨询师和社工等专业人员。心理咨询师通过心理测评工具，对未成年犯进行不定期的心理测评，及时发现并解决其心理问题。对于风险高的未成年犯还会采取一对一的心理危机干预或心理疏导措施，逐步矫正犯罪心理和行为恶习。社工则专注于未成年犯社会关系的修复与社会支持网络的重建，增进未成年犯与家人、邻里之间的情感联系，减少社会排斥感。此外，法律鼓励公共服务参与社区矫正调查评估，也即社区矫正机构通过购买社会服务或者其他方式，让社区力量参与未成年犯的社区矫正与评估，当然不同地区相关组织发展水平、社区矫正经费等问题，也影响着社区矫正机构的委托。

---

① 参见《浙江省社区矫正调查评估办法（试行）》第 21 条和《广东省社区矫正实施细则》第 11 条。

② 许明，蔡穗宁．关于完善我国社区矫正调查评估工作的思考[J]．中国法治，2023（03）：76-81.

（二）调查评估的展开

1. 评估内容

评估内容是整个调查评估程序的核心，它的内容是否完善直接影响到县级司法行政机关出具的调查评估报告是否科学有效，甚至影响到了入矫后整个社区矫正工作的质量高低。评估内容在社区矫正不同阶段存在差异，入矫前、矫正期间评估内容不尽相同，并根据不同矫正阶段的目的和特点匹配特定评估内容。入矫前的评估不仅关系着法院决定适用社区矫正，更是作为后续矫正方案确定和分类管理的依据，入矫后的评估内容法律没有明确的硬性规定，主要是为矫正措施和方案的调整、未成年犯再社会化的教育和帮扶服务。

（1）入矫前的评估

根据《社区矫正实施办法》的规定，社区矫正机构或者有关社会组织接受委托后，应当对未成年犯的居所情况、家庭和社会关系、犯罪行为的后果和影响、居住地村（居）民委员会和被害人意见、拟禁止的事项、社会危险性、对所居住社区的影响等情况进行调查。基于该阶段的目的，评估内容围绕未成年犯的社会危险性与对社区的影响展开，各地也在此基础上进行了细化与补充。浙江省专门列出了未成年犯个人特点和监管条件的调查内容，反映出社区支持系统对于社区矫正决定与否的重要性。山东省的调查内容细化了社会危险性认定和造成社区不良影响的情况，强调被害人在调查评估中的作用，当无法调查被害人本人意见时，应当调查其近亲属或法定监护人的意见，充分保障被害人权利；同时将不具备监管条件的未成年犯，视为会对社区造成不良影响；吉林、郑州的调查内容强调未成年犯社区支持系统，将社区人文环境、社区监管力量以及承受能力和社区居民的接纳程度作为重点调查内容。可见，入矫前调查内容虽然强调全面性，但也存在主次之分，对于直接与社区相关的内容，大部分地区都作了更为详尽的规定，不仅要关注调查社区的态度，还要关注其对未成年犯监管的能力和条件。

（2）矫正中的评估

未成年犯矫正期间的评估，除对是否遵守禁止令、会客规定、离开行政区域、参加公益活动和教育学习等行为进行监测外，不同地区测评未成年犯心理健康风险、异常行为风险以及再犯罪风险的方式也不同。实地调研中，X市社矫对象评估内容相对简单，从该市社矫对象矫正方案样表（详见表6-3）可以看出，该地区对未成年犯的评估集中于户籍和生活环境、就业就学情况、犯罪及悔罪表现、心理状态和性格特征四个方面。对未成年犯社矫对象心理状态的分析主要依靠社矫人员的直觉判断，分级也相对粗略。

表 6-3　　　　　　**社区矫正对象评估及矫正方案样表**

社区矫正对象评估及矫正方案样表(正面)

姓名	卢某某	性别	男	出生年月	2007.10.22	文化程度	初中
居住地	×区×路×号××小区×栋××单元××室			罪名	盗窃罪	原判刑期	有期徒刑七个月，缓刑一年
矫正类别	缓刑	矫正期限	一年	起止日	自 2023 年 10 月 8 日起 至 2024 年 10 月 7 日止		

社区矫正对象基本情况	犯罪情况	☑初犯 □再犯	☑故意 □过失	☑个人 □团伙	禁止令	□是 ☑否
	个人情况	□成年　☑未成年				
	户籍情况	☑农村　□城镇				
	就业就学情况	□就学　☑就业　□无业				
	悔罪表现	☑认罪服法　□不认罪不服法				
	性格特征	☑内向　□外向		☑乐观　□悲观		
	生活环境	家庭关系 ☑好　　□一般 □不好		工作或学习状态 □好　☑一般 □不好　□无	其他社会关系 □复杂 ☑不复杂	

心理状态分析	☑良好　　□一般　　□较差
其他情况	暂无异常表现
综合评估结果	☑较好　　□一般　　□较差
经评估存在的主要问题及需求	我们通过对卢某某的基本情况分析，其家庭关系较好，性格内向，从他的经历、性格、生活状况来看，其犯罪的主要原因是法律意识淡薄，放松了对本人的自律，存在一定的侥幸心理。并且对象生活比较安定，在犯罪后，能及时悔悟，认罪服法

社区矫正对象评估及矫正方案样表(反面)

社区矫正对象表现及 矫正方案实施情况	(仅调整时填写)
管理类别	☑严格　　□普通　　□宽松
需注意情形	☑新入矫的 □思想波动较大，有再犯罪倾向的 □经综合评估具有一定再犯罪风险或者具有较高再犯罪风险的 □受到训诫、警告或治安管理处罚的 □3 类 18 种人员
拟采取的 管理措施	①到司法所报告频次： 　☑每周一次　□每两周一次　□每月一次 ②接受教育学习频次： 　☑每周一次　□每两周一次　□每月一次 ③接受信息化核查频次： 　☑每日不少于一次　□每周不少于三次　□每周不少于一次 ④安排接受心理矫正或行为教育矫正活动：□是　☑否 ⑤其他措施：
拟采取的 教育帮扶措施	1. 采取个别教育与集中教育相结合的方法，每月对社区矫正对象进行法治、道德等教育，加强刑法法规和社区矫正法学习教育，增强其法治观念，提高其道德素质和悔罪意识 2. 司法所工作人员每周与其见一次面，每周进行一次思想汇报。监管人每月一次电话，以了解他的心理动态、生活工作的具体情况，以便同步制定相应的矫正工作措施。司法所所长及社区主任定期或不定期进行走访，实时掌握其具体思想、动态，及时向司法所汇报，以便司法所采取措施确保矫正工作的顺利实施 3. 每月定期组织矫正对象参加公益劳动，加强其社会公益心，培养社会责任感

与 X 市不同，W 市针对未成年犯的社矫中评估更为规范化和精细化，每三个月测评一次，且采用量表渐进式的评估方式，以"初筛—精筛—危机筛查"的形

式开展分段式、循序渐进的评估。风险指标项与评估内容一一对应，风险靶点的击中情况会影响后续的评估题量。同时，该市社矫机构还会进行"未成年人犯罪""未成年人聚众斗殴罪""未成年人盗窃罪"三个专项风险测评，围绕"家庭关系评估""父母监控量表""青少年外化问题行为量表""青少年不良性格特征量表""越轨同伴交往问卷"五个方面，对未成年社区矫正对象进行精准画像，及时发布风险预警以便进行针对性的教育帮扶，提高矫治质量。总体而言，对未成年犯矫正期间的评估，其内容以行为评估和心理测评为主如矫正对象的共情能力、自控能力，且会特别关注未成年犯的成长环境如家庭生活变化情况。

(3)解矫前的评估

未成年犯解矫前的评估内容主要包括两方面，一是调查评估未成年犯的社会危险性，将评估结果与其刚入矫时的评估进行比较，检验矫正效果。通过对未成年人在社区矫正期间的行为变化、心理状态和社会适应能力的观察，判断其是否显著降低了对社会的潜在威胁。二是针对未成年犯解矫后的社会化能力评估，旨在预测并促进其顺利回归社会。此阶段评估内容广泛，包括教育程度与职业技能的适应性、家庭关系的修复与重建、社交技能的提升、法律意识与道德观念的增强，以及面对挫折与挑战时的心理韧性等，评估未成年犯在脱离矫正环境后，是否具备独立生活、积极融入社会的能力。

2. 评估方法

未成年犯入矫前的调查评估主要通过走访、谈话、查阅资料、召开座谈会等方式，向其家庭成员、工作单位、就读学校、辖区公安派出所和所居住的村(居)民委员会、村(居)群众、被害人等了解情况，评估方式以定性分析为主。矫正期间的评估多采用定性与定量评估相结合的方式，通过日常监管了解并掌握未成年社区矫正对象的活动情况和行为表现，对其进行月度考核和季度考核。

(1)定性评估

定性评估又具体包括直觉式评估和临床式评估。前者主要是社区矫正机构对未成年犯在社区矫正中的表现，结合自身经验与专业能力，参考未成年犯的日常表现、有无前科、职业特征、生活习惯等预测再犯可能性。后者是通过临床面谈和观察等方式，对个体的风险因素和需要进行全面评估,[1] 其要求评估主体经过专业培训或具有专业资质，实践中矫正机构会通过购买社会服务或委托心理咨询师等方式，在了解未成年犯的心理、家庭、社会网络等多方面情况下，综合考虑评估其再犯风险的大小。定性评估能够结合未成年犯的矫正现状作出专门化、针对性较强的分析，其缺点就是主观色彩较为浓厚，需要专业的评估主体进行评估，尽量全面分析评估内容，得出较为客观的结果。

（2）定量评估

社区矫正中对未成年犯进行的定量评估，不同地区所采用的量表具体种类不同，但内容集中于心理和人格测试。如 W 市专门针对未成年犯的危机评估量表、身体状况筛查量表、情绪状况精筛量表、反应性-主动性攻击问卷（RPQ）及简式 Barratt 冲动量表（BBIS）等；X 市在未成年犯社区矫正中使用的心理健康症状量表（SCL-90）、艾森克人格问卷（EPQ）等。定量评估在一定程度上虽保证了评估结果的客观性，但难以保证评估内容的全面性。值得关注的是，我国部分地区司法局已开始尝试建立更加全面化和标准化的社区矫正调查评估指标体系。如德清县司法局通过编制《社区矫正调查评估指标清单》，将评估内容设定为一级指标 5 项、二级指标 14 项、三级指标 42 项，采用 AHP 层次分析法确定指标权重和计算方式，保障赋分合理科学。[2]

（三）调查评估结果的形成与法律效力

1. 入矫前评估结果的形成与法律效力

（1）调查评估结果的形成

调查评估人员走访调查后制作出《调查评估建议书》（见图 6-2），明确评估对象是否存在社会危险性以及对所居住社区的影响，并附调查笔录等相关材料提交给社区矫正机构。调查笔录包括村（社区）委员会主要领导调查笔录、有监管能力的近亲属调查笔录、了解犯罪嫌疑人（被告人、罪犯）本人和家庭情况邻居的调查

① 林珊. 论社区矫正风险评估及其相应制度——以未成年人犯罪为视角[J]. 东南学术，2015(06)：189-195.

② 德清县司法局创新构建全省首个社区矫正调查评估指标体系[EB/OL]. (2024-04-30) [2024-08-02]. https：//sfj. huzhou. gov. cn/art/2024/4/30/art_1229209420_58920153. html.

笔录、单位意见等。调查评估的谈话笔录均必须由谈话人签字确认。评估小组向有关单位收集、调取的书面调查材料，应当加盖单位印章，以保证所收集证据的真实性。社区矫正机构再对调查核实的情况进行综合评估，出具《调查评估意见书》(见图 6-2)。

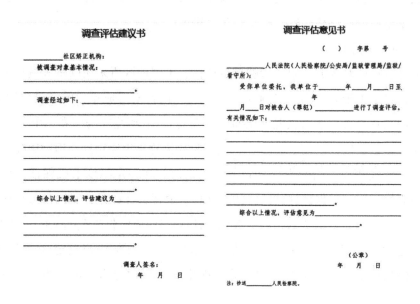

图 6-2 调查评估建议书和意见书样本

在社区矫正机构根据调查评估材料制作意见书时，多地社区矫正实施细则都规定了可根据需要组织召开由社区民警、社会工作者、社会志愿者、有关单位、部门和社区居民代表等参加的评议会，形成集体审核意见，达到全面综合评估的目的。且不同地区对评估最终结论的法律要求也不同，部分地区社区矫正实施细则中规定，意见书结论部分必须明确说明评估对象是否适用社区矫正(见表 6-4)。

表 6-4　　　　　　　　　不同地区对调查评估结果的规范性要求

湖北	明确同意或者不同意适用社区矫正，不同意适用社区矫正的，应当说明理由
北京	应当客观反映犯罪嫌疑人、被告人或者罪犯适用社区矫正对其所居住社区的影响

续表

广东	提出是否存在社会危险性以及对所居住社区的影响
福鼎	可以作出反映客观调查情况的非结论性意见
广西	明确是否适用社区矫正及禁止令
浙江	明确拟适用或者拟不适用社区矫正
江西	明确能否适用社区矫正及禁止令
山东	明确是否适合社区矫正
山西	明确是否适用社区矫正
莆田	说明具备适用社区矫正条件/不具备适用社区矫正条件/反映客观调查情况的非结论性意见
宿松	说明具备适用社区矫正条件/基本具备适用社区矫正条件/不具备适用社区矫正条件
郑州	说明具备适用社区矫正条件/不具备适用社区矫正条件/不宜适用社区矫正

（2）委托机关采信情况

社区矫正机构需要将调查评估意见书和调查笔录等材料提交给委托机关，由委托机关决定是否采纳、是否对未成年犯适用社区矫正。各地实施细则对调查评估意见采纳和反馈要求有所不同（见表6-5）：有的规定"可以"参考，有的规定"应当"参考；有的规定委托机关"需要将采纳情况反馈给社区矫正机构"，有的规定"不采纳应当说明理由"，都在不同程度影响着调查评估结果的法律地位。笔者实地调研发现，近两年 H 省 W 市人民法院对于调查评估意见书是完全采纳的。据报道，四川某地委托机关对意见书的采信率在 80.4%～92.8%；[1] 但也有法院在调查评估前就有了量刑倾向或者已经作出判决，使调查评估失去意义；[2] 甚至有委托机关只发调查函，但对评估意见视而不见，[3] 挫伤了社区矫正机构调查评估积极性。

---

① 夏传敏. 社区矫正调查评估研究[D]. 西南政法大学，2018：17.

② 许明，蔡穗宁. 关于完善我国社区矫正调查评估工作的思考[J]. 中国法治，2023（03）：76-81.

③ 沈东权，沈鑫，何浩斐. 社区矫正法实施背景下的调查评估制度探析[J]. 中国司法，2021（07）：96-102.

表 6-5　　　　　　　　　　不同地区对评估结果法律效力的规定

广西	应当参考并向社区矫正机构送达载有是否采信调查评估意见的法律文书
云南	应当参考
吉林	应当参考，若未采信及时告知社区矫正机构，以便改进调查工作
湖北	应当参考，并且在法律文书中说明采纳情况
北京	应当参考，并且在法律文书中说明采纳情况
安徽	应当参考，并且在法律文书中说明调查评估情况
河南	采信情况应当在相关法律文书中说明
郑州	采信后及时告知评估机构，不采信需书面说明理由
江苏	采信情况应当在相关法律文书中说明
浙江	可作为重要参考
江西	可以参考，采信情况在法律文书中说明
山东	对调查评估意见的采信情况及理由，应当在相关法律文书中说明
广东	可以参考，采信情况在法律文书中说明
四川	对调查评估意见的采信情况，应当及时函告受委托的社区矫正机构及人民检察院

2. 矫正期间评估结果的法律效力

在社区矫正期间，对未成年犯的定期评估影响未成年犯的管理类别、管理措施、教育帮扶措施、调整管理类别、减免集体教育、进入特定区域、执行地变更、提请治安管理处罚(撤销缓刑、撤销假释、收监执行、减刑、逮捕)等。实地调研中，W 市的"五色心晴码"心理矫治系统会根据矫正对象的年龄、犯罪类型、就学就业等情况自动匹配对应量表，评估结果以绿码、蓝码、黄码、橙码及红码形式呈现。根据不同的"心晴码"对未成年社区矫正对象实施"赋码管理"，对于黄码、橙码及红码，各区社矫局会要求合作的心理服务机构及时进行针对性的心理辅导、心理疏导和危机干预等，在日常监管和教育帮扶方面会及时调整手段和内容，降低其人身危险性，预防和减少犯罪，助其顺利融入社会。

3. 解矫前评估结果的法律效力

社区矫正一旦解除，涉罪未成年人即获得自由、正式回归社会。因此，解矫前的评估至关重要。通过对比矫正对象在矫正过程中不同时段的评估结果，可以明确社区矫正措施的有效性，这些信息的积累对于制定和解除社区矫正后的持续帮教或监管策略至关重要。另外，评估结果还可以确定个人需求，以为其提供必要的社会支持和资源链接，降低未成年犯因社会融入问题再犯罪的风险。

二、我国未成年犯社区矫正调查评估的问题与困境

（一）调查评估启动随意性较大

社区矫正机构的调查评估需要大量人力资源的投入，并且会受到评估期限限制、外地户籍需转委托评估等不良因素影响，导致部分法院不愿意委托调查未成年犯的情况，或者判决结果先于调查结果出现，使评估流于形式还浪费了司法资源。这些情况使得未成年犯无法与社区矫正机构建立良好的衔接，接受更有针对性的矫正方案。

（二）评估人员数量和专业素质不足

当前我国基层司法所人员的有限性与社区矫正未成年犯调查评估量增大之间的矛盾难以平衡。[1] 基层司法所正式在编人员一般为 1~3 人。由于缺乏经费和足额的人事编制，"一所一人"的现状在我国较为普遍，经济条件较好的地方会有临时工或者合同工，但该类人员流动性大、业务素质难以保证。这些基层司法所既要执行涉罪未成年人人身危险性的评估，还需负责矫正对象的日常监管，承担人民调解、法治宣传、法律服务等，任务繁重。法律虽规定评估工作可以吸纳社会工作者的协助，但人员短缺问题仍难以解决。截至 2023 年全国司法所 3.9 万个，工作人员 15 万余人，共有 5.8 万名社工参与社区矫正工作，2022 全年全国累计接受的社区矫正对象高达 649.9 万人，[2] 社会工作者的数量甚至达不到社区矫正对象数量的零头。

---

① 张菁菁. 缓刑适用中的社区影响评估机制研究[D]. 河北大学，2018：24.
② 中国法治建设年度报告（2022）[EB/OL]. （2023-08-27）[2024-08-03]. https：//www. spp. gov. cn/zdgz/202308/t20230827_626253. shtml.

另外，评估主体的法律专业素质也影响着调查笔录和评估意见书的规范化。评估工作涉及的心理和人格评估需要具备心理学、社会学知识的人分析量表结果，提出专业意见。而当前社区矫正调查评估小组存在人员结构单一、调查专业性不平衡的问题。① 且部分志愿者、兼职人员的流动性较大，这些人员可能在短期内能够为未成年犯提供帮助和支持，但他们的离开会导致矫正过程中的信息断裂和衔接不畅。尤其对于需要长期跟踪、持续关注的未成年犯，这种不稳定性可能影响到矫正效果的评估与反馈，使得评估人员难以全面掌握矫正过程中的关键信息，影响评估结果的准确性。

（三）评估内容的客观真实性难以保障

调查笔录的签名盖章虽在程序上保证了评估形式合法，但无法保证评估内容的全面性和真实性。以入矫前的评估为例，该阶段调查评估包括社会危险性和居住社区影响两部分内容，法律只对内容作原则性的规定，实践中具体该调查哪些事项各地情况不一。北京、上海等地区规定的调查内容与《社区矫正实施办法》第18 条的内容相一致，未进行详细列举，但对调查内容理解和细化程度不同，影响着调查评估人员获取信息的范围。浙江地区细化了调查内容，并且将个性特点（包括身体状况、心理特征、性格类型）、监管条件（监护人意见、经济状况、生活环境）等都纳入调查范围；吉林地区对法律规定的调查事项强调重点调查社区人文环境、社区监管力量以及承受能力和社区居民的接纳程度。

此外，调查评估内容可能存在主观偏差，比如调查者的主观偏见。调查人员需记录谈话笔录，一方面会因为专业程度，无法准确判断被调查者的真实意见表达情况，从而导致记录的材料出现偏差。例如对特定语境下的语言表达习惯不熟悉，可能使得调查者难以准确捕捉并传达被调查者的真实意图；沟通技巧的不足也影响对话的深度与广度，使得记录的材料无法全面反映被调查者的看法。另一方面调查人员可能因个人经历、立场等不同，带有先入为主的观

---

① 袁浩. 上海市闵行区社区矫正审前调查制度研究［D］. 上海：上海师范大学，2018：26.

念,从而不自觉地扭曲了事实真相。除调查者的主观偏见外,调查评估过程中还存在被调查者表意不真实的情形。被调查者的范围包括邻居、村委居委、被害人、监护人、共同生活的家庭成员等。一方面,在人情社会的环境下人们基于趋利避害的心态,认为多一事不如少一事,对调查事项往往轻描淡写、泛泛而谈,内容收集意义不大。另一方面,存在为促成未成年犯适用社区矫正,被调查者专挑好话讲的情况,甚至家庭成员为使未成年犯免于监禁,设法作出有能力监管的虚假承诺。

（四）评估标准缺乏统一性和规范性

对评估内容的判断需要准确把握未成年犯的社会危险性和对社区的影响,收集到的内容达到什么程度才能够认定具有社会危险性及对社区有影响,法律并没有明确规定,各地在执行评估标准时存在差异,有些明确规定了哪些行为可以视为具有危险性、哪些行为可以视为对社区有影响。刑诉法规定了逮捕审查时社会危险性的判断标准,主要是五大类并对每类标准予以详细列举,但未规定社区矫正阶段未成年犯社会危险性评估的具体标准。而对居住社区影响的判断标准,法律也没有具体标准可以参照,社区矫正机构分析得出判断结果主要依据社会危险性标准、思想动态、个人性格、家庭意见、社区意见、矫正工作经验来判断,主要是直觉经验式的判断。部分地区社矫机构结合当地实际情况制定了一些"对居住社区有影响"的判定标准(见表6-6)。

表6-6　　　　部分地区社矫机构"对居住社区有影响"的判定标准

广州	(一)拒绝配合调查的
	(二)适用社区矫正期间无法在辖区居住,不便于落实监督管理的
	(三)有酗酒闹事、高空抛物等不良生活习惯的
	(四)以涉黑涉恶人员为主要社会关系的
	(五)与他人存在较深矛盾,被害人、家属或辖区居民反对接纳的
	(六)存在社会危险性的
	(七)没有暂予监外执行保证人或保证人不符合条件的
	(八)其他可能在一定程度影响社会安全稳定的

续表

山东	(一)所在村(居)民委员会、工作单位或者就读学校根据其一贯表现情况认为不适合社区矫正的
	(二)家庭成员、监护人或者近亲属不具备监管条件的
	(三)拒不认罪悔罪或者犯罪前一贯表现较差或者犯罪行为影响恶劣的
	(四)没有固定住所或者提供的住所证明材料明显不符合实际情况的
	(五)没有固定生活来源的
	(六)拟决定或者批准暂予监外执行的罪犯,保证人不具备保证条件的
	(七)其他具有不良影响的情形

实践中,有的家庭不具备监管条件,有的未成年犯不配合调查,有的无固定居所则被认定对社区有影响,没有较为明确的判断标准评估人员就会肆意判断,造成前序评估程序形式化。有街道矫正干部谈道:"自从我负责矫正工作后,我们镇的社区矫正人员大幅度压缩,对于那些外地的,案情复杂的我一概调查评估不接收,且只要我不想收总能找到理由。"①一些司法局更倾向于选择那些易于监管、执行成本较低的案件进行社区矫正,而非基于实际改造需求和社区的实际影响进行全面评估,② 将执行便利性置于评估的首要位置,可能导致那些真正需要社区矫正帮助,以重新融入社会的个体被忽视或排斥。

此外,社区矫正调查评估作为一种法律制度,所形成的报告应具有统一、规范的名称和格式,才能体现和维护法律的严肃性和规范性。调查评估文书通常是由区县一级专职调查评估工作人员撰写的,并反馈给委托机关,以此作为是否对罪犯适用社区矫正的重要参考依据。当前各地实践调查评估报告形式各异,并无统一规范。一方面,调查评估报告的名称很多,包括"社会调查报告""社会调查评估报告""审前调查评估意见书""调查评估意见书""社会调查表",等等。③ 另一方面,调查评估报告内容规范性不一,如果不能客观、全面地反映实际情况,

---

① 袁浩.上海市闵行区社区矫正审前调查制度研究[D].上海:上海师范大学,2018:27.

② 邓陕峡.我国社区矫正审前社会调查评估研究——以法院委托调查为视角[J].昆明理工大学学报(社会科学版),2015,15(04):37-43.

③ 王书剑.社区矫正调查评估报告研究——兼与未成年人刑事案件社会调查报告比较[J].预防青少年犯罪研究,2020(06):36-44.

就无法为决定机关准确作出决定提供有力依据。法官更想看到的报告绝不仅是"适用"或"不适用"的结论，而是较为充分的论证过程。各地的调查报告有的呈现表格式，内容翔实；而有的较为粗糙，如 2021 年北京市社区矫正机构出具的大部分调查评估意见书只有一页纸的篇幅，内容包含情况和结论两部分，情况部分主要包括居住地、生活来源、有无犯罪记录、居委会是否同意适用社区矫正等内容，每项内容缺少论述和依据。① 有的只是对结果的简单总结不能反映被告人的具体实际情况，以及调查的详细内容。②

(五)评估结果采信度不高

评估意见的采信情况，一方面是对调查评估意见书参考要求。实践中有些规定了必须参考、应当参考，有的是可以参考，参考态度不统一影响着社区矫正调查工作的积极推进。另一方面是对调查评估意见书采信情况的反馈。《社区矫正实施办法》第 14 条规定了社区矫正决定机关对调查评估意见的采信情况，应当在相关法律文书中说明，旨在通过法律文书的正式形式，确保评估意见得到应有的重视与考量，既保障了社区矫正决定的合法性与合理性，也为后续可能发生的司法审查或争议解决提供了明确的依据，能够提升对评估意见的重视度和工作质量。然而实践中，法院的采信情况未在法律文书中说明，没有反馈给社区矫正机构、检察院等，未采信也未说明理由，如犯盗窃罪的未成年罪犯丁某，在进行调查评估时其父母明确表示不愿意对其进行社区矫正监管教育，基层派出所、司法所、村两委均不同意将其纳入社区矫正，X 县司法局的评估意见为不具备社区矫正条件，不适宜纳入社区矫正。X 县人民法院未采纳此评估意见也未反馈和说明理由，判决丁某缓刑，实行社区矫正。判决生效后丁某拒绝到 X 县司法局报到接受社区矫正，径行外出后下落不明，造成脱管。③ 决定机关是否采信调查评估意见没有反馈机制，致使调查评估容易被看作

① 钟达先，隗永贵，于柏枝.《社区矫正法》实施后的社会调查评估实践分析及制度研究[J].北京政法职业学院学报，2022(02)：14-19.

② 袁浩.上海市闵行区社区矫正审前调查制度研究[D].上海：上海师范大学，2018：24.

③ 夏传敏.社区矫正调查评估研究[D].重庆：西南政法大学，2018：27.

"走过场"，无法发挥应有作用。

第三节　完善未成年犯社区矫正调查制度的建议

一、强化未成年犯社区矫正调查的制度保障

（一）调查评估启动程序规范化

《社区矫正实施办法》规定的对未成年犯调查制度有较大的选择性，应将未成年犯社区矫正调查制度规定为强制程序。在此基础上，为提高效率和缓解社区矫正机构的人力资源压力，可以实施分类调查策略，根据未成年犯的犯罪性质、社会危害性及个人情况，将案件分为不同类别，如过失犯罪、初犯、偶犯等社会危害性较小的类别，与故意犯罪、再犯等危害性较大的类别区分开来。对于社会危害性较小的案件，可以适当减少委托的调查人员数量，采用更为灵活的调查方式，如电话访谈、书面材料审核等，以节约人力成本。而对于危害性较大的案件，则应投入更多资源，进行更为全面深入的调查。

（二）规范调查报告的反馈机制

社区矫正决定机关在作出社区矫正决定时，对调查评估意见采纳与否应给予充分说明，既是对调查评估工作的尊重，也是对案件增强的说理，让被告人、罪犯认罪服法的有效方式。与此同时，社区矫正机构也能从中不断总结、提升，共同促进社区矫正工作的进步。针对实践中社区矫正机构提交调查报告后，委托机关反馈态度与方式不一的问题，我们应当建立良好的采信反馈机制。委托机关对于社区矫正机构出具的评估报告予以采信的，应当在法定期间内给予接受委托任务的司法行政机构回执。不予采信的，委托机关应当将不予采信结果及其理由反馈给接受委托任务的社区矫正机构。同时，委托机关对调查评估意见有异议的，可以向调查机关提出，调查机关认为有必要的，可以进行复核，当不能达成一致意见时可召开联席会议协商讨论作出最终决定。这样调查评估的法律性、严肃

性、必要性才能得到维护。①

二、加强调查评估队伍建设

(一)提高调查评估人员的专业素质

未成年犯调查评估工作通常是由县级司法行政机关派出两名调查评估工作人员，加上由司法所工作人员兼任调查人员，共同组成调查评估小组。首先，需要提升现有评估人员的素质，因为现有的评估人员已经积累了一定的评估实践经验，只是缺乏理论知识，只有评估人员加强理论知识的学习才能使评估过程更为科学。可以定期对现有评估人员进行法学、心理学、社会工作学等知识的教育培训，补足专业短板。其次，风险评估除了矫正工作小组的人员外，实践中一般还需选择社会专业机构、心理咨询等机构的专家来共同参与，② 可以在此基础上成立专门评估未成年社会危险性的评估小组，将其加入评估队伍之中。此外，对于社区矫正工作者可以采取考核和奖励相结合的方式，提升素质的同时又能促进工作积极性与认同感。可以借鉴国外评估主体考核制度，鼓励社区矫正工作者参加风险评估、管理、统计学等知识技能的培训，设置专门的评估人员证书，证书挂钩工资水平，增强社区工作者的学习动力，让他们自发性地提升自己的专业能力。最后，各政法高校的学生在经历基础法律知识学习后，基层司法行政机构或高校可积极鼓励大学生参与未成年社区工作，可以为评估主体人员素质培训贡献力量，同时自身也能参与未成年社区工作，相互促进，整体提高社区矫正调查评估能力。

(二)促进社会参与

当前无论是入矫前还是矫正期间的调查评估工作，执法力量都严重不足，成为影响司法行政业务的最大问题，不仅给之后的社区矫正和维护社会稳定带来极

---

① 钟达先，隗永贵，于柏枝.《社区矫正法》实施后的社会调查评估实践分析及制度研究[J]. 北京政法职业学院学报，2022(02)：14-19.
② 吴艳华，张凯，吴春. 论我国社区矫正风险评估体系的构建与完善[J]. 中国监狱学刊，2012(02)：5.

大压力，也给调查评估人员造成很大的责任风险。① 社会力量参与是社区矫正工作的天然属性，充分发挥社会力量，促进社会参与也是社区矫正的应有之义。

首先，《社区矫正法》虽然规定了社区矫正机构之外的调查评估主体——有关社会组织，但是对于该组织的范围、能力、资质并未细说，造成法院可能不敢尝试委托。党的十八届三中全会就指出，要"激发社会组织活力，充分发挥社会力量参与社会管理基础工作"。社会组织参与社会治理是历史发展的必然要求。在社会组织尚没有完全成熟、没有能力单独承担调查评估任务的情况下，有效利用不同社会组织的特点，弥补社区矫正机构调查评估的不足是完全可行的。广东省就明确了有关社会组织是指从事与社区矫正相关工作的社会组织和未成年人保护组织。各地可以根据自身实践明确有关组织范围，积极促进这些组织参与入矫前甚至矫正期间的调查评估工作，当然由于入矫前的评估影响量刑，需要对这些组织的专业能力、调查评估规范进行要求。

其次，我国社区矫正探索出了政府购买社会服务的方式，委托专门的服务机构对未成年罪犯进行社区矫正，如"上海市新航社区服务总站"；② 武汉从2009年起大力推进政府购买原则，向社会招聘社区矫正专职社会工作者等，两地社区矫正效果突出。对于未成年犯的调查评估也可以采取政府购买社会服务的方式缓解评估主体数量不足的问题。被调查评估对象的心理状况是需要重点评估的内容，但心理评估拥有很强的专业性，在司法工作人员没办法胜任该项工作的情况下，可以考虑将心理评估这项工作交由拥有专业资质的心理咨询师来完成，以政府购买专业服务的方式来保障调查评估工作的专业性。

最后，引入志愿者参与未成年犯社区矫正工作。志愿者的知识水平层次丰富，许多志愿者都是本地居民，他们对当地文化和社会环境有更深入的了解，这使得他们能够更好地理解未成年人可能对社区造成的影响，有助于提供更全面的背景信息，从而制定出更有效的干预措施。当然，为了确保调查评估的专业性和有效性，必须对志愿者的条件进行筛选和专业培训，以保证能够提供科学的分析

---

① 胡宏龙. 我国社区矫正审前调查评估制度研究［D］. 湖南：湘潭大学，2017：28.
② 黄超英. 破解未成年人社区矫正运行困境［EB/OL］.（2017-09-11）［2023-08-20］. https：//www.spp.gov.cn/llyj/201709/t20170911_200079.shtml.

与建议。

三、社区矫正调查评估内容的规范化

(一)注重评估内容的全面性

要规范社区矫正调查调查评估内容,就必须明确社区矫正不同阶段需要评估的内容。在入矫前,需要评估的内容包括未成年犯的社会危险性和对居住社区的影响,对于社会危险性可以充分借鉴《最高人民检察院、公安部关于逮捕社会危险性条件若干问题的规定(试行)》相关内容以及基层社区矫正工作实践,将社会危险性评估内容分为:可能实施新的犯罪;有危害国家安全、公共安全或者社会秩序的现实危险;可能对被害人、举报人、控告人以及证人实施打击报复;企图自杀或者逃跑四方面主要内容。对所居住社区影响的评估应注重实证研究与地方特色的结合,如前述表 6-5 中广州越秀和山东制定的关于社区影响的判定标准,以保证评估内容有迹可循。此外,科学的评估方法有利于获取真实、准确和全面的评估结果。有研究者在研究社区矫正风险评估时,发现用犯罪预测表方法预测行为良好者,准确率比直观判断法高 5.4 倍,对行为不良者的预测,则准确率比直观判断法高 7.6 倍。① 可见,定量的、较为客观的评估准确率高于定性的、直觉经验式的评估。基于此,可以在评估内容全面性的基础上,对各项调查内容采取赋权累计计分制,将得分情况考虑在决策范围内。这样判断是否会对社区产生不良影响,比直觉经验判断更有说服力。当然这种量表统计式评估的缺点就在于模板化,因此适用时要格外注重量表设计的科学性。

在社区矫正期间,需要评估未成年犯再社会化的可能性,需特别关注其成长环境、教育状况、心理康复进展及法律意识提升等方面。包括但不限于:第一,教育支持。评估未成年犯是否获得继续教育的机会,包括学校重返计划、职业技能培训等。第二,心理干预。定期进行心理咨询与辅导,评估其心理状态变化,特别是情绪管理、自我认知和社会适应能力的提升。第三,家庭与社区融入。考察未成年犯与家庭成员的关系修复情况,以及在社区中的参与度和归属感。第

---

① 狄小华. 社区矫正评估研究[J]. 政法学刊,2007(06):5-9.

四，法律教育与引导。通过法律知识普及、法治教育活动，评估其对违法行为的认知转变和守法意识的增强。

解矫后并不意味着评估的结束，应重点关注社区矫正对象的社会适应情况、再犯罪预防机制的持续有效性以及必要的后续支持服务。通过定期回访、建立长期跟踪机制，确保社区矫正对象能够顺利融入社会，实现自我价值。

(二)强化评估过程的动态性

对未成年犯的评估不是一劳永逸的，单次的评估结果不能完全适用于整个矫正过程。接受了社会调查评估和社区矫正适用前评估的未成年人，仍存在撤销缓刑的可能。如未成年人小 A，案件移送到法院的时候检察院已经做了社会调查评估，给法院的量刑建议是缓刑，但是小 A 在矫正期间是一个人在县城租住了房子，其父母在山东打工，没有把小 A 带在身边，在小 A 漫长的一年零六个月的缓刑考验期内，没有家长在其居住地进行监督和管教，最终撤销缓刑。① 司法所工作人员应当定期对社区矫正人员进行阶段性矫正效果评估，发现矫正效果不佳的，或者有需要加强的方面，可以合理地调整矫正方案，提高矫正质量。社区矫正过程中，社区矫正人员发生居所或工作变动、突发性事件、接触对其矫正产生不利影响人员等可能使其思想波动较大的，以及有立功表现或被给予警告处分的，司法所工作人员应根据情况进行动态评估，并结合前期矫正方案的实施情况适当调整方案。

动态评估强调了对个体差异的尊重和对矫正效果的持续追求。每个未成年矫正对象都有其独特的成长背景、性格特点和改造需求，只有通过动态评估，才能更加精准地把握这些差异，为每个未成年人量身定制最适合的矫正路径。这种个性化的矫正策略，不仅有助于提升矫正对象的积极性和参与度，更能有效地促进其思想观念的转变和行为的改善。动态评估不仅是社区矫正工作的一项基本任务，更是推动矫正工作不断创新、不断提升质量的重要动力。

(三)加强评估信息的沟通与共享

入矫前评估要精准把握未成年犯的社会危险性及对所居住社区影响，仅凭社

---

① 吴一澜．社区矫正适用前调查评估模式研究[D]．上海：华东政法大学，2022：177.

区矫正机构、司法所的力量进行调查了解是远远不够的，必须激活并发挥社区矫正委员会的统筹协调功能，促使公安、检察、法院、司法行政机关等关键部门之间建立起高效且畅通的沟通机制，确保信息传递的及时性和准确性。在社区矫正期间各参与评估的主体也应当及时沟通、汇总个案情况，刻画完整的社区矫正未成年犯特征，避免因离职发生的信息衔接断裂、不畅通情形。同时，可以利用信息化手段，贯通公检法司各部门之间的信息共享渠道，实现大数据共享，推动各部门间信息共享向数字化、便捷化方向迈进，为社区矫正的精准实施奠定坚实基础。①

（四）增强调查评估文书的规范性和说理性

未成年犯社区矫正调查评估形成的报告文书应具有统一、规范的名称、格式，才能够体现和维护法律的严肃性和规范性。且调查评估的内容不应简单罗列调查事项，直接得出评估意见，而应加强文书说理部分的论证。

---

① 沈东权，沈鑫，何浩斐. 社区矫正法实施背景下的调查评估制度探析[J]. 中国司法，2021(07)：96-102.

第七章　未成年人人身危险性评估在
安置教育中的应用

本书研究的内容是未成年人人身危险性评估，具体包括审前逮捕审查、审中定罪量刑、审后刑事责任追究等不同阶段的人身危险性评估，但本章所研究的安置教育前的社会危险性评估却是在刑罚执行完毕前的一种特殊性质的人身危险性评估。根据《中华人民共和国反恐怖主义法》（以下简称《反恐法》）第 30 条的规定，对恐怖主义活动罪和极端主义犯罪被判处徒刑以上刑罚的，监狱、看守所应当在刑满释放前根据其犯罪性质、情节和社会危害程度，服刑期间的表现、释放后对所居住社区的影响等进行社会危险性评估。虽然《反恐法》使用了"社会危险性评估"的用语，但是我们认为，安置教育①前的社会危险性评估也属于人身危险性评估。② 另一方面，当前我国涉恐犯罪低龄化趋势明显，在近几年新疆公布的多起暴恐案件中，犯罪参与成员的年龄主要在 20 岁左右甚至包括部分未成年人。③ 这一年龄阶段指向的其实就是我国青少年群体，包括 14 周岁以上 18 周岁以下的未成年人犯罪和 18 周岁以上 25 周岁以下的青年犯罪。④ 由于越来越多的未成年人被蛊惑吸纳到暴恐犯罪组织当中，并逐渐成为犯罪的中坚力量。因此，在安置教育实施过程中，如何以社会危险性评估作为触发乃至终结安置教

---

① 安置教育是依法对被判处徒刑以上的恐怖主义和极端主义罪犯，在即将刑满释放时经评估确定仍具社会危险性的，经司法程序决定在刑罚执行完毕后继续限制其人身自由，以预防再犯的保安处分措施。参见陈泽宪.试论安置教育[J].净月学刊，2018(01)：29-35。

② 如无特别说明，本章同等意义上使用的"人身危险性评估"和"社会危险性评估"两个用语。

③ 刘晓梅.刍议青少年暴恐犯罪新动态[J].青少年犯罪问题，2015(06)：60-66.

④ 杨宗辉，杨智博.我国青少年犯罪预防与互联网内容分级制度的整合研究——以社会学习理论为视角[J].江西科技师范大学学报，2016(04)：40-46.

育的基础和依据，增强其实施的审慎性和可操作性，对维护国家和社会安全和保障服刑未成年人基本人权都意义重大。但囿于未成年人涉恐犯罪的特殊性，我们无法对这部分人群安置教育前的社会危险性评估进行实证研究，仅能从理论角度探讨涉恐未成年罪犯在安置教育前的社会危险性评估中存在的不足，并提出完善路径。

第一节　安置教育中社会危险性评估的重要性

安置教育制度下，对涉恐青少年进行社会危险性评估的直接目的即在于验证其是否破除了对宗教信仰的错误认知、切断了与宗教极端势力的非法联结，涉恐青少年的社会危险性是否降低到了能够顺利回归正常社会生活的程度。社会危险性评估的制度设计旨在防控安置教育对象再次实施犯罪的风险，维护国家的长治久安，其重要性主要体现在以下两个方面：

一、危险性评估是安置教育实施的基础和正当化根据

预防犯罪比惩罚犯罪更高明，这乃是一切有效立法的主要目的。[1] 我国现行刑罚可以限制暴力恐怖分子的人身自由，但却难以对犯罪分子的思想意识形态进行有效的引导与改造，刑罚的威慑作用只能解决暴恐犯罪的表层问题，甚至对于暴恐分子来说难以产生实质性的影响，他们对于极端宗教信仰的狂热崇拜，已经扭曲了其最为基础的价值认知，故意制造各种暴力冲突，就是想要达成"殉身圣战进天堂"的目的，这种意识观念一日不消除，其就依然会有重新犯罪的危险。基于暴恐犯罪特有的巨大危害性、恐怖性、极端性、潜伏性，以及刑法只能依据罪责刑相一致的原则，对实施相应犯罪行为、造成一定程度损害后果的犯罪分子进行惩罚，有些具有极端恐怖主义思想的作案人虽实施了危害程度较小的犯罪行为，但在刑期执行完毕释放之后，引发其暴恐犯罪的根源即极端主义思想等，会致使其后续变本加厉地开展实施恐怖活动犯罪，对我国公民的生命财产安全、社会的稳定和谐、国家的安定团结造成极大的破坏。

---

[1]　贝卡里亚，黄风译，论犯罪与刑罚[M]. 北京：中国大百科全书出版社，1993：104.

　　为此，安置教育制度以及社会危险性评估机制应运而生。通过安置教育管理，将具有社会危险性的恐怖分子和社会相隔离，从而巩固与实现去恐怖分子的极端化是反恐形势的必然需求。① 在安置教育制度之下，对涉恐青少年进行社会危险性评估是贯穿其运行实施的主线，起着启动并终结安置教育这一保安处分措施的决定性作用，在评估后认为恐怖活动与极端主义犯罪分子的人身危险性依旧居高不下、对国家的长治久安以及社会的稳定运行存有严重威胁的，可继续限制其人身自由。这一方面切断了与宗教极端势力的联系，同时也阻隔了与社会公众接触的机会，使其无法再实施犯罪，有效维护现今安定平稳的国内形势与社会公众的生命财产安全；另一方面，可针对在社会危险性评估结论中呈现出的具体问题进行有效的教育引导，特别是在极端恐怖主义思想方面的破除消解，这也是去极端化工作中的一项重要举措。社会危险性评估作为一个衡量标准，不仅是对涉恐青少年再犯罪人身危险性的评估，也是对安置教育管理效果的评估。安置教育作为涉恐青少年回归社会前的缓冲地带，在其制度之下的社会危险性评估是有效消除暴恐犯罪人员在思想与行为上极端性的前提与保证，在实现我国总体国家安全观、预防重新犯罪的工作中极为必要。

二、危险性评估是尊重和保障人权的基本要求

　　伦理的容许性、合目的性和有效性是保安处分制度赖以存在的三大基石，②三者缺一不可。我国《反恐怖主义法》在总则中第6条即是人权条例，明确规定了在反恐工作中要切实维护与保障相关人员的基本人权和合法权益。安置教育与社会危险性评估就是首次以立法的形式规定在该法条文当中，其不同于刑罚，并不具有惩罚性，本质上只是以涉恐犯罪人为中心的消弭降低其社会危险性、帮助其再社会化的教育管理措施，在教育活动中更加注重以人为本，满足犯罪人的人性化需求。我国作为一个法治国家，在反恐工作中对于犯罪人基本人权的尊重与保障是毋庸置疑的。

---

　　① 黄彬.总体国家安全观视野下安置教育管理的人权保障[J].中国刑警学院学报，2018(04)：26-32.

　　② 梁根林.刑事制裁：方式与选择[M].北京：法律出版社，2006：264.

在我国现行立法中，虽然未对安置教育的期限进行明确的限定，但却规定了用社会危险性的评估结果作为衡量可否终结的程序环节，如此更为符合立法原旨。对涉恐青少年进行安置教育的目的就在于降低其社会危险性，保证其可顺利地回归社会并不再有重新犯罪的危险，因此将社会危险性评估作为安置教育管理最后的"守门员"是理所当然的。对于一些遭受恐怖主义、极端主义荼毒不深的暴恐犯罪分子而言，无须过长时间的安置教育其社会危险性就可显著降低，但对于那些主观恶性极大，深受极端恐怖思想影响的犯罪人则需要相对长时间的管理教育。安置教育下的社会危险性评估这一规定更为人性化与灵活性，避免对危险性已经较小的人员长期限制人身自由，加强了对其人权的保障，更符合安置教育与去极端化工作的实际状况与需求。实施教育管理的期限与社会危险性的大小相挂钩，同时也是一种良好的激励促进机制，鼓励涉恐青少年积极接受教育改造，尽快认清极端恐怖主义犯罪活动的本质与巨大危害，从而能够消除不良影响、摆脱精神控制。

第二节　暴恐类犯罪青少年社会危险性评估要素分析

考察我国涉恐青少年社会危险性的诸多影响因素，本质上在于进一步探究我国青少年暴恐犯罪产生的原因，这是后续有针对性地防治暴恐犯罪的依据与基础，尤其是要注重宗教因素、族际关系等这些凸显暴恐犯罪特殊性、与普通犯罪不同的影响因素，循因施策。青少年之所以触及恐怖主义，其行为从日常生活行为发展至恐怖主义违法犯罪行为，必然存在"环境——个体——行为"的逻辑，即个体在周边环境的影响下，逐渐将非正常意识形态作为自身行为准则。正如学者指出的，极端化是"个体将极端主义内化为真挚信奉的内在过程"，是"个人被'暴力行为是实现目标的正当且必需的方式'的极端主义观念所说服并且决定将该极端理念付诸实践"的过程。①

人们总是生活在特定的社会环境之中并在其中完成社会化，社会环境的宏观

---

① 兰迪. 去极端化视域下青少年涉恐犯罪防范策略研究——以"丹麦模式"为例[J]. 山东警察学院学报，2019，31(01)：92-104.

构成包括社会的经济结构、政治结构、文化结构等，而其微观构成主要包括个人、角色、群体、组织、社团等要素。① 探究涉恐青少年社会危险性，应当认识到影响因素是多方面的，目前学界也对青少年社会危险性作了深入的理论研究和实证调研，本书从社会学角度将涉恐青少年社会危险性的影响因素分为宏观和微观两个分析维度。

一、宏观维度要素分析

(一)经济因素

经济因素能否作为影响涉恐青少年社会危险性的主要因素，学界存在不同观点。有观点认为，贫困极可能引发青少年对国家和社会的不满，形成分裂倾向，在经济状况较差的地区，青少年的物质需求得不到满足，在恐怖分子的利诱下极容易误入恐怖主义的歧途。而有学者经过实证分析，认为贫困与青少年分裂倾向并不存在关联。② 即青少年经济情况较差时，并不一定实施恐怖主义违法犯罪行为。

对此，本书认为应当辩证地看待经济因素对涉恐青少年社会危险性的影响。恐怖主义犯罪相对于抢劫、盗窃等经济犯罪存在诸多不同，其目的更具政治性，其动机具有复杂性，属于非财产性犯罪，经济因素不是促成青少年走向恐怖主义犯罪的决定因素，即贫困并不必然导致暴恐犯罪。但是人民生活水平较低时不得不通过各种途径反映自身不满，而恐怖主义犯罪分子正是利用民众的这种不满情绪，处心积虑地编造各种谎言，从而引发反社会的极端倾向。在此种社会经济背景之下，青少年群体往往作为被恐怖分子煽动的主力，实施恐怖主义违法犯罪行为，具有较高的社会危险性。拉基莫夫指出，"包括社会经济因素在内的外部因素，对于恐怖主义产生一定的影响，并将其引入一种心理生理状态，部分民众会

---

① 郑杭生.社会学概论新修[M].北京：中国人民大学出版社，2015：68-70.

② 赵军，宋红彬.少数民族青少年分裂倾向定量研究——以新疆地区为例[J].青少年犯罪问题，2017(01)：29-34.

因此走向犯罪的道路"①。

(二)宗教因素

通说认为,恐怖主义的催生离不开宗教因素,宗教是恐怖分子借以传播恐怖主义,煽动情绪,制造暴恐事件的重要媒介。但是这并不意味着宗教就是恐怖主义的源头,宗教与宗教极端主义应当作出区分,宗教多是对"善"的追求,以达成人生圆满的目的;而极端宗教主义则是向"恶"的方向发展,为达目的不择手段。可以说,宗教与宗教极端主义两者截然不同且追求的价值完全相悖。宗教属于社会现象,蕴含社会价值,主要功能是通过共同信仰以及宗教内部成员之间的共同情感形成凝聚力,并以教义和相关仪式赋予宗教活动神圣性。申言之,宗教都是为了追求至高无上的精神境界。有学者指出:"作为人类追求极乐世界的精神产品,宗教是和平的力量,它不喜欢暴力带来的恐惧。"②而宗教极端主义是宗教被恐怖主义利用的结果。宗教成员对本教的极度信服以及宗教活动体现出的神圣性、仪式感都成为恐怖分子可利用的条件,曲解教义、煽动引导是常见的手段。

因此,影响涉恐青少年社会危险性的宗教因素并非日常生活中的宗教活动,而是与宗教矛盾或者宗教极端主义相关的恐怖主义活动,这使得涉恐青少年的社会危险性骤然提升。

(三)族际因素

族际关系③同样是宏观影响因素之一。有观点认为,涉恐青少年社会危险性受到族际因素影响,在我国,主要指汉族与少数民族之间的关系。也有观点认

---

① 拉基莫夫. 犯罪与刑罚哲学[M]. 王志华,丛凤玲,译. 北京:中国政法大学出版社,2016:65.

② 章恩友,宋胜尊. 犯罪心理学[M]. 保定:河北大学出版社,2011:242.

③ 族际关系是指人类社会民族与民族之间或种族与种族之间的关系的简称,是民族关系与种族关系的总和。为调节民族关系,处理民族问题,党和国家依据马克思主义民族理论提出适合我国的民族政策,其本质是民族平等、团结和共同繁荣,实施民族区域自治,这是我国民族工作全局中必须遵循的大政方针。

为，民族歧视和习俗破坏等族际因素并不是造成涉恐青少年社会危险性的必要因素。①

族际因素对我国暴恐犯罪具有不可忽视的重要影响，我国少数民族众多，奉行"大杂居、小聚居"的民族政策，对于民族融合程度较高的地区，族际因素在一定程度上可忽略不计，但在少数民族大量聚居的地区，族际因素的影响作用就尤为突出。一些少数民族青少年则剑走偏锋，对族际关系产生错误认知，产生极端主义、民族分裂主义、恐怖主义思想。

二、微观维度要素分析

(一)个体因素

就涉恐青少年社会危险性影响因素的微观层面而言，个体因素是最值得探讨的，同时也是最难进行分析的。青春期是人体发育的重要时期，青少年的生理与心理发展迅猛，身体机能逐步健全，但由于尚未达到成熟状态，对于成年人而言，其处于相对弱势地位，这种力量上的悬殊就会致使一些青少年受到恐怖主义犯罪分子的胁迫、驱使，从而被迫参与恐怖活动。此外，在青少年的心理发展层面，其认知水平和认知能力较差，很难通过自身的能力获取正确信息，容易受到周围环境的影响，他们正处于心理发展的过渡阶段，各种心理机制并不健全，对事物的感知不全面。

社会生活的纷繁复杂很容易就会使一些青少年陷入迷茫，碎片化的信息涌入青少年头脑中，恐怖分子利用互联网、移动通信设备在网上寻觅处于青春期的青少年，给予金钱回报或者无微不至的关心，利用各种手段拉拢青少年。社会生活方式的个体化和碎片化将有社会孤立倾向的边缘青少年个体推向充满暴力和极端思想的互联网世界，他们通过互联网获取使其变得越发激进极端的意识形态，并

---

① 我国长期施行各种"民族优惠政策"，并且强调尊重民族风俗习惯，真正对新疆维吾尔青少年群体分裂倾向发生作用的，是他们对各种资源被汉族人占用产生的忧虑。参见赵军，宋红彬. 少数民族青少年分裂倾向定量研究——以新疆地区为例[J]. 青少年犯罪问题，2017 (01)：32。

最终走向暴恐之路。① 另一方面，青少年心理上对整体事物缺乏客观全面的判断，易受恐怖主义的影响，产生偏激的认识，而且情绪上不稳定，自控力差，做事冲动，不顾后果。若是缺乏正确及时的引导，便会朝着极端化方向发展，完全掉入恐怖主义的深渊之中，在恐怖极端主义思想的驱使之下做出错误的行为。

(二)家庭因素

家庭是青少年成长发育与价值养成的重要场所，每个人身上都必然会带有原生家庭的影子，家庭因素对青少年的影响潜移默化且十分深远，因而其对涉恐青少年社会危险性的影响也是不言而喻的。关于家庭对青少年犯罪影响的研究由来已久，并从家庭的多个方面进行了详尽的探讨。譬如，有学者就分别从家庭关系、家庭教育、家庭居住区域、家庭经济情况等角度得出结论，不良的家庭因素对未成年人初次犯罪的影响是深刻的。② 随着犯罪理论的深入发展，学者们由最初的家庭结构入手，到深入研究家庭功能和家庭成员行为所起的作用，进而探讨家庭因素与青少年犯罪之间的中介变量，即作用机制问题。③

具体到青少年的暴恐犯罪之中，首先在家庭结构的经济状况方面，有研究指出家庭贫困会在一定程度上促使暴恐犯罪的发生，父母没有较高的文化程度，工作不稳定或从事的都是重体力劳动，收入不高难以满足孩子的正常物质需求，此时青少年就会容易受到外界的金钱物质诱惑，从而走向犯罪道路。此外，家庭经济条件也直接决定了青少年所处的家庭社区环境状况，在较差的社区环境中，青少年更易受到亚文化的不良影响，实施反社会行为。在父母的教养方式上，由于父母疲于劳作挣钱，而且在农村的一些家庭普遍都要有两个以上的孩子，父母根本无暇抽身专门对孩子进行教育，大多是放任型的教养，对

① 刘晓梅. 刍议青少年暴恐犯罪新动态[C]//犯罪学论坛(第三卷). 中国犯罪学学会预防犯罪专业委员会、上海政法学院刑事司法学院：中国犯罪学学会预防犯罪专业委员会，2016：888-897.

② 姜尖. 家庭因素与未成年人初次犯罪探析——对广东省未管所的100名未成年罪犯的调查与思考[J]. 中国青年研究，2006(10)：11-13.

③ 蒋索，何珊珊，邹泓. 家庭因素与青少年犯罪的关系研究述评[J]. 心理科学进展，2006，14(03)：394-400.

孩子的处罚方式简单粗暴，亲子关系紧张，对于正处于叛逆期的青少年而言，这无疑是更加激发了其逆反心理，强化内心敌对信念，进而选择实施一些攻击性行为。总而言之，对于青少年这一特殊主体而言，家庭因素对青少年涉恐犯罪的影响是不容小觑的。

（三）教育因素

教育因素是导致涉恐青少年社会危险性的重要因素。据统计，近年来侦破的暴力恐怖团伙案件，涉案人员初中以下文化程度比例高达95%。[1] 这些青少年辍学时间太早，受教育程度低，在对事物的认知水平上就会有所局限，不能形成较好的思维能力。由此致使宗教极端势力有了可乘之机，他们对经文进行歪曲、片面、极端的错误解释，对青少年进行大肆宣扬圣战，煽动暴力恐怖活动。

此外，部分地区"三学一去"制度落实不到位，青少年没有学习法律法规，不知道法律的界限在何处；没有学习文化技能，游手好闲、无所事事使青少年误入恐怖主义活动；没有学习汉语，限制了与外界的沟通交往渠道，由此最终导致"极端思想"在青少年群体中蔓延。青少年犯罪与受教育程度紧密相关，接受教育程度越高，越能对自己的行为作出正确的判断，减少犯罪概率。[2]

第三节 安置教育中社会危险性评估现存问题

我国《反恐怖主义法》中关于安置教育以及社会危险性评估的相关规定多是宏观上的制度安排，虽具有开创性，但过于笼统概括，使其在具体实践操作中还有很多规范程式不够明晰。具体体现在以下几个方面：

一、社会危险性评估的主体层面

就社会危险性评估的主体而言，法定的评估主体依据涉恐青少年所受刑事处

---

① 贾宇．中国新疆暴恐犯罪的现状与对策[C]//中国战略与管理研究会．战略与发展．海口：海南出版社，2015：113.

② 孜比布拉·司马义，张文静．新疆受教育程度对青少年犯罪的影响分析[J]．湖北警官学院学报，2019，32(04)：94-104.

遇阶段的不同并不统一。在监禁服刑阶段，负责看管的监狱和看守所是进行评估的主体，在其服刑结束后，主体就转变为所处的安置教育机构。在社会危险性评估时，为确保评估内容的全面与结果的准确，还需将与评估对象相关的基层组织与原办案机关作为辅助，重视他们所提出的各种意见。从中可探知立法上对于评估主体的选定主要是评估对象在每个阶段所在的监管机构，同时附以相关的其他组织与机关，这或许是由于监管机构更为熟悉和了解评估对象的日常生活动态、思想行为变化等，在开展评估时对一些细节的把握更为精确，而且也更加便利进行各种评估工作。但多个机关、组织参与社会危险性的评估工作也会产生诸多的问题，首要的是缺乏良好的衔接协调机制。譬如，安置教育机构在进行评估时会与前一环节的监狱、看守所以及辅助的基层组织、原办案机关等出现重复调查的情况，这一方面会造成司法资源的重复浪费，加大相关人员的工作量，另一方面也会致使需要配合调查的人民群众产生厌烦心理。此外，涉恐犯罪人员有可能在不同的时空背景下的思想行为表现迥然相异，评估主体之间若是工作对接不畅，就可能会使犯罪人通过一些虚假的行为表现蒙混过关，社会危险性评估就难以起到把关过滤的作用。

评估人员的专业素养也是急需重点关注的一大问题，社会危险性评估的结果关系到评估对象的人身自由，而且评估工作涉及评估对象的方方面面，特别是由于涉恐犯罪相较于其他普通犯罪对于人们思想意识观念的影响巨大，在对涉恐人员进行评估之时，必不可少会运用到宗教、民族、心理等专业性的知识，另外就评估工作本身而言也需要一定的社会调查研究能力，这些显然在实务中的评估部门中是有所欠缺的。

二、社会危险性评估的内容层面

在社会危险性评估的内容上，《反恐怖主义法》主要考察的有三个方面：犯罪行为的社会危害性、服刑表现以及释放后对所在社区的影响。这些作为评估的内容当然是毫无疑问的，但还有所欠缺，譬如对涉恐青少年成长经历、生活环境、家庭状况、经济条件、教育程度等其在实施犯罪行为之前各种情况的考察也是必不可少的。在评估要素的全面性不足之外，还存在在评估要素的选定上主观性成分过大，很多都是基于评估工作人员相关的实践经验与自身的价值取向，未能充分有效验证评估要素与我国青少年暴恐犯罪之间是否存在客观上的相关关系以及强弱问题，对一些无关要素的评估会浪费有限的司法资源，导致事倍功半，另一方面，缺乏相关性强的要素即对暴恐犯罪的再犯可能影响较大的评估因子势必会降低最终评估结果的正确性。

三、社会危险性评估的对象层面

评估对象由《反恐怖主义法》作出规定，对恐怖活动罪犯和极端主义罪犯被判处徒刑以上刑罚的进行社会危险性评估。但是两者在一定意义上重合，且未包含所有应当进行社会危险性评估的对象。

一方面，恐怖活动罪犯是指实施恐怖活动的人和恐怖活动组织的成员，其或多或少会有极端主义思想。极端主义罪犯可能会利用宗教、教派、信仰、民族差异煽动、实施恐怖活动，但也可能仅进行与恐怖活动无关的犯罪，所以法律规定的两类罪犯可能发生重合。另一方面，社会危险性评估对象应是有涉恐情节的所有罪犯。但《反恐怖主义法》第30条所规定的社会危险性评估对象仅包括恐怖活动罪犯和极端主义罪犯两类群体，而未包含所有具有涉恐情节的罪犯。譬如，为制造恐怖主义活动而进行的犯罪，诸如偷越国边境罪、间谍罪、为境外窃取、刺探、收买、非法提供国家秘密、情报罪等犯罪，这些以恐怖主义为目的的犯罪若不纳入评估体系中，则会降低社会危险性评估的效果，不利于恐怖主义犯罪的打击和治理。

四、社会危险性评估的方法层面

在社会危险性的评估方法上，不论是《反恐怖主义法》还是新疆人大常委会通过的《实施办法》都未有所涉及，这在落实到具体实践操作上给予相关评估人员过大的自由发挥空间，而评估人员专业素质不强就难以创设选取科学有效的评估方法，而且就评估工作本身的开展而言，并非公开透明的，很多内容是不会对外公开的，在这种封闭内部的状况之下，法律无法进行一定的规范引导，就会致使整个评估工作可能会流于形式化。我国很少有学者、专家将此类犯罪风险评估作为专职的研究方向，现有的理论实践成果大部分都是某一领域或交叉学科的研究。因此，无法形成专家证言的形式，也没有完善的保安处分体系，再犯危险性评估技术也根本没有名正言顺地被纳入刑法体系。① 总而言之，现今并没有相对统一规范的犯罪风险评估机制，学者们与实务部门虽然做出了很多有益探索，但都各有利弊，并未形成可进一步推广适用完善的评估体系，但基于社会危险性评估在安置教育中的重要地位，对其的合理完善已迫在眉睫。若是缺乏科学有效的评估工具方法，那么就无从谈起对涉恐青少年的社会危险性评估，虽然我国学者也对各种犯罪风险评估进行了相关理论与实证研究，司法实务中的监狱、社区矫正部门以及需要进行社会调查的未检部门等也进行了积极的探索与尝试，但大多只是带有一定局限性的个人或地方区域研究，并未能进行统一全面的推广适用。国际上针对暴恐犯罪研制了暴力极端主义的风险评估第二版（*Violent Extremism Risk Assessment Version 2*）与英国极端主义风险指南 22+（*The United Kingdom's Extremism Risk Guidance 22+*，ERG22+）等评估工具。② 但基于样本的问题，这些评估结果的信效度还有待证实。而且暴恐犯罪对于其他犯罪而言有其独特之处，宗教、民族、政治、文化等特性使其更为敏感复杂，评估工作所需的涉恐犯罪人员材料信息由于涉密无法获取，而普通的犯罪风险评估难以覆盖涉及如此多的内容，这就造成并无相对理想的评估方法可以加以利用。

第四节 安置教育中社会危险性评估的完善路径

基于安置教育中社会危险性评估工作的问题，从其为起点出发构想该工作机制的完善。具体而言涵盖以下四个方面：独立专业的社会危险性评估主体、全面完善的社会危险性评估内容、明确完整的社会危险性评估对象、科学合理的社会危险性评估方法。

一、独立专业的社会危险性评估主体

在社会危险性评估主体上，整个社会危险性评估工作其实是一个连续的过

---

① 文姬. 人身危险性评估方法研究[M]. 北京：中国政法大学出版社，2014：3，16-50，249-257.

② Monahan J. The Individual Risk Assessment of Terrorism[J]. Psychology，Public Policy，and Law，2012，18（02）：167-205.

程，以评估对象为中心跨越监狱、看守所、安置教育机构等多个场所，法定的评估主体太过分散化，不同的阶段由不同的部门机构进行评估，相当于把本应是一个整体化的考察工作强行隔断，这种碎片化的评估难以对评估对象在整个刑事处遇过程中的思想行为变化进行全面动态的把握。因此，有必要建立一个独立的社会危险性评估工作小组，既免除了不同评估部门主体之间的衔接协调，进行整体持续的情况考察，又能防止监狱、安置教育机构等评估人员先入为主，对评估对象的偏见认识影响评估工作的开展与结论的认定，毕竟在社会危险性的认定中不可避免地会掺杂有评估人员的主观评价。

此外，社会危险性评估也是一个专业性很强的工作，监狱、看守所、安置教育机构的工作重点是对涉恐犯罪人员的看管教育，评估工作虽然会有所涉及，但却不是其工作的重点与主要职责所在，在评估人员的配置上专业性有待提升。若是成立单独的评估小组，就可有效解决这一问题，在人员配置上可加入一些具有心理学、教育学、法学、犯罪学、宗教民族等相关知识的专家学者，专业的评估主体建设是开展社会危险性评估工作的前提。社会危险性评估的主体其实也是安置教育工作人员中的一部分，在其之外的其他安置教育人员理所当然地也要具备前面所提到的专业知识与技能，社会危险性评估本质上也是对他们教育管理成果的考量评估。他们所做的工作是安置教育制度中最为基础性的工作，需要对每个安置教育对象进行感化引导，针对涉恐人员的不同人格特质、性格特点以及在社会危险性评估报告中凸显的问题因材施教，消除其极端化思想与恐怖主义倾向，掌握学习基础的法律知识与国家相关政策，同时考虑到很多青少年是由于受教育程度低、缺乏必要的生存工作技能，处于无业或待业状态而被恶意引诱成为暴恐分子，所以也要进行相应的科学文化知识的传授与职业技能教育，使其具备能够顺利回归、适应社会的本领。

二、全面完善的社会危险性评估内容

对涉恐青少年的社会危险性评估应当以"全面"和"准确"为原则，评估内容应当具备完整性和预测性。完整性是指评估内容应当包含"个体"和"行为"两个方面，"个体"指涉恐青少年的成长经历、周围环境、思想观念、认知水平等，"行为"指涉恐青少年的异常表现、习惯爱好等。预测性是指对涉恐青少年进行社会危险性评估之后，形成一份精准的评估报告，对涉恐青少年是否会再次进行犯罪、何时何地再次进行犯罪等提前知悉，作出应对策略。因此，在社会危险性评估内容上，除了法定要求的评估内容之外，还应当对评估对象的整个成长历程、所处的社区环境、在家庭与学校的表现、人际关系状况、就业工作情况、去清真寺礼拜的频率等进行全面的考察。人的行为主要受到如心理、生理特征等自身因素与外界社会环境因素的支配、影响，甚至于外界社会环境对涉恐青少年的影响要更胜一筹。基于对我国青少年涉恐犯罪诸多影响因素的分析论述，在个体层面，社会危险性评估内容应当从涉恐青少年的个人角度出发，结合其身心发展特点，全面考察家庭环境、教养方式、经济状况、宗教因素、族际关系等对个体产生的影响。在行为层面，评估内容应当以涉恐青少年违法犯罪行为为界，在违法犯罪之前，全面考察涉恐青少年行为习惯、宗教活动的参与情况以及在家庭、学校、社区等环境的行为表现，在违法犯罪之后，结合犯罪性质、情节和社会危害程度，对服刑期间的表现作出评估。

危险性评估的基本价值是"标定危险"——标定犯罪人的危险程度，为危险控制奠定事实上、逻辑上与科学上的基础。[①] 在评估的内容上也要展现暴恐犯罪危险程度的不同等级，安置教育人员根据评估结果危险级别的高低可以采取与其相适应的教育管理措施，从而创建出具有高中低三个等级的立体化犯罪危险防控机制。此种分等级的立体化、差别化危险防控机制不仅优化了司法资源的配置、提高了矫正工作的效率，而且也激励促使涉恐人员尽快地消除极端化思想，达成社会预防的目的。

三、明确完整的社会危险性评估对象

《反恐怖主义法》规定对恐怖活动罪犯和极端主义罪犯被判处徒刑以上刑罚的进行社会危险性评估，在一定程度上这两种罪犯的范围会发生重合，导致制度适用时评估对象易混淆，而且被判处徒刑以上刑罚这一条件将许多情节显著轻微不构成犯罪但涉恐的人员排除在外，不利于恐怖主义整体预防，因此需要进行界定。

---

① 翟中东.国际视域下的重新犯罪防治政策[M].北京：北京大学出版社，2010：122.

第一，应当指出具有涉恐情节的罪犯都需要进行社会危险性评估。我国部分地区深受"三股势力"叠加影响，这三股势力在目的、行为方式、综合特征等方面既存在相同之处，又有所区别，每股势力都可能向其他两股势力转变，也可能与其他两股势力融合。涉恐人员可能集民族分裂、宗教极端、暴力恐怖等思想为一体，也可能只受某一股或两股势力影响。无论是哪股势力，都会以恐怖活动的形式表现出来。因此，凡具有涉恐情节，无论属于哪股势力都应当进行社会危险性评估，以保证这一制度在评估对象范围界定时不会发生重合和遗漏，对于恐怖主义整体预防工作来说，虽然可能增加相关部门的工作量，但是收到的成效却显著高于过去，能够形成有效预防。

第二，应当摒弃被判处徒刑以上刑罚这一条件。其将三类人员排除在外：一是被教唆、胁迫、引诱而参与的人员，二是情节轻微不构成犯罪的人员，三是参与恐怖活动但尚未造成实际危害后果，主观恶性不深且能够认罪悔过，依法可以免除刑罚的人员。这些人员未被判处徒刑以上刑罚，但是其社会危险性并不必然低于被判处徒刑以上刑罚的罪犯，对其进行教育改造，降低社会危险性，是当前背景下预防恐怖主义的有效途径。

四、科学合理的社会危险性评估方法

至于社会危险性评估的方法，主要可从两条进路改进：其一，强调暴恐犯罪人员的特殊性，构建以其为中心、符合实际的评估方法。国外各种关于犯罪风险管理的分析工具已经更新换代，从最初的普通心理学人格测量工具发展到以统计数据精算为特色的犯罪人人身危险性评估，该类工具的使用精确区分了不同程度的分类需要。① 我国可借鉴、引进国外相关的犯罪风险评估量表等工具，同时要探究本土暴恐犯罪的发生机理，基于我国经济、文化、宗教等宏观的影响因素与家庭、学校、社区等相对微观的因素进行具体设计。同时，要注重定性与定量、定期与不定期评估的有机结合，定性评估中注入了过多的主观性评价判断，社会危险性评估本身就缺乏客观明确的判定标准，如果只是定性评价，那就变成了评

---

① 师索. 犯罪与风险——风险社会视野下的犯罪治理 [J]. 犯罪研究，2011(05)：34-44.

估主体的一言堂，其可以任意凭自身喜好来判断评估对象的人身危险性，但这却决定着被评对象的人身自由，这种任意性无疑是对涉恐人员人权的重大侵犯，所以结合定量评估并以量化为主才是评估的必由之路。在评估期限上，鉴于法律规定每年评估一次，这种时间限定过于死板，可以再加入依据评估对象的请求的相对灵活的不定期评估，使整体制度设计更为人性化。

其二，加强对现代科技、大数据信息平台的利用，创建智能化的社会危险性评估方法工具。在当前信息化平台建设与大数据、人工智能等技术的推动之下，可建立专门的我国涉恐犯罪人员信息库与线上的监管跟踪平台。这些信息化建设可以便于涉恐青少年状况的整体特征分析，用量化实证的方式验证与涉恐相关的诸多因素，并进而用数据构建拟合出相对精确的评估预测模型，为社会危险性评估内容设计上提供技术与数据支撑。线上的监管跟踪平台是将每次进行社会危险性评估时间、内容、结果、变化情况等上传至专门的工作网络，可针对涉恐青少年形成一条连贯的具有个体性特征的评估记录，便于掌握其在安置教育过程中的思想、行为转变，同时也是对评估工作开展状况的监督。在平台建设上还可设置评估对象自行申请的功能选项，依照其合理的评估请求对其实施社会危险性的评估，而不是一味地将评估的权力全部赋予监狱、看守所、安置教育机构等主体，既可防止权力的滥用，又能充分尊重、保障安置教育对象的基本人权。

在我国青少年的暴恐犯罪危险防控机制中，严刑峻法固然可以起到一定的震慑、惩罚作用，但却收效甚微，很多暴恐分子被极端思想控制，为了进行所谓的"圣战"，不仅作为实施者积极地实施各种暴力恐怖犯罪行为，还充当着暴力恐怖主义的宣扬者诱使更多的人去参与暴恐犯罪活动，就犹如传染性极强的病毒，严重威胁着我国的整体安全，引发社会公众的恐慌情绪。《反恐怖主义法》中的安置教育制度作为最后的安全防护带，社会危险性评估作为其实施的"利器"，在确保降低涉恐人员重新犯罪风险的同时也应坚守法治人权底线，构建科学合理的社会危险性评估机制。

综上，在安置教育制度实施过程中，确立并增强社会危险性评估机制的可操作性是启动和终结安置教育的关键。社会危险性评估具有维护国家安全和尊重保障涉恐未成年人基本权利的双重必要性。我国涉恐未成年人的社会危险性受多重因素影响，探究经济、宗教和族际等宏观因素以及个体、家庭、教育等微观因素，是后续有针对性地防治未成年人暴恐犯罪的依据与基础。针对社会危险性评估在主体、内容、对象以及方法层面的问题，应加强评估主体的专业化队伍建设、评估内容的全面立体化构建、评估对象的明确化界定以及评估方法的科学智能化增效。

第八章　未成年人人身危险性评估结果
证据化问题研究

2018 年《刑事诉讼法》明确规定了未成年人社会调查制度，为人身危险性评估结果的证据化提供了高阶法律依据。多年来，我国一直践行并积极推动着未成年人社会调查报告制度的探索实践，其制度的规范性、系统性及实效性日益显现。但同时由于法律规定较为笼统，特别是对调查报告的程序和结果具体适用缺乏明确规定，针对该制度理论构建与实践操作的质疑和争议也日渐增多，很多观点甚至彼此对立。比如，当社会调查报告的结果明显不利于涉罪未成年人时，是为保护未成年人不提交报告，还是基于双向保护原则提交？再如，调查报告应当属于哪一类法定证据？是证人证言、书证、鉴定意见，还是这些证据种类的集合？调查报告的内容应不应该包括行为人主观恶性分析和处遇建议？此外，如何规范报告的制作形式？现有报告的撰写是过于量表化而有失针对性，还是过于个性化而有失客观真实性？

这些争议，体现出司法机关在确定调查报告的采信标准时所面临的困惑：究竟什么性质的社会调查报告，或者说包含怎样的内容且具备怎样形式的调查报告，可以在诉讼或其他证明活动中被采纳。为此，本章笔者将着重通过对裁判文书进行文本分析的方式，揭示未成年人人身危险性评估结果的证据化问题。

第一节　我国未成年人社会调查报告的实践现状

本书从北大法宝司法案例数据库中，以"未成年人犯罪"和"社会调查"为关键词，限制审结日期为 2017 年之后，共检索到 200 份裁判文书，剔除 85 份被告人不含未成年人的裁判文书,①　一共得到 115 份样本, 涉及 185 名未成年被告人。本书以此资料为研究基础, 分析裁判文书中所记录的未成年人犯罪案件的整体情况。

一、样本案件整体情况介绍

(一)犯罪类型

文书样本中未成年人犯罪共涉及 19 个罪名, 214 名未成年被告。通过表 8-1, 可以发现实施妨害社会管理秩序罪的涉罪未成年人最多, 达到 82 人, 占比 38.32%, 其中实施寻衅滋事罪的未成年人有 34 名, 实施聚众斗殴罪的未成年人有 31 名。实施侵犯财产罪的人数位列第二, 共 72 人, 占比 33.63%, 实施盗窃罪的未成年人最为集中, 达到了 37 人, 实施抢劫罪的未成年人数紧随其后, 为 25 人。侵犯公民人身权利、民主权利的未成年人人数处于第三位, 一共 58 人, 占比 27.10%, 其中实施故意伤害罪与强奸罪的未成年人人数位于前两位, 分别是 29 人和 25 人。实施这三类犯罪的未成年人人数, 合计达到了涉罪未成年人总数的 99%。涉罪未成年人实施最多的前六项罪名分别是盗窃罪、寻衅滋事罪、聚众斗殴罪、故意伤害罪、强奸罪以及抢劫罪, 这六项罪名犯罪未成年人人数占比高达 84.58%。除故意伤害罪外, 其余五项罪名与最高人民检察院发布的《未成年人检察工作白皮书(2021)》的统计结果吻合。

表 8-1　　　　　　　　　　　未成年被告的犯罪类型

类　　型	罪　　名	人数	总计	比重
危害公共安全	交通肇事罪	1	1	0.47%
破坏社会主义市场经济秩序	妨害信用卡管理罪	1	1	0.47%

---

①　这 85 份裁判文书, 均对成年罪犯判处了罚金的附加刑。而裁判文书法律适用部分关于罚金的释明, 既包含对成年人犯罪, 也包含对未成年人犯罪适用罚金的规定而出现在检索结果中。但案件被告人并非未成年人, 不在本次研究范围内, 予以剔除。

续表

类　型	罪　名	人数	总计	比重
侵犯公民人身权利、民主权利	故意伤害罪	29	58	27.10%
	强奸罪	25		
	非法拘禁罪	3		
	故意杀人罪	1		
侵犯财产	盗窃罪	37	72	33.64%
	抢劫罪	25		
	诈骗罪	9		
	故意毁坏财物罪	1		
妨害社会管理秩序	寻衅滋事罪	34	82	38.32%
	聚众斗殴罪	31		
	强迫卖淫罪	4		
	开设赌场罪	4		
	贩卖毒品罪	3		
	参加黑社会性质组织罪	3		
	偷越国(边)境罪	1		
	介绍卖淫罪	1		
	协助组织卖淫罪	1		
总计	19	214		100%

针对这六项罪名，本书进一步分析涉罪未成年人的犯罪手段、犯罪对象以及犯罪后果。

1. 盗窃罪

盗窃罪作为未成年人实施最多的一项罪名，其最大的特点在于犯罪的持续性。通过对裁判文书的分析，本书发现不止一次实施盗窃行为的未成年人有12名，占比超过30%，其中盗窃十次以上的未成年人占比多达8.1%（见表8-2）。

表 8-2　　　　　　　　　　盗窃案中犯罪次数分析

盗　窃　罪		人数	总计	比重
犯罪行为实施次数	1 次	25	37	67.57%
	2~5 次	3		8.10%
	6~10 次	6		16.23%
	11 次及以上	3		8.10%

2. 寻衅滋事罪

从表 8-3 可以看出，在实施寻衅滋事罪的未成年被告中，将近 1/4 的行为人持械，造成 19 名被害人轻微伤以上。受未成年人性格冲动、盲目跟风讲义气的特点影响，未成年人实施寻衅滋事罪的次数仅次于盗窃罪，且再次实施寻衅滋事罪的可能性也较大。

表 8-3　　　　　　　　　寻衅滋事罪中犯罪手段与后果分析

寻衅滋事罪		人数	总计	比重
犯罪手段	持械	8	34	23.53%
	未持械	26		76.47%
犯罪后果	轻微伤	9	19	47.37%
	轻伤	10		52.63%

3. 聚众斗殴罪

表 8-4 表明，在聚众斗殴罪中，持械的涉罪未成年人占比达六成以上，且在造成人身伤害的后果中，轻伤以上占比接近 70%，较寻衅滋事罪有更大的人身伤害性。

表 8-4   **聚众斗殴罪中犯罪手段与后果分析**

聚众斗殴罪		人数	总计	比重
犯罪手段	持械	19	31	61.29%
	未持械	12		38.71%
犯罪后果	轻微伤	4	13	30.77%
	轻伤	8		61.54%
	重伤	1		7.69%

4. 故意伤害罪

故意伤害罪中，造成被害人重伤的犯罪后果占比超过一半（见表 8-5）。未成年人暴力犯罪问题仍较为突出。不计后果的伤害行为也体现了涉罪未成年人较高的人身危险性。

表 8-5   **故意伤害罪中犯罪手段与后果分析**

故意伤害罪		人数	总计	比重
犯罪手段	持械	4	29	13.79%
	未持械	25		86.21%
犯罪后果	轻微伤	4	22	18.18%
	轻伤	6		27.27%
	重伤	12		54.55%

5. 强奸罪

涉罪未成年人实施的强奸行为，一例有轮奸情节的犯罪由未成年人与成年人共同实施；① 犯罪对象中，未成年被害人所占比例接近九成，其中，16%的涉罪未成年人侵犯幼女的性自主权（见表 8-6）。对未成年人甚至是幼女的侵犯反映了涉罪未成年人较高的人身危险性。

表 8-6　　　　　　　　　强奸罪中犯罪情节与对象分析

强　奸　罪				
		行为人人数	总计	比重
犯罪情节	轮奸	1	25	4%
犯罪对象	不满十四周岁的幼女	4	25	16%
	已满十四周岁的未成年人	18		72%

6. 抢劫罪

未成年人所犯抢劫罪最明显的特征便是共同犯罪居多，占比达到 92%（见表 8-7）。未成年人易受煽动，从而冲动行事，多人纠集以暴力针对被害人然后夺其财物，再次共同实施此类犯罪的可能性较高。

表 8-7　　　　　　　　抢劫罪中单独犯罪与共同犯罪分析

抢　劫　罪			
	人数	总计	占比
单独罪犯	2	25	8%
共同犯罪	23		92%

（二）地区分布

涉罪未成年人案件来自 20 个省份和地区，具体分布如表 8-8 所示。

---

① 参见严某强奸案（2020）桂 0923 刑初 207 号。

表 8-8 涉罪未成年人案件地区分布

裁判文书中各地区涉罪未成年人案件地区分布

地区	2017 年	2018 年	2019 年	2020 年	2021 年	2022 年	总计	趋势
云南	4	3	11	0	2	0	20	
湖北	2	1	0	1	0	0	4	
山西	1	1	0	0	0	0	2	
河北	4	0	0	0	0	0	4	
江西	7	3	7	4	1	0	22	
黑龙江	2	0	0	0	0	1	3	
甘肃	2	0	0	0	0	0	2	
四川	2	0	0	4	1	0	7	
吉林	3	1	4	1	1	0	10	
湖南	3	0	1	0	0	0	4	
重庆	1	0	1	0	0	0	2	
安徽	1	0	2	0	0	0	3	
陕西	4	1	1	0	0	0	6	
广西	1	0	1	7	0	0	9	
广东	1	0	0	3	0	0	4	
西藏	1	0	0	0	0	0	1	
辽宁	1	1	2	2	0	0	6	
山东	0	0	1	1	0	0	2	
河南	0	0	2	1	0	0	3	
江苏	0	0	0	1	0	0	1	
总计	40	11	33	25	5	1	115	

未成年人刑事案件的披露取决于各地的刑事政策。因此,本章研究的刑事案件主要以各地上传文书网的案件为主,包括江西省未成年人刑事案件 22 起,云南省未成年人犯罪案件 20 起,其余 18 个省份未成年人犯罪案件的文书数量在 1 到 10 之间。

(三) 涉罪未成年人基本情况

1. 年龄和性别

未成年被告中，已满16周岁不满18周岁的为60人，已满14周岁不满16周岁的为15人，其余110人不详，但均不满18周岁。

185名未成年被告中181位均为男性，占比达到97.84%，远大于女性比重。

2. 家庭与看护情况

裁判文书中记录了46名涉罪未成年人的家庭情况。其中，28名家庭完整，占比约60.87%；13名父母离异，占比约28.26%；5名父母一方去世，占比10.87%。整体而言，家庭完整者超过半数(如图8-1所示)，说明形式上的家庭完整并不意味着未成年人可以得到足够的关怀和引导。因此，本书进一步分析了上述46个家庭中的看护强度，37名涉罪未成年人的父母对其疏于管教，占比80%；4名涉罪未成年人处于无人监管状态，占比9%(见图8-2)。

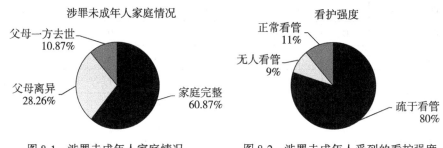

图 8-1　涉罪未成年人家庭情况　　　　图 8-2　涉罪未成年人受到的看护强度

看护强度体现了家庭对未成年人带来的影响。当过于放松对未成年人的看管时，未成年人实施犯罪的可能性较大。在林某、陈某盗窃罪案[1]中，检察机关委托社会工作机构对该案的两名涉罪未成年人进行了社会调查，发现林某父母离异，父亲常年在外打工，由其奶奶抚养长大。林某读书至初中二年级便辍学，曾因盗窃被送往未成年人帮教基地两年，现无有效监管。陈某同样父母离异，家庭

──────────

[1]　参见广东省清远市中级人民法院(2020)粤18刑终304号。

拮据，读书至小学五年级便辍学，曾因盗窃被送往未成年人帮教基地半年。

二、未成年人社会调查报告的实践成效

(一)评估主体更加明确多元

我国涉罪未成年人社会调查主要由司法行政部门、侦查机关、社会工作机构以及专职社会调查员来完成。刑事诉讼法并未要求未成年人刑事案件必须进行社会调查，[①] 2013年《人民检察院办理刑事案件的规定》中也仅要求检察院可以根据情况进行社会调查，作为办案和教育的参考。但2017年《未成年人刑事检察工作指引》(以下简称《工作指引》)在其第二章特殊检察制度的第二节社会调查中对此作出了修正，将社会调查改为"应当"加"例外"的表述。即对未成年人刑事案件，通常情况下应当进行专门的社会调查；例外的情形指未成年人犯罪情节轻微且在调查案件过程中已经掌握该未成年犯罪嫌疑人成长经历、犯罪原因、监护教育等情况，则可以不再进行专门的社会调查。这一规定促进了社会调查的有效开展，也使得各地积极探索社会调查的制作途径，最终制作主体稳定为侦查机关、司法行政部门与社会工作机构。其中，检察机关在卷宗材料缺乏涉罪未成年人成长经历、监护教育等情况下，应督促侦查机关进行调查补充；侦查机关由于涉罪未成年人身份不明等原因无法进行社会调查时，检察机关可在上述原因消失后继续督促侦查机关完善社会调查。调查主体的稳定，是重视涉罪未成年人人身危险性评估的体现。

样本文书中明确说明社会调查报告制作主体的仅有1/3(其余文书并未载明社会调查报告的制作主体)，其中排名第一的是司法行政部门，其次是公安机关，最后是社工机构。侦查阶段作为刑事司法程序的起点，由公安机关调查涉罪未成年人的个人信息、成长环境、社会交往及犯罪行为等情况更为便利。除此之外，在收集涉罪未成年人相关犯罪信息过程中，公检法机关也注重对社会其他资源的有效利用，结合社工机构的优势，保障涉罪未成年人社会调查的全面性、可靠性。社会工作者具有丰富的心理学知识，熟悉社区情况，可以在社会调查中发挥

[①] 《刑事诉讼法》第279条：公安机关、人民检察院、人民法院办理未成年人刑事案件，根据情况可以对未成年犯罪嫌疑人、被告人的成长经历、犯罪原因、监护教育等情况进行调查。

其专业优势,帮助公检法机关更准确地了解涉罪未成年人的人身危险性。

(二)评估内容日趋全面

对于审前社会调查"调查什么"的问题,《工作指引》也作出了详细规定:个人基本情况、社会生活状况、与涉嫌犯罪相关的情况以及其他内容。裁判文书中的社会调查正是在其指引下,完成对未成年人个人信息与犯罪情况的收集。将裁判文书中呈现的社会调查报告内容与涉罪未成年人人身危险性评估要素的三个维度进行对照,笔者发现社会调查报告的内容覆盖了评估要素的三个维度。评估因素在社会调查报告中出现的具体次数如图 8-3 所示。

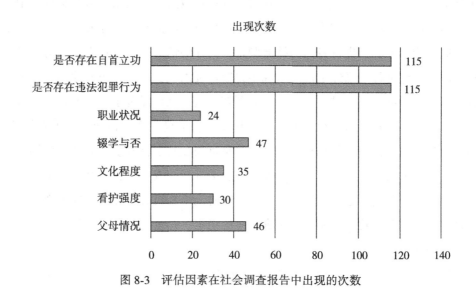

图 8-3 评估因素在社会调查报告中出现的次数

结合涉罪未成年人人身危险性评估内容的三个维度,裁判文书中出现的评估内容具体如下:

1. 个体与社会控制维度

由表 8-9 可以发现,在个人与社会控制维度,实践中社会调查收集的相关信息较为全面,囊括了涉罪未成年人的自身情况和家庭、学校以及社会交往与职业状况。

表 8-9 　　　　　　　　　报告中涉罪未成年人个体与社会控制情况

	评估因素		具体内容	人数	总计	比重
个体	生理	性别	男	181	185	97.84%
			女	4		2.16%
		年龄	已满 14 周岁不满 16 周岁	15	185	8.10%
			已满 16 周岁不满 18 周岁	60		32.43%
			不满 18 周岁(无法明确具体年龄)	110		59.47%
	心理	性格	个性逞强,遇事冲动	8	23	34.78%
			思想叛逆,不服管教	4		17.39%
			性格内向,不爱说话	2		8.69%
			哥们义气重	9		39.14%
社会控制	家庭	父母	家庭完整	28	46	60.87%
			离异	13		28.26%
			一方去世	5		10.87%
		经济状况	一般	5	17	29.41%
			困难	12		70.59%
		看护强度	疏于管教	26	30	86.67%
			无人监管	4		13.33%
	学校	文化程度	文盲	1	35	2.86%
			小学	6		17.14%
			初中	22		62.86%
			高中、职校	6		17.14%
		辍学与否	辍学	38	47	80.85%
			在校	9		19.15%
	社会	社会交往	不良朋辈交往	17	185	9.19%
		职业状况	有固定工作	7	24	29.17%
			无固定职业	17		70.83%

2. 犯罪行为维度

犯罪行为方面,主要指关于涉罪未成年人早期违法犯罪记录、罪名以及犯罪后态度等相关信息,包括犯罪前、犯罪中以及犯罪后的未成年人表现,全面地展现了未成年人犯罪情况(如表 8-10 所示)。

表 8-10 报告中涉罪未成年人犯罪行为情况

	评估因素	具体内容	人数	总计	比重
犯罪前	是否存在违法犯罪行为	是	22	185	11. 89%
		否	163		88. 11%
犯罪中	共同犯罪中所处地位	主犯	19	49	38. 78%
		从犯	30		61. 22%
	罪名	盗窃罪	37	214	17. 29%
		寻衅滋事罪	34		15. 89%
		聚众斗殴罪	31		14. 49%
		故意伤害罪	29		13. 55%
		强奸罪	25		11. 68%
		抢劫罪	25		11. 68%
		诈骗罪	9		4. 21%
		强迫卖淫罪	4		1. 87%
		开设赌场罪	4		1. 87%
		贩卖毒品罪	3		1. 40%
		非法拘禁罪	3		1. 40%
		参加黑社会性质组织罪	3		1. 40%
		故意杀人罪	1		0. 47%
		故意毁坏财物罪	1		0. 47%
		偷越国(边)境罪	1		0. 47%
		交通肇事罪	1		0. 47%
		妨害信用卡管理罪	1		0. 47%
		介绍卖淫罪	1		0. 47%
		协助组织卖淫罪	1		0. 47%

续表

	评估因素	具体内容	人数	总计	比重
犯罪中	犯罪中止、未遂	中止	2	185	1.08%
		未遂	9		4.86%
	犯罪后果	轻微伤	18	67	26.87%
		轻伤一级、二级	29		43.28%
		重伤	18		26.87%
		死亡	2		2.98%
犯罪后	是否有自首、立功	自首	53	185	28.65%
		立功	4		2.16%
	有无赔偿、取得谅解	有	81	185	43.78%
		无	104		56.22%

3. 司法处遇维度

未成年人此前受过何种处罚也是重要的评估内容。曾因违法行为被判处行政拘留的未成年人有 5 名，占比 2.7%；曾因犯罪行为被判处有期徒刑的未成年人有 5 名，占比 2.7%。详细如图 8-4 所示。

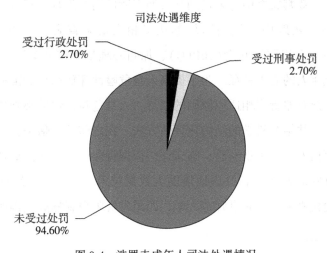

图 8-4 涉罪未成年人司法处遇情况

除了上述共同内容之外，笔者还发现有三个案件中的社会调查报告额外考察了被告人的法定代理人、被害人的法定代理人以及被告人住所地的村委会关于被告人的量刑意见。① 如齐某故意伤害罪一案中，社会调查报告除了记载齐某性格外向，家庭情况正常，一贯表现差之外，还载明被告人的法定代理人建议从轻处理；被害人的法定代理人建议依法处理；被告人所在村委会建议以教育为主，从轻处理。法律规定中"认为应当调查的其他内容"在司法实践中得到了补充，使得人身危险性评估的内容更为全面充实。在刑法规范的大前提与案件事实的小前提之外，还增添了对涉罪未成年人个人情况、成长经历、社会交往等背景信息与个案细节的考虑。对涉罪未成年人自身特殊性的关注，将提升未成年人犯罪矫正与预防措施的有效性。

（三）评估方法转向结构化与本土化

评估方法的发展是提高人身危险性评估准确性的重要助力。裁判文书中社会调查的内容多为调查人员通过走访调查收集得到。我国各地未成年人刑事司法实践发展不同步。在设立第一个少年法庭的上海地区，以涉罪未成年人自身为测评对象，上海检察机关采用广泛性访谈，辅以观察测评；后发展为自陈式测验，辅以房树人测验，以获得涉罪未成年人的心理特征和状态。

遗憾的是，裁判文书中并未提到社会调查所使用的工具。笔者借助文献和法院调研了解到，实践中有使用明尼苏达多相人格调查表（MMPI）、焦虑量表（MAS）、卡特尔人格因素问卷（16PFQ）、加州心理量表（CPI）等人格测试量表，评估涉罪未成年人的心理特征。为了提高人身危险性评估结果的准确性，满足被害人与社会公众对罪责刑相适应原则的期待，人身危险性评估必须建立在客观的犯罪信息之上，并结合科学的结构化评估方法。在之前的评估中，直觉式评估方法过于依靠评估人员的主观经验，临床评估依据特殊的医学知识如司法精神病鉴定等。现在有些地方开始有意识地借助大数据技术，采用精算统计式的评估方法。上海市检察机关联合北京师范大学、四川省资阳强制隔离戒毒所共同研发出

---

① 参见齐某故意伤害案（2018）陕 0323 刑初 39 号、田某故意伤害案（2017）陕 0323 刑初 71 号、张某抢夺案（2017）陕 0323 刑初 43 号。

"涉罪未成年人心理测评与风险控制系统"①，这是我国第一套针对涉罪未成年人的专门测评工具。研发过程中，该系统共经过三次测试，分别以四川省资阳市、成都市、上海市管教所的未成年犯以及学校的未成年学生为测试对象。② 自评问卷和检察官评定的问卷如表8-11、表8-12所示。

表8-11　　　　　　　《涉罪未成年人风险评估——自评版问卷》③样例

未成年人心理测评问卷		
1. 姓名		
2. 出生日期	_____年_____月_____日	
3. 性别	①男	②女
4. 本次所涉嫌罪名		
5. 民族		
6. 文化程度	①从没上学	②小学
	③小学没毕业	④初中
	⑤初中没毕业	⑥高中/职高/中专/中职/技校
	⑦高中/职高/中专/中职/技校没毕业	⑧大学/大专/高职及以上
7. 是否独生	①是	
	②否(在家中是第_____个孩子)(11题选8无法作答，说明即可)	
8. 职业	①学生	②无业人员
	③无固定工作	④有固定工作
9. 户籍	①本地城镇	②本地农村
	③外地城镇	④外地农村
	⑤其他(请说明)_____	

---

① 樊荣庆，刘宇，尤丽娜. 涉罪未成年人心理测评体系本土化研究[J]. 青少年犯罪问题，2016(03)：64-75.

② 滕洪昌，李月华. 对我国涉罪未成年人心理测评实践的反思[J]. 青少年犯罪问题，2019(02)：55-65.

③ 涉罪未成年人心理测评与风险控制系统包括自评量表与他评量表。自评量表中并未出现"涉罪未成年人风险评估"字样，而是以"未成年人心理测评问卷"代替。

续表

未成年人心理测评问卷		
10. 近两年居住情况	①固定住在一处或换过一次住处	②换过两次住处
	③换过三次及以上住处	
11. 家庭情况	①完好家庭	②单亲家庭跟父亲
	③单亲家庭跟母亲	④丧父
	⑤丧母	⑥再婚家庭
	⑦与祖/外祖父母一起生活	⑧儿童福利院
	⑨其他(请说明)＿＿＿＿＿＿	

表 8-12　　　　　　《涉罪未成年人风险评估——他评版问卷》样例

涉罪未成年人风险评估——他评版		
1. 犯罪类型	①其他犯罪	②一般暴力性犯罪
	③《刑法》第十七条第二款规定的八种犯罪	
2. 犯罪形态	①预备	②未遂/中止
	③既遂	
3. 是否共同犯罪	①单独犯罪	②一般共同犯罪
	③团伙犯罪(选②或③进到第4题,选①进到第5题)	
4. 作用地位	①从犯、胁从犯或被教唆犯	②作用一般
	③首要分子、主犯或教唆犯	
5. 犯罪情节	①情节较轻	②情节一般
	③情节严重	
6. 处罚情节	具有刑法第十七条以外其他量刑情节的:	
	①具有法定、酌定从轻或者减轻情节	
	②无法定、酌定从轻或者减轻处罚情节	
	③具有法定从重处罚情节	

涉罪未成年人风险评估——他评版		
7. 量刑幅度	①可能判处一年有期徒刑以下刑罚	
	②可能判处三年以下有期徒刑	
	③可能判处三年以上不满十年有期徒刑	
	④十年以上有期徒刑	
8. 作案次数	①一次	②二次
	③三次以上	
9. 前科劣迹	①无前科劣迹	
	②曾受行政处罚或刑事处罚一次	
	③曾受行政处罚或刑事处罚两次以上	

自评版问卷由涉罪未成年人填写，主要涉及的内容属于个体与社会控制维度的评估因素，包括涉罪未成年人的年龄、性别、民族、户籍、家庭情况、居住情况、文化程度以及职业等信息。

他评版问卷由办案的检察机关工作人员填写，考察涉罪未成年人犯罪行为维度的评估因素，主要包括犯罪前、犯罪中的行为表现。其中，量刑幅度在前文中并未讨论到，量刑幅度主要受到涉罪未成年人犯罪情节的影响，需要由检察官根据案件事实和工作经验作出预判。

(四)社会调查报告的证据价值日渐显现

关于调查的程序，《工作指引》中规定人民检察院自行开展社会调查的，调查人员不得少于两人。同时规定了知情权保护、隐私权保护、保密及回避原则，列举了重新开展调查的情形。此外，个别地区还确立了评估人员出庭制度：北京市朝阳区人民检察院自 2013 年以来大力推进社会调查评估人员出庭工作，确立了社会调查评估人员出庭的规范化程序。①

越来越多的未成年人社会调查报告被作为证据附卷，这一点体现在诸多案例

---

① 王晟. 北京朝阳区检察院完善社会调查员出庭制度[EB/OL]. (2013-03-07)[2020-03-27]. https://www.chinanews.com/fz/2013/03-07/4622559.shtml.

裁判中。在王某等抢劫案①中，被告人在作案时均不满 18 周岁，但在一审程序中并未进行社会调查。被告人王某、李某对一审裁判结果不服，提出上诉。后补充进行社会调查。法院基于此认为二审出现新证据，导致原判量刑过重，予以改判。可见二审法院将社会调查报告作为证据，并直接影响了量刑结果。还有一例，社会调查报告建议对涉罪未成年人不适合社区矫正，但在庭审过程中，未成年被告人的母亲辞去外乡工作，改变了该涉罪未成年人的看护条件，因此法院最终对其适用了缓刑。②

第二节　我国未成年人社会调查报告的现实问题与困境

一、调查主体知识结构相对单一

涉罪未成年人人身危险性评估涉及法律、心理、统计等多方面专业知识。司法机关工作人员可能对犯罪行为的社会危害性有专业认知，但缺乏未成年人人危险性因素的全面认知；社会工作者具有社会服务工作经验，但可能缺乏刑事犯罪特别是未成年人刑事犯罪专业知识。而评估主体的专业性通常决定了评估结果对裁判者的影响力以及作为证据使用的意义。对此，部分地区已经意识到评估人员专业知识单一的问题，在原有工作模式上作出改进：上海市由司法行政部门牵头建立司法社工制度，具体工作由司法局的社区矫正办公室负责；北京市人民检察院第二分院与首都师范大学少年社工司法中心合作，由该中心负责涉罪未成年人审前社会调查工作。③

二、调查内容的规范性与针对性失衡

司法实践中所适用的社会调查报告制度是针对涉罪未成年人人身危险性评估的具体制度设计。其出于对司法效率的考虑以及司法实践的需要，在内容上一般

---

① 参见重庆市第三中级人民法院(2011)渝三中刑终字第 226 号。

② 参见重庆市永川区(县)人民法院(2019)渝 0118 刑初 267 号。

③ 马康.未成年人社会调查报告冷思考[J].预防青少年犯罪研究，2016(03)：65-69，51.

只是给定明确的调查范围、方向，并不说明更为具体的评估内容，虽然有些地方在这一方面已有所改进，但整体上还是采用这种较为简易的模式。对涉罪未成年人人身危险性的评估主要是基于办案人员自身经验的主观评估，相关法律条文也并未有十分具体明确的规定，这使得评估人员具有很大的自主发挥空间。

三、调查方法偏向主观经验性

我国针对涉罪未成年人人身危险性的评估方法，多是借助社会调查收集涉罪未成年人的基本情况与犯罪信息，结合评估人员的工作经验与临床评估量表，完成对涉罪未成年人心理特征与再犯可能性的预测，评估结果信度较低。即使有些地区辅助使用评估量表，但量表内多为静态评估，对于评估结果效度的提升作用微乎其微。且我国各地未成年人司法实践不一致，对于涉罪未成年人人身危险性评估的重视程度也不同。尽管有些地区在评估方法上有了更多的尝试，但我国普遍运用的主要还是依靠评估人员主观经验的直觉评估方法以及具备特定专业知识或技能的临床评估方法，如对涉罪未成年人的心理测评、精神鉴定等。整体而言，我国在涉罪未成年人人身危险性评估中所使用的评估方法还比较基础单一，主观性评估判断居多。而主观直觉评估方法易将个别影响因素经验性地作为人身危险性评估结论。

人身危险性作为一种犯罪倾向是个体因素与环境因素相互作用形成的，是一种综合性的评估。尽管我国确立了未成年人社会调查这一具有再犯风险评估性质的制度，但由于评估工具的现有缺陷，缺乏相应的评估技术支撑，而成了仅仅收集涉罪未成年人基本信息的制度。

四、调查工具的自适应性有待增强

我国目前只有少数地方对涉罪未成年人进行人身危险性评估时使用心理量表，或创制的再犯风险评估表作为评估工具，多数地方还是采用主观经验判断的方法进行评估，实践中可使用的评估工具寥寥无几。就当前所使用的一些问卷量表来看，其对于涉罪人员的人身危险性评估效果的预测效度参差不齐，量表内的测评指标多为易获取且静态的评估，如前科次数、早年不良行为等，很难展现出评估对象心理状态、所处环境和重新犯罪风险的动态变化。整体而言，我国目前的人身危险性评估工具相当于处在国外的第二代静态因素的评估工具发展阶段。心理量表以 MMPI 心理测评量表为例,其题量过多,涉罪未成年人在测评过程中难免会丧失耐心、注意力不集中、随便答题,而且对于国外量表的有些翻译过于生硬,题目与选项的用语较为晦涩难懂,不符合我们的日常用语表达,从而致使未成年人难以顺利地完成评估测试,影响问卷结果的效力。

五、异地调查评估程序仍需规范完善

未成年人社会调查异地调查的具体流程并不明晰。随着未成年人流动性的增加,异地调查的适用也越来越频繁。涉及外地户籍的未成年人被告,除了少数司法机关有能力前往外地即涉罪未成年人户籍所在地进行调查外,大部分异地调查是通过电话或者信件等方式完成的,也有委托异地司法机关帮助完成的。但法律对这方面并无要求,导致异地调查的结果准确性、时效性无法保证。比如,在张某、谢某、赖某等诈骗罪案①中,法院委托未成年人居住地的司法局进行社会调查,但直至案件审结前都未收到异地司法局的回函,最终导致法院对该未成年被告没有适用缓刑。

六、调查报告证据类型和采信标准不明确

尽管样本文书中的社会调查报告几乎均被法官采信,但法官究竟将社会调查报告作为何种证据进行审查判断并不统一明确。115 个样本案例中,对社会调查报告以及调查意见书的法律地位定性亦有所不同:将社会调查报告列为书证的案件有 13 个,占比 11.30%;将其定性为证据,但未明确其属于何种法律证据的案件有 102 个,占比 88.70%。可以看出,超过 80% 的裁判者将社会调查报告作为证据,仅有约 1/9 的裁判文书明确其属于法定证据种类中的书证。

社会调查员是否需要出席庭审,在法律中并无明确规定,司法实践中只有个别地区建立了评估人员出庭制度。在 115 份裁判文书中,仅有两个案子的社会调查员参与庭审。虽然法律没有这方面的明确要求,但大部分社会调查报告可以作为证据证明案件事实。质证过程中,公诉机关作为社会调查报告的提交机关而非

---

① 参见广东省惠州市中级人民法院(2020)粤 13 刑终 181 号。

制作主体，很难针对辩护人的质询作出详细说明。

此外，就社会调查报告提出的异议该如何处理？在张某、谢某、赖某等诈骗案的二审中，未成年被告的辩护人在法庭上提出，社会调查报告中不适合社区矫正的意见使得一审法院作出监禁刑的判决，属于法律适用错误。二审法院认为，出具社会调查报告的司法行政机关，认为该涉罪未成年人不符合适用缓刑的条件。① 这是在上诉过程中对社会调查报告提出的异议。而此份异议的提出，还涉及对人身危险性评估的监督问题。

第三节　完善我国未成年人社会调查报告的具体建议

一、肯定未成年人社会调查报告的双维双向证明价值

社会调查报告形成的意义，在于证明涉罪未成年人的人身危险性。实践中，若调查结果证明未成年人人身危险性较小，本着教育、挽救、感化的原则，采纳报告并据此对未成年人施以轻缓处罚自不必说；但若调查结果表明其人身危险性较大，其是否能作为羁押必要性审查及后续定罪量刑的根据？对此，"提交"论者主张调查结果无论对未成年人有利与否，都应当提交。② 因为社会调查不是未成年人的"照顾性""福利性"制度，调查员的职责不是替未成年人"说好话"，所提交的报告应全面客观，而不是变相沦为其轻缓处罚和降格适用强制措施的倾向性依据。而"不提交"论者认为，社会调查报告应仅具有轻缓处罚的单向限缩功能。即当报告结论明显不利于涉罪未成年人时，本着保护其权益、限制法官的自由裁量权和禁止有害类推的原则，不应将其提交法庭。③ 此外，"不提交"论者认为社会调查报告的单向限缩功能，也决定了该制度不可能也不应该适用于所有未成年人刑事案件，其只适用于轻微刑事案件。因为重罪案件的未成年人犯罪行

① 参见广东省惠州市中级人民法院(2020)粤 13 刑终 181 号。

② 陈海平. 未成年人犯罪案件社会调查制度冷思考[J]. 海南大学学报(人文社会科学版)，2009，27(01)：31-37.

③ 孙娟. 论未成年人刑事案件社会调查报告的法律属性[J]. 青少年犯罪问题，2016(06)：50-57.

为明显具有严重的社会危害性、主观恶性大，在教育、挽救之前，国家应给予其适当的刑事处理，以彰显法益的不可侵犯性。所以重罪案件没有社会调查的必要。①

进而言之，"不提交"论者主张用犯罪分层理论即行为的社会危害性，决定未成年人是否有教育、挽救、帮教的可能和必要，进而决定是否需要进行社会调查。在他们看来，涉罪未成年人人身危险性小是启动社会调查的前提。在此前提下，能够被采纳的社会调查报告也必然具有单一倾向性，即进一步证明调查对象的人身危险性小，以便于作出有利于调查对象的轻缓处罚。而在"提交"论者看来，人身危险性恰恰不是启动调查的前提，而是目的。即对于刑事案件中的未成年人，无论其涉罪行为轻重程度如何，都应进行社会调查，以判明其人身危险性的大小。可见，要解决提交与否的争议，首要的一点是如何理解社会调查与人身危险性的关系。

（一）社会调查与人身危险性的关系

《联合国少年司法最低限度标准规则》（简称《北京规则》）是未成年人社会调查报告最早的法律渊源，其第16条规定："所有案件除涉及轻微违法行为的案件外，在主管当局做出判决处理之前，应对少年生活的背景和环境或犯罪的条件进行适当的调查，以便主管当局对案件做出明智的判决。"该规则同时说明："在大多数少年法律诉讼案中，必须借助社会调查报告（社会调查报告或判决前调查报告）。应使主管当局了解少年的社会和家庭背景、学历、教育经历等有关事实。为此，有些司法制度利用法院或委员会附设的专门社会机构和人员来达到这一目的。其他人员包括执行缓刑的人员，也可起到这一作用。因此，本规则要求提供足够的社会服务，以便提出合乎要求的社会调查报告。"②

据此，我们至少可以作出以下两点推论：其一，社会调查报告并非未成年人的专属，对于缓刑的成年犯罪者同样适用；其二，社会调查报告对绝大多数包括

---

① 谢宏斌，王东卫. 未成年人社会调查制度的适用域探究——以犯罪分层理论为基础[J]. 甘肃社会科学，2016(01)：147-150.

② 参见《联合国少年司法最低限度标准规则》（简称《北京规则》），https：//www. un. org/zh/node/181421。

重罪案件的未成年人都适用。即对于未成年人刑事案件而言，无论其重罪还是轻罪、社会危害性是大是小，司法机关均应对其进行社会调查，并依据调查结果确定人身危险性大小，进而合理确定刑事责任，实现刑罚的个别化。而之所以在社会调查适用对象上将未成年人与成年人区别对待——成年人只适用罪行较轻的缓刑案件，未成年人普遍适用，笔者以为这恰恰是基于对未成年人教育、挽救、感化的原则。如果依"不提交"论者所言，只对轻微刑事案件的未成年人进行社会调查，那与成年人的社会调查又有何异？未成年人社会调查又如何体现对这一特殊群体的特殊刑事保护？

可见，从法律渊源上看，人身危险性是对未成年人进行社会调查的目的，而非启动前提。社会调查普遍适用于所有未成年人刑事案件，调查的主要任务就是收集评估未成年人人身危险性信息，进而确定是否应定罪量刑、追究其刑事责任。

（二）人身危险性在定罪量刑机制中的功能定位

一直以来，人身危险性在我国刑法定罪量刑机制中本就是个争论不休的话题。一方面，就其在定罪和量刑机制中是否具有独立的地位而言，有学者认为，人身危险性仅对量刑有意义；也有学者认为，人身危险性的评估不仅具有独立的量刑意义，在定罪机制中也发挥着实质评判功能，具有相对独立的地位。如我国刑法规定的盗窃罪就包括盗窃数额不大，但多次盗窃的情形。多次盗窃，反映行为人的人身危险性较大而成为其定罪的依据。再如我国刑法规定某些行为成立犯罪须以"情节恶劣"为前提。若某种违法行为处于恶劣的临界线上，那么反映了行为人人身危险性的罪前和罪后因素，就在此通过"情节恶劣"的构成要件对定罪发生作用。即如果行为人事前表现一贯不好，常有违法乱纪行为且屡教不改，并在事后撒谎逃避，则可以认定属于"情节恶劣"；反之，如果行为人一贯表现良好，没有前科劣迹，且事后认错态度很好，就可以不认定其属于"情节恶劣"，从而不予认定为犯罪。

另一方面，就人身危险性的功能对向性而言，不少学者认为人身危险性即行为人的再犯可能性，在罪责刑结构中只能起单向的修正作用。司法机关可以行为人没有人身危险性或者人身危险性较小为由，认定其行为不构成犯罪，但不能做出相反的处理，以行为人存在着人身危险性或者人身危险性较大为由，认定其行为构成犯罪。即人身危险性在定罪机制中所体现的不是积极的入罪功能，而只能是消极的出罪功能。在量刑机制中，人身危险性不能增加刑罚量，只在其较小或没有的时候，起到减小刑罚量的作用。简言之，人身危险性无论在定罪还是在量刑机制中，都只具有单向的限缩作用。① 与之相对，也有不少学者认为，无论是在定罪机制还是在量刑机制中，人身危险性的功能都应是双向的。② 理由在于，人身危险性源于刑事实证学派"行为人的社会危险性"概念。正如李斯特所说，"应受惩罚的不是行为而是行为人"，犯罪行为的发生"完全是由于行为人处于某种特定的人格状态和某种促使其必然犯罪的环境下"造成的，这种特定的人格状态即"行为人的社会危险性"或"反社会性"。以人身危险性为基石，刑事实证学派主张社会防卫论、教育刑论、刑罚个别化。基于此，若犯罪的危害程度相同，但人身危险性不同，对其适用的具体刑罚也应不同。人身危险性较大的，适用较重刑罚；人身危险性较小的，适用较轻刑罚。

相较而言，笔者更赞同刑事实证学派的观点，认为人身危险性在定罪量刑机制中正发挥着双维双向的作用。且在笔者看来，认为人身危险性仅具有单向限缩和修正功能的学者对其所持的谨慎保留态度，与人身危险性评估方法早先的不确定性或者说不客观性有很大关系。纵观人身危险性评估方法的演变历史，其也经历了从直觉到临床观察，再到统计分析的漫长发展历程。早期直觉主要依托评估者的经验，经验不同，评估人身危险性的调查内容也会各有侧重。依据这种主观性很强的评估方法确定行为人的人身危险性，难免有主观归罪之嫌，因此刑法理应对人身危险性评估结果持谨慎保留态度，不能因直觉判断行为人人身危险性较大就施以刑罚。但随着人身危险性评估方法的改进，临床观察是以专业人员对行为人的访谈、行为观察为评估基础，相比直觉也更具客观性；统计分析是以统计数据为基础，发现与行为人人身危险性相关的影响因素，区分影响因子的权重比

---

① 陈伟. 反思人身危险性在定罪机制中的功能定位[J]. 法商研究，2010，27（04）：70-78；游伟，陆建红. 人身危险性在我国刑法中的功能定位[J]. 法学研究，2004（04）：3-14.

② 叶良芳，卢建平. 也论人身危险性在我国刑法中的功能定位——兼与游伟研究员和陆建红审判员商榷[J]. 南京大学法律评论，2008（Z1）：64-79.

和分值确定行为人的人身危险性的方法，其评估方法的科学性毫无疑问大大增强了。① 一方面，科学的统计方法使人身危险性评估效果更具客观性；另一方面，人身危险性评估的内容和角度也日渐多元化，包括了心理测验、会谈评估、行为评估、生活史调查等方方面面。

(三)社会调查与未成年人特殊保护原则

未成年人社会调查制度体现对特殊群体的特殊保护，其秉承以教育挽救为主、惩罚为辅的初衷。但特殊保护不等于过度保护或极端保护，教育挽救不等于对未成年人的罪错行为无原则地姑息迁就，更不等于笼统地以"从宽"的态度对待具有相当危险性的涉罪未成年人，纵容破坏社会基本规范的行为。《北京规则》等国际公约规定的双保护原则，也要求在保护涉罪未成年人的同时，保护社会的安全、秩序。且近些年来，我国未成年人犯罪组织化程度不断增强，作案手段成人化、暴力化倾向明显，若不予区分地对涉罪未成年人施以轻缓处罚，必将导致宽严失度。② 因此，当调查结果表明未成年人人身危险性较大时，即便结果本身不利于未成年人，其也应提供给司法机关，作为其羁押必要性审查及后续定罪量刑的依据。

同时我们也应当明确，未成年人社会调查制度这一程序设计本身，已体现出对这一特殊群体的特殊保护。依据《北京规则》，社会调查是未成年人司法的必经程序而非选择适用程序。对未成年人犯罪而言，不论案件的严重程度如何，都应启动社会调查。这如同法律规定讯问未成年犯罪嫌疑人时必须有适格成年人在场一样，从刑事诉讼程序上为未成年人增设了一条司法保护和救济途径。讯问时，

---

① 事实上，人身危险性评估为犯罪预防和罪犯矫治提供科学依据，也早已成为域外许多国家刑事案件审理的必经程序。如美国审前服务机构通过社会调查进行(逃匿)风险评估并提供审前释放建议，其威斯康星危险评估系统(The Wisconsin Risk-Assessment Instrument)是比较有影响的危险性评估工具；英国通过社会调查形成人身危险性量表，量表设定"危险评定"等级，由评估人员根据情况在表格相应项目上打分，以总分判断犯罪人的人身危险性，并根据其人身危险性来决定采取何种监督等级。

② 黄生林，童丽君. 我国少年司法之人格甄别制度引入[J]. 青少年犯罪问题，2015 (01)：5-11.

适格成年人在场的目的是为见证和监督讯问行为的合法性，防止对未成年人非法讯问，而非为未成年人说情；同样，对未成年人进行社会调查，其目的和作用也在于评估未成年人的人身危险性，而非单纯地为未成年人说好话。

综上，与成年人犯罪不同，基于对未成年人的特殊保护，对未成年人犯罪案件均应进行社会调查。调查的目的是评估未成年人人身危险性的大小，而非单向地证明未成年人人身危险性较小。未成年人社会调查报告作为证据，其采信标准与其他证据的采信标准无异，仍取决于调查报告是否真实、是否具备关联性和合法性，而不是报告结果是否有利于涉罪未成年人。只要调查报告客观真实、合法有效，无论是否有利于未成年人都应提交和被采纳。唯此，司法机关才能客观公正地评估未成年人的人身危险性。即如果社会调查报告反映出未成年人人身危险性较小且具有良好的帮教条件，结合其行为社会危害性，可对其作出不捕、不诉、不刑罚的处理；反之，如果社会调查报告反映出其人身危险性较大，也理应据此予以批捕、起诉和施以刑罚。

二、厘清未成年人社会调查报告的证明内容

尽管我国刑事诉讼法规定了未成年人社会调查报告应有的内容，但由于对法律规定的理解不同，未成年人社会调查报告在司法实践中所呈现的现实样态也迥异。笔者发现，在一份社会调查报告里，除包括未成年人的性格特点、文化程度、家庭环境、成长经历、社会交往及实施被指控的犯罪前后表现等共通内容外，有的地区将未成年人心理评估、非羁押措施风险评估等情况纳入了报告内容，有的地区就如何量刑、如何帮教提出了具体建议，[①] 还有一些地区的社会调查报告甚至包括了未成年人犯罪动机、目的、手段、危害、是否结伙及在结伙中的地位等，认为这些内容也是评价涉罪未成年人人身危险性的重要因素。

那么，未成年人社会调查报告究竟应当包括哪些内容？上述内容是否都在法律规定的"成长经历、犯罪原因、监护教育"范围之内？为便于分析，笔者将现有未成年人社会调查报告涉及的内容归纳为四个方面：一是犯罪前行为表现及成长

---

① 谭京生，赵德云，宋莹．北京市法院未成年人刑事案件社会调查报告工作的调研及建议[J]．青少年犯罪问题，2010(06)：33-38，11．

环境①；二是犯罪后行为表现及帮教条件②；三是犯罪原因分析；四是处遇建议。前两个方面分别对应"成长经历"和"监护教育"情况，属社会调查报告的共通内容，也符合《刑事诉讼法》第268条规定。但对后两个方面，即报告如何进行犯罪原因分析、该不该给出处遇建议的问题，值得进一步探讨。

（一）社会调查应区分犯罪原因和主观恶性

由于《刑事诉讼法》规定调查报告的内容包括"犯罪原因"，不少论者就此以为社会调查的内容也理应包括未成年人的罪错情况即主观恶性分析。如有论者指出，社会调查报告包括未成年人罪错情况，即"罪错动机、目的、手段、危害、是否结伙及结伙中的地位等罪错事实不论是作为报应性惩罚的根据，还是作为评价罪错少年再次实施罪错风险的重要因素，都是处理罪错少年不可缺少的前提条件"③。

但笔者以为，这种将未成年人罪错动机作为社会调查内容的做法，存在两方面的问题：其一，将行为主观恶性完全混同于人身危险性。从性质上讲，主观恶性主要指行为人实施犯罪行为时的心理状态，如目的、动机等，其作为已然的客观存在的心理事实，与犯罪构成有较为密切的关系，属于犯罪论的基本范畴，是行为具备社会危害性所不可缺少的主观因素。而人身危险性是指行为人的再犯可能性。主观恶性和人身危险性虽都是针对行为人，但两者不能等同。行为人主观恶性大，不等于其人身危险性就大。④ 如未成年人在被害人过错刺激下实施的激情杀人行为，具有明确的犯罪故意，主观恶性较大，行为社会危害性大，但却不能必然地说明未成年人人身危险性大或者再犯可能性大。社会调查的目的是考量未成年人的人身危险性，而非行为的社会危害性。也正因此，社会调查在英美法

---

①　如涉罪未成年犯罪人的个人经历、家庭概况、在校表现、个性特点、兴趣爱好、社会活动等。

②　即事后涉罪未成年本人及其家庭、学校的态度和采取的补救措施等。

③　狄小华，倪一斌，马雷，等．我国少年司法社会调查制度研究[J]．人民检察，2016（01）：17-22.

④　游伟，陆建红．人身危险性在我国刑法中的功能定位[J]．法学研究，2004（04）：3-14.

系国家主要指量刑前调查；在大陆法系国家对应其人格调查，其内容包括被告人的人格及以前的生活状态、经济状况、违法犯罪记录、家庭情况、犯罪后的行为等多方面，却唯独不会包括被告人实施犯罪行为时主观心理状态即主观恶性问题。

其二，对"犯罪原因"的理解存在偏差。在刑事法学体系中，作为法律术语的犯罪原因是犯罪学最重要的研究对象，研究犯罪原因才能更好地制定犯罪对策。与犯罪学不同，刑法学一般不直接研究犯罪原因。法律要求司法机关在对未成年人追究刑事责任前，对其"成长经历、犯罪原因、监护教育"进行调查。显然，这种犯罪原因调查是犯罪学意义上的，是为探寻未成年人犯罪行为背后隐藏着的生理的、心理的、社会的原因，进而更好地教育、挽救涉罪未成年人，而不是刑法学意义上的主观恶性问题。对于主观恶性，司法机关针对案件事实、依据刑法理论直接作出判断即可，不应也不需要进行案外的社会调查。

简言之，犯罪目的、动机、手段、危害、是否结伙及结伙中的地位等罪错事实，体现未成年人的主观恶性，但不是人身危险性；其是刑事案件侦查取证的重要内容，表明案件发生的前因后果逻辑关系，但却不是社会调查所应包含的犯罪原因内容。

(二)社会调查不能代替司法裁判

未成年人社会调查在给出了成长环境、犯罪原因及帮教条件分析后，应否给出处遇建议(如对涉罪未成年人应适用何种强制措施、是否起诉或者附条件不起诉、是否适用非监禁刑等)？有研究者将未成年人司法比作医院的儿科，认为未成年人社会调查报告就像一份儿科诊断报告，其当然应包括病因、病情和治疗方案。诊断报告中的病因病情，好比未成年人犯罪的原因和人身危险性分析；诊断报告中的治疗方案，也对应调查报告中的量刑建议及矫治方案。① 在实践中，也确有不少地区在其颁布的《未成年人刑事案件社会调查实施办法》或《实施意见》

---

① 田野．涉罪少年社会调查机制实证分析与展望——"少年司法保护之社会调查机制"研讨会观点述要[J]．人民检察，2015(22)：58-60；杨飞雪．刑事案件社会调查制度研究——以未成年人刑事案件为例[J]．人民司法，2009(03)：13-16.

中要求，社会调查报告应结合案情对涉罪未成年人的人身危险性、社会关系修复情况、社会矫正或帮教条件进行分析，并提出处理建议。① 对此，笔者认为，对涉罪未成年人的处理建议即是否应当批捕、起诉、处以刑罚，是司法机关的权力和职责，属于法律适用问题，非一份社会调查报告所能承载的。如果说未成年人司法好比医院儿科门诊，那么未成年人调查报告就好比辅助儿科医生作出最终诊断的各项检查，检查结论仅限于检查内容本身，而不能代替医生作出诊断结果。

综上，未成年人社会调查报告的内容不应包括行为人主观恶性的分析和处理建议。就少年司法而言，调查报告的证据价值既不应被忽视，也不应被过分夸大，无限扩展其内容，乃至对实体法律适用问题越俎代庖。

(三)保留主观性评估因素以避免同一化

谈及我国未成年人社会调查报告当前的制作形式和质量，论者们的看法也是褒贬不一。如有论者认为，报告用语过于生动，感情色彩浓，夸张成分大，影响了报告的客观真实性。但也有不少论者认为，现有报告撰写过于表格化而显得"千人一面"，未成年人犯罪的原因都被简单地归为"管教不严、家庭经济条件差、自身不服管教"等几个选项，对未成年人人格特性的评定也仅为"性格内向、平时表现良好"等大而无当的描述。这种信息的简单罗列，无法体现每个未成年人独特的人格特点。②

上述论者们对报告制作质量的评论看似矛盾，其实并不矛盾，其恰恰体现出调查报告制作形式所应兼具的两方面的法律要求，即标准化和特性化的统一。标准化，强调报告所采用的调查方法、制作程序和撰写格式应统一规范。在调查方法上，我国目前仍局限于实地调查和会谈法。这些方法虽易操作，但获取的信息无法量化，有一定的主观性。在调查程序上，报告也存在社会调查员介入诉讼的时间、地位、权利和义务不明确；社会调查在侦查、起诉、审判三阶段分别实

---

① 张吉喜. 论刑事诉讼中的社会调查报告[J]. 刑事法评论，2015，36(01)：559-597.

② 徐昀. 未成年人社会调查制度的完善与运用——两种心理学的视角[J]. 当代法学，2011，25(04)：102-107；宋赟. 检察机关在未成年人刑事案件中的心理干预程序设计[J]. 社会科学战线，2017(04)：278-282.

施、重复调查等诸多问题。① 为解决这些问题，报告在现有调查方法的基础上可增加人格测量等统计方法，借助心理学中常用的艾森克人格问卷（EPQ）、卡氏16 种人格因素测验（16PF）、90 项症状清单（SCL-90）、社会支持评量表（SSRS）、应对方式问卷（CSQ）等心理测验，辅助评估涉罪未成年人的性格、气质、态度、人际关系等人格特性，进而使社会调查报告在调查方法上更加标准化，保证其公平性和可靠性。此外，在撰写格式上可统一要求，一份完整的社会调查报告必须包括两大部分：一部分是调查员根据调查情况对调查事项的描述、说明以及基于调查情况作出的调查结论；另一部分是形成社会调查报告的支撑材料，如访谈记录、观察记录、有关单位或人员出具的书面材料等。

当然，调查报告在标准化的基础上，还必须兼具个体特性。因为调查报告针对的是不同的未成年人个体，其犯罪原因和人身危险性因素既有未成年人这一社会群体的共通特征，也有每个个体的独特性。当前，大部分社会调查报告采用表格形式虽然简单方便、标准统一，但对个体人格特性往往概括有余，说理不足，缺乏证据应有的说服力和证明力。因此，未成年人社会调查报告的撰写，在其分析论证方面还有很大改进空间，尚需增强社会调查报告的具体内容同调查结论之间的逻辑联系，展现调查人员的论证形成过程，以证明调查结论的合理性。

三、明确未成年人社会调查报告的证据形式

由于我国《刑事诉讼法》明确规定了八种证据，也被称为证据的八种法定表现形式。不少论者认为，明确未成年人社会调查报告的证据种类归属，是使其符合法定表现形式进而具备合法性的关键问题，并由此对调查报告的证据表现形式形成"书证说""鉴定意见说""证人证言说""一体说"等诸种不同观点。如"书证说"认为，社会调查报告与书证的制作目的和呈现形式基本一致，都是以其内容证明待证案件事实的文字材料。"鉴定意见说"认为，调查人员需要借助心理学、社会学、病理学等专业知识对未成年人进行人格诊断和分析，因此调查报告属于鉴定意见。"证人证言说"认为调查人员在调查过程中需要与相关人员开展大量访谈，

---

① 莫洪宪，邓小俊. 试论社会调查制度在检察机关办理未成年人刑事案件中的运用[J]. 青少年犯罪问题，2010（01）：45-48，44.

形成大量的言辞证据，具备证人证言的特性。"一体说"认为社会调查报告包含法定刑事证据的多个种类，即其是鉴定意见、证人证言等多种证据的集合体，应对其拆分适用不同的证据种类规则。①

分析上述观点，将未成年人社会调查报告的证据表现形式归为书证或证人证言并不妥当。因为作为法定证据种类的书证和证人证言，都是伴随犯罪事实的发生而发生的，其同犯罪事实直接是一种重合关系；而社会调查报告是在犯罪发生后形成的，其内容恰恰不关注犯罪事实本身，而是关注犯罪事实发生前后未成年人的表现及成长环境等，与书证和证人证言的特性明显不符。那么，将社会调查报告的证据表现形式归为鉴定意见，又是否合适？笔者认为，尽管调查报告确实是在案件发生后，由专业人员运用自己的知识和技术对某些专门性问题进行鉴别和分析判断后形成书面意见，其符合鉴定意见的部分特性。但不应忽视的是，我国鉴定机构和鉴定人是需具备法定资格和条件的，社会调查报告虽也由专业人员作出，但与法定鉴定机构和鉴定人要求相差甚远。

可见，基于当前社会调查报告内容的多样性和复杂性，无论将其归为八种证据中的哪一种都不太合适，但这并不影响调查报告的证据资格或者说证据的合法性。理由在于：一方面，《刑事诉讼法》对证据采用了开放式的表述，在第 48 条使用了"证据包括"这种列举式的措辞，表明刑事证据并不局限于法律规定的这八种，② 也就没有必要将未成年人社会调查报告严格限定在法定八种证据的框框里。另一方面，尽管传统的法定证据制度要求所有证据均需对应法律上某一特定的证据种类，不同证据种类具备不同的法定形式，进而对应不同的法律效果和证明力，但在当今社会，这种具有中世纪特点的限定证据法定种类的规则早已不存在。实践中证据表现形式的繁杂多样性，决定了立法者根本无法在成文法中穷尽

---

① 邵劭. 未成年人犯罪案件中"品格证据"之梳理与适用[J]. 青少年犯罪问题，2012 (01)：4；高维俭. 少年司法之社会人格调查报告制度论要[J]. 环球法律评论，2010，32 (03)：18-29；万毅. 证据概念及其分类制度批判——法解释学角度的反思[J]. 兰州学刊，2015(06)：134-143.

② 邵劭. 未成年人犯罪案件中"品格证据"之梳理与适用[J]. 青少年犯罪问题，2012 (01)：4；高维俭. 少年司法之社会人格调查报告制度论要[J]. 环球法律评论，2010，32 (03)：18-29；万毅. 证据概念及其分类制度批判——法解释学角度的反思[J]. 兰州学刊，2015(06)：134-143.

证据的所有种类,强调证据种类的法定化只会扼杀证据制度的弹性和活力,使得大量明明记载着证据事实的载体形式被排除在证据范围之外。① 因此,《刑事诉讼法》有关证据种类的划分,不再是为规定每种证据的表现形式或者证明力大小,而仅是一种提示性规范。② 我们也就不能仅因为未成年人社会调查报告难以划归八种法定证据中任何一种,而否定其证据资格或者说其合法性。

综上,未成年人社会调查报告不属于我国刑事诉讼法规定的八种证据表现形式,但这并不影响调查报告的证据资格或者说证据的合法性,也不代表调查报告制作内容和过程等不受法律规制。对任何证据而言,其形成过程是否符合法定程序,内容和形式是否规范科学,都直接影响着司法对证据的审查判断和可采性问题。当前未成年人社会调查报告在调查方法、制作程序和撰写格式逐步标准化和规范化的基础上,也应加强对调查对象犯罪原因和人身危险性评估因素的个性分析和论证。

四、对未成年人社会调查建立二元监督机制

程序公正可以规范评估工作的开展,也是约束公权力、保障涉罪未成年人人身权益的重要途径。为保障程序公正,笔者认为可从以下两方面健全未成年人社会调查的监督机制。

一是保障社会调查报告中当事人对调查结果提出异议的权利。异议权的确立有利于维护未成年人人身危险性评估在司法实践中的公正性。前述185位涉罪未成年人社会调查报告书中,仅有1位未成年被告的辩护人针对社会调查结果与量刑之间的关联提出异议,在一定程度上表明异议权在实践中的行使并不通畅。基于此,可通过细化现有法律规范的方式保障异议权的有效行使,明确提出异议的主体既包括评估对象及其近亲属,也包括被害人及其(被害人不满十八周岁时)近亲属,即被害方也享有异议权,涉及未成年人犯罪不能一味地考虑对犯罪人的挽救、教育,而忽视被害人所受的苦痛。这与前述三份收录被害人意见的社会调查

---

① 刑事司法实践中"情况说明""破案经过""抓捕经过"等材料虽没有被列为法定的证据种类,但早已作为证据被采纳,具备证据的合法性。参见陈瑞华. 刑事证据法学[M]. 北京:北京大学出版社,2014:165-166。

② 易延友. 证据法学[M]. 北京:法律出版社,2017:18.

报告的出发点是一致的。当然，提出异议的范围应当限制在评估的程序问题、内容真实性、结果公正性方面。此外，异议提出者应向承办案件的司法机关反映问题，再由司法机关转交司法局审核异议是否成立，审核的时间限制在七天内，特殊情况可申请延长。如果异议成立，应补充修正或重新启动对未成年人的社会调查。

其二，强化检察机关的监督职责。《预防未成年人犯罪法》中明确规定，人民检察院对未成年人的重新犯罪预防负有监督职责。社会调查作为预防未成年人再次犯罪的重要机制，理应受到人民检察院的监督。且这种监督，除检察机关依职权主动行使外，也可在当事人提出异议的情况下依申请行使，即异议提出者对调查评估的审核结果仍存疑虑，可申请人民检察院就具体事项介入调查，给出最终的调查结果，以避免评估对象合法权益遭受侵害，保障评估结果的公正性。

附　　录

附录1　W市社矫局未成年人社区矫正
调查评估工作访谈纪要

一、贵单位开展未成年人社区矫正的具体流程。未成年犯的矫正
程序与成年犯是否有差异？

未成年犯的矫正程序与成年犯的主要差异在于对未成年犯的特殊保护和帮扶
措施，具体体现在以下几个方面：

第一，未成年人社区矫正应遵循区别对待原则，即根据未成年人社区矫正对
象的年龄、心理特点、发育需要、成长经历、犯罪原因、家庭监护教育条件等情
况，采取针对性的矫正措施。对未成年人的社区矫正，应当与成年人分别进行。
这包括在组织教育学习、公益活动时，要注意将未成年与成年社区矫正对象分开
进行，以实施特殊保护，避免未成年社区矫正对象在接受社区矫正期间受到成年
社区矫正对象的不良影响，同时对于其教育学习内容也更具有针对性，与成年社
区矫正对象予以区别。

第二，社区矫正机构工作人员和其他依法参与社区矫正工作的人员对履行职
责过程中获得的未成年人身份信息会予以保密。除司法机关办案需要或者有关单
位根据国家规定查询外，未成年社区矫正对象的档案信息不得提供给任何单位或
者个人。依法进行查询的单位，也会对获得的信息予以保密。

第三，会封存刑事执行过程中形成的有关未成年人犯罪的全部案卷材料与
电子档案信息。区社矫局会在刑事执行完毕后三日内将涉案未成年人的犯罪记

录封存。

第四，对未完成义务教育的未成年社区矫正对象提供教育支持，以及为有就业意愿的未成年社区矫正对象提供职业技能培训和就业指导。

二、贵单位对未成年矫正对象是否进行人身危险性（社会危险性）评估（含风险评估相关内容），具体程序是怎样的？

W市社矫局基于国内首创的"洞见人和"心理大模型，联合浙江连信科技有限公司创新研发了线上"五色心晴码"心理矫正模块，实现对未成年社区矫正对象社会危险性的实时监测和预警，为未成年社区矫正工作提供最及时、最准确的研判数据。"五色心晴码"心理矫正功能模块内设测评管理、数据分析、用户管理、智慧矫正、预警管理五大子栏目，根据"入矫、矫中、解矫"不同矫正阶段的执法要求，分时段对未成年社区矫正对象持续进行心理测评，通过多源数据融合算法对趋势研判结果进行综合评估，按风险级别对未成年社区矫正对象分别赋予"绿、蓝、黄、橙、红""五色心晴码"，直观反映未成年社区矫正对象心理状况及变化，并以此精准预测未成年社区矫正对象的心理健康风险、异常行为风险以及再犯罪风险。各区局收到预警信息后，会自行线下跟进或联系心理服务机构进行处理。

三、评估的主体通常由哪些人员组成？可否详细介绍一下具体的人员构成和职责分工？

评估的主体是各级社区矫正机构和受委托的司法所工作人员，具体由未成年社区矫正对象通过个人账号登录"五色心晴码"心理矫正系统进行不同阶段的心理测评，根据测评结果各区社矫局安排心理服务机构的专业人员对心理测评再犯罪风险高、心理健康风险高的未成年社区矫正对象进行一对一心理危机干预或心理疏导。

四、评估的内容具体包括哪些？

1.评估内容在社区矫正不同阶段（比如入矫、出矫）是否存在差异？差异具体在哪里？

　　评估内容在社区矫正不同阶段存在差异。入矫、矫中、解矫评估内容存在关联，但根据不同矫正阶段特点匹配特定评估内容，如解矫阶段增加回归社会适应评估内容，矫中阶段会额外新增生活变故情况、共情能力、自控能力等特定内容。同时，对未成年社区矫正对象开展"未成年人犯罪""未成年人聚众斗殴罪""未成年人盗窃罪"三个专项风险测评，围绕"家庭关系评估、父母监控量表、青少年外化问题行为量表、青少年不良性格特征量表、越轨同伴交往问卷"五个方面，对未成年社区矫正对象进行精准画像，及时发布风险预警以便进行针对性的教育帮扶，提高矫治质量。

　　量表采用渐进式的评估方式，以"初筛—精筛—危机筛查"的形式开展分段式、循序渐进的评估。风险指标项与评估内容一一对应。风险靶点的击中情况会影响后续的评估题量。因此，从题目量上看，入矫心理健康评估的题量范围为118—188；中期心理健康评估的题量范围为44—192；解矫心理健康评估的题量范围为55—170。

　　2. 主要通过什么途径、方式（如数据库检索、调查访问等）获取危险性评估的信息？

　　主要通过线上入矫测评、中期测评（每3个月测评1次）、解矫测评以及专项风险评估排查中的量表评估以及线下危机干预、心理疏导等方式获取危险性评估信息。

五、评估的工具和方法适用情况是怎样的？

　　1. 危险性评估使用的工具（如量表）有哪些？是否会区分成年人与未成年人？

　　目前，"五色心晴码"心理矫正系统共有100余张量表，后期将根据工作需要不断优化升级。包括危机评估量表、身体状况筛查量表、情绪状况精筛量表、反应性-主动性攻击问卷（RPQ）及简式Barratt冲动量表（BBIS）等；心理测评系统会根据矫正对象的年龄、犯罪类型、就学就业等情况自动匹配对应量表，区分成年人与未成年人。

　　2. 危险性评估采取的方法是偏重工作人员的经验分析，还是定量分析，抑或二者的结合？

　　二者的结合，一方面通过日常监管了解掌握未成年社区矫正对象的活动情况和行为表现，并对其进行月度考核和季度考核。另一方面采取入矫、中期、解矫三阶段心理评测，重点关注其心理健康及再犯罪风险。一旦发现异常，工作人员会采取对应的教育帮扶措施，合作的心理服务机构也会及时进行干预。

3. 您认为当前我国针对未成年人的社矫工作是否存在不足，有哪些有待改进的地方？

第一，家庭支持系统有待完善。未成年人犯罪的主要原因在于家庭监护不力，需要在矫治中对未成年社区矫正对象的监护人进行家庭教育指导，营造良好的家庭环境，为未成年社区矫正对象融入社会提供保障。

第二，社会力量参与需要进一步加强。未成年人社区矫正工作面临工作力量不足的问题。除了司法所社区矫正工作人员、矫正对象家属等外，能长期参与未成年人社区矫正工作的社会组织及其他人员力量不够。

第三，教育帮扶的针对性有待提高。近年来未成年社区矫正对象人数逐年递增，犯罪类型也呈多样化。未成年社区矫正对象的复杂性给工作带来了很大的挑战。他们的年龄、性格、背景等各不相同，需要更有针对性的矫正措施和个性化的帮教。

六、评估结果在未成年人社区矫正中的证据效力如何？

1. 评估结果的呈现方式是怎样的？是报告、表格或者其他形式吗？

评估结果以绿码、蓝码、黄码、橙码及红码形式呈现。

2. 评估结果是否影响以及怎样影响矫正措施的调整或实施？

评估结果直接影响对未成年社区矫正对象的矫正措施。根据不同的"五色心晴码"对未成年社区矫正对象实施"赋码管理"，对于黄码、橙码及红码，各区社矫局会要求合作的心理服务机构及时进行针对性的心理辅导、心理疏导和危机干预等，在日常监管和教育帮扶方面会及时调整手段和内容，降低其人身危险性，预防和减少犯罪，助其顺利融入社会。

附录2 X市社矫局未成年人社区矫正
调查评估工作访谈纪要

一、贵单位开展未成年人社区矫正的具体流程。未成年犯的矫正程序与成年犯是否有差异？

我们单位开展未成年人社矫的基本流程完全是依照法律规定，大体分为四个阶段：

1. 调查评估阶段

收到决定机关的委托书后核对委托书及所附材料，办理登记建档；根据省社区矫正工作细则的"居住情况、家庭和社会关系、犯罪行为的后果和影响、居住地村(居)民委员会和被害人意见、犯罪前一贯表现、社会危险性、对居住地所在社区的影响、拟禁止事项、对拟批准暂予监外执行的罪犯，保证人是否具有担保条件、其他需要调查评估的事项"等具体要求开展走访调查，会调查走访拟适用社区矫正的未成年被告人(罪犯)、监护人、就读学校(工作单位、社区)、同学(同事、社区群众)、案件被害人及家属、居住地公安机关等，了解其个性特征、家庭背景、案件情况、自我认知、帮教条件、矫正环境等，提出合理的评估意见并将核实到的实际情况形成情况材料，召开刑事执行委员会研讨审定后回复委托机关。

2. 接收阶段

收到执行通知书后，核对信息以及法律文书，确认执行地为本辖区的，由社区矫正机构按省社区矫正工作细则规定办理接收相关手续，手续完毕后，通知社区矫正对象三日内到受委托司法所报到，社区矫正机构建立执行档案，受委托司法所建立工作档案，受委托司法所在十日内为未成年社区矫正对象确定矫正小组，签订矫正责任书，明确小组成员责任和义务，落实矫正方案。受委托司法所在接收社区矫正对象七日内组织入矫宣告。

3. 监督管理和教育矫正阶段

按照社区矫正工作细则要求，结合矫正方案以及裁判内容、犯罪类型、矫正阶段、再犯罪风险、结合未成年社区矫正对象的性别、年龄、心理特点、健康状况、犯罪原因、悔罪表现等情况，进行综合评估，开展分类管理，分别按照阶段实施对应的管控措施；开展形式多样帮教活动，邀请"五老"与未成年社区矫正对象一对一帮教，定期开展以红色文化、孝文化和法治教育为主题、兼具道德、时事政策、矫正相关知识的教育、孝行实践、心理健康疏导和"中华魂"主题教育读书等帮教活动，鼓励并帮助未成年社区矫正对象继续完成学历教育、技能教育，帮助就业就学，协调相关部门帮助未成年社区矫正对象落实社会救助、权益保护等措施；同时，按照实施细则规定，结合未成年社区矫正对象现实表现以及走访了解的情况定期进行考核奖惩，鼓励向上向善行为。

4. 解除和终止阶段

矫正期限届满后，社区矫正机构为社区矫正对象发放解除社区矫正证明书并组织解除矫正宣告并转入安置帮教阶段。

未成年矫正程序与成年犯在流程上大致是相同的，只不过在某些细节上存在不同：

（1）落实个案监管管理

未成年社区矫正对象入矫登记时，社区矫正机构会同未成年社区矫正对象签订保证书，并由熟悉未成年人身心特点的人对其进行谈话、教育，同时通知未成年社区矫正对象的监护人到场，制作谈话笔录。未成年社区矫正对象的入矫宣告，通知其监护人到场，不公开进行。与未成年社区矫正对象的监护人签订矫正责任书，督促其履行监护职责，承担抚养、管教等义务，未成年社区矫正对象的事项申请由监护人提出或同意，并将奖惩决定告知监护人。日常监管中，出于保护未成年社区矫正对象隐私的目的，避免其在接受社区矫正期间与成人社区矫正对象接触后的交叉"感染"，要求对未成年社区矫正对象采取单独报到（或监护人陪同）、单独教育、个别谈话等矫正措施，同时对未成年社区矫正对象给予身份保护，其矫正档案自始至终保密，保障未成年社区矫正对象顺利度过矫正期。

（2）注重教育方法

针对未成年社区矫正对象特殊情况，采取有益于其身心健康发展的监督管理措施，以教育帮扶为主；根据他们的心理特点，结合成长环境、受教育情况等综合分析，因人而异地制定矫正个案，开展个别教育和心理辅导，并在设立的矫正小组中邀请熟悉青少年成长特点的人员参加，更好地帮助他们融入正常的社会生活。通过书面汇报、谈话交流的方式，掌握未成年社区矫正对象的思想动态和学习情况。注重个别教育、个性教育，注重保护。

（3）督促监护人履职

在日常工作开展中，加强与未成年社区矫正对象父母的积极沟通，通过其与父母电话交流或上门走访等形式，帮助社区矫正机构进一步了解未成年社区矫正对象的就学、生活等情况，并积极督促监护人严格履行法定监护职责，承担抚养、管教义务，履行矫正小组成员职责，积极协助社区矫正机构监督管理与教育帮扶工作，积极引导未成年社矫对象父母做好"吹哨人"，在未成年社区矫正对象出现思想重大波动、家庭出现重大变故等不利于未成年人接受矫正改造的情形时，迅速向社区矫正机构报告，便于社区矫正机构及时掌握要情，开展针对性帮教。

（4）协助解决实际困难

协调教育部门保障未成年社区矫正对象完成义务教育的权利，协调提供职业技能培训，在复学、升学、就业等方面依法享有与其他未成年人同等的权利。

（5）开展多样帮教活动

由于未成年人的人生观、价值观、道德观和法制观还在形成阶段，他们的思想很容易被影响，因此，思想矫正是未成年社区矫正对象教育转化工作的重点，一是帮助树立正确的人生观、价值观。通过开展红色文化大讲堂、"中华魂"主题教育读书、"清明祭英烈"、"火炬宣讲团"讲红色文化等活动，发挥红色教育铸魂作用；二是培养社会责任感，通过与"五老"一对一结对帮教，双向认领，发动未成年社区矫正对象积极参加志愿服务、普法宣传、防溺水巡河、森林防火等公益活动和公共服务，培养他们的社会责任感，在公益活动中找寻自我价值、社会价值；三是培养家庭责任感，组织未成年社区矫正对象和其父母开展孝德文化大讲堂、"孝行月"系列实践活动，邀请专业人员开展家庭关系改善与经营课程，帮助社区矫正对象积极履行家庭责任，改善家庭关系，四是帮助个人综合素养提升，通过开展法律知识、职业技能、心理咨询等帮教活动，协助未成年社区矫正对象完成义务教育，提升学历教育等，帮助未成年社区矫正对象提升自身综合素养。

未成年社区矫正对象的工作原则：①正确处理好惩罚与教育的关系。在对未成年社区矫正对象的管理中，社区矫正机构或司法所应坚持教育、感化和挽救的基本原则来开展工作。②对未成年社区矫正对象帮教要注重心理矫正和思想改造。心理辅导、思想引导是目前对未成年社区矫正对象最有效的方法。针对未成年社区矫正对象情绪不稳定，自尊心强等特点，社区矫正工作人员在日常工作中对他们的优点和进步要及时给予表扬和鼓励，引导未成年社区矫正对象健康成长。

二、贵单位对未成年矫正对象是否进行人身危险性（社会危险性）评估（含风险评估相关内容），具体程序是怎样的？

我单位对未成年社区矫正对象进行社会危险性评估，具体程序是：

1. 调查评估阶段

按照相关法律法规细化相关调查指标（参考）。一是按照《中华人民共和国刑事诉讼法》第 81 条中列举了五类行为，"对有证据证明有犯罪事实，可能判处徒刑以上刑罚的犯罪嫌疑人、被告人，采取取保候审尚不足以防止发生下列社会危险性的，会予以逮捕：①可能实施新的犯罪的；②有危害国家安全、公共安全或者社会秩序的现实危险的；③可能毁灭、伪造证据，干扰证人作证或者串供的；④可能对被害人、举报人、控告人实施打击报复的；⑤企图自杀或者逃跑的"。二是《人民检察院刑事诉讼规则（2019）》第 129 条对以上"可能实施新的犯罪"条款再次作出解释细化，"犯罪嫌疑人具有下列情形之一的，可以认定为'可能实施新的犯罪'：①案发前或者案发后正在策划、组织或者预备实施新的犯罪的；②扬言实施新的犯罪的；③多次作案、连续作案、流窜作案的；④一年内曾因故意实施同类违法行为受到行政处罚的；⑤以犯罪所得为主要生活来源的；⑥有吸毒、赌博等恶习的；⑦其他可能实施新的犯罪的情形"。三是第 130 条对"有危害国家安全、公共安全或者社会秩序的现实危险"条款再次作出详细解释，犯罪嫌疑人具有下列情形之一的，"可以认定为'有危害国家安全、公共安全或者社会秩序的现实危险'：①案发前或者案发后正在积极策划、组织或者预备实施危害国家安全、公共安全或者社会秩序的重大违法犯罪行为的；②曾因危害国家安全、公共安全或者社会秩序受到刑事处罚或者行政处罚的；③在危害国家安全、黑恶势力、恐怖活动、毒品犯罪中起组织、策划、指挥作用或者积极参加的；④其他有危害国家安全、公共安全或者社会秩序的现实危险的情形"。

开展走访调查取证，结合《人民检察院办理未成年人刑事案件的规定》中第
13、19条"根据未成年犯罪嫌疑人涉嫌犯罪的事实、主观恶性、有无监护与社会
帮教条件等，综合衡量其社会危险性"，重点围绕上述细化指标进行实地走访调
查，重点查访有无上述细化指标行为或记录，犯罪成因、思想动态、个人性格等
多方信息进行综合评估。

2. 接受矫正阶段

定期委托专业风险评估机构定期进行风险评估，重点关注未成年社区矫正对
象接受矫正面临生活、学习上的实际困难，关注思想波动、行为波动、家庭出现
变故等情况；定期委托专业风险评估机构定期进行风险评估，根据评估结果，及
时调整监督管理与教育转化措施，防止未成年人因困难或较大变动铤而走险再次
走上危害社会的道路。

三、评估的主体通常由哪些人员组成？可否详细介绍一下具体的人员构成和职责分工？

危险性评估由县级社区矫正机构、司法所工作人员组成，其中县级社区矫正
机构负责调查、审核、把关危险性评估，经刑事执行委员会合议后出具社会危险
性评估报告。司法所负责走访调查以及相关信息报送，村（居）民委员会（学校、
工作单位）、社区居民（老师）、派出所、专业风险评估机构等配合进行调查并提
供相关意见建议以及记录，供社区矫正机构综合评定。

四、评估的内容具体包括哪些？

1. 评估内容在社区矫正不同阶段（比如入矫、出矫）是否存在差异？差异具
体在哪里？

存在差异。未成年人在生理发育上尚未完全成熟，其行为能力在客观上弱于
成年人；未成年人的心智较成年人来说更不稳定，在这种相对未成熟的心理能力
的支配下，易受心理波动以及外部环境干扰，从而出现行为偏差。具体来说：

入矫阶段重点关注未成年社区矫正对象，从犯罪原因、认罪认罚态度、生活
环境、思想动态、社会关系等方面开展危险评估；同时，入矫初期还通过对未成
年社区矫正对象进行风险评估测试，填写《危险程度可能性评估量表》《社区矫正

对象自陈量表》《症状自评量表》，根据评估分数确定风险等级。

在矫阶段重点关注未成年社区矫正对象接受矫正面临生活、学习上的实际困难，关注思想波动、行为波动、家庭出现变故等情况；定期委托专业风险评估机构定期进行风险评估，根据评估结果，及时调整监督管理与教育转化措施，防止未成年人因困难或较大变动铤而走险再次走上危害社会的道路。

解矫阶段评估侧重于融入社会遇到的困难以及社会关系等，入矫、在矫、解矫三个阶段根据不同的侧重点开展危险性评估，根据评估动态调整矫正方案以及落实针对性教育矫正措施。

2. 主要通过什么途径、方式（如数据库检索、调查访问等）获取危险性评估的信息？

主要通过三种方式。一是借助公安机关信息化手段，查询违法犯罪记录。二是通过实地走访调查，核实现实表现，是否存在上述细化指标情况，并通过与未成年社区矫正对象本人谈心谈话了解思想动态和现实表现，多方获取信息。三是对实地走访和谈心谈话中发现性格怪异的人员，还邀请心理咨询师对其进行评估。

五、评估的工具和方法适用情况是怎样的？

1. 危险性评估使用的工具（如量表）有哪些？是否会区分成年人与未成年人？

使用的工具一个是上述 4 大类 16 种法律细化指标，另一个是量表，沿用《湖北省社区矫正对象风险评估办法》及其附件表格（此表格未区分成年人与未成年人），综合评估时会区分未成年人与成年人，原因是首先在社会普遍认知中，未成年行为人的社会危险性程度弱于成年人的社会危险性。其次是根据未成年人权益保护的原则，以及《人民检察院办理未成年人刑事案件的规定》中第 13、19 条，根据未成年犯罪嫌疑人涉嫌犯罪的事实、主观恶性、有无监护与社会帮教条件等，综合衡量其社会危险性，严格限制适用逮捕措施，可捕可不捕的不捕。对于罪行较轻，具备有效监护条件或者社会帮教措施，没有社会危险性或者社会危险性较小，不逮捕不致妨害诉讼正常进行的未成年犯罪嫌疑人，不批准逮捕，以保护未成年社区矫正对象合法权益。

2. 危险性评估采取的方法偏重工作人员的经验分析，还是定量分析，抑或二者的结合？

二者结合，既重经验分析又重定量分析。

3. 您认为当前我国针对未成年人的社矫工作是否存在不足，有哪些有待改进的地方？

（1）未成年社矫工作信息保护不到位

在审判、调查评估、执行矫正阶段，家属、邻居、个别配合调查人员保密意识不足或者是定期出入司法所等环节容易泄露未成年社区矫正对象的身份，导致社区矫正对象在就业就学方面受到歧视。

（2）家庭法定监护职责履行不到位

未成年社区矫正对象父母因生计常年在外务工，一般将未成年社区矫正对象交由家中爷爷奶奶代为监护，爷爷奶奶年纪偏大，监护人监护力量薄弱；还有一些未成年社区矫正对象的父母作为监护人责任意识差，对子女教育引导不重视，对问题青少年采取放任态度，不愿意花费过多时间和精力去矫正问题少年，但目前督促监护人履行监护职责相应的法律法规规定不够明确，没有强制力和具体实施办法，社区矫正机构只能尽力督促监护人履职。

六、评估结果在未成年人社区矫正中的证据效力如何？

1. 评估结果的呈现方式是怎样的？是报告、表格或者其他形式吗？

评估结果以报告的形式呈现。

2. 评估结果是否影响以及怎样影响矫正措施的调整或实施？

评估结果会影响矫正措施的调整。工作人员会根据危险性不同调整管理类别，并将其纳入重点对象进行管理，采取动态分析、包人定案、协作共管、定期转化的工作机制，定期对重点对象进行实地查访，做到重点对象的思想状态、生活状况、日常活动、工作情况和现实表现"五清楚"。重点对象的管理教育按照严管期间的相关规定执行，并加强心理健康教育、心理咨询和心理危机干预，及时化解其不良情绪，预防其重新走上违法犯罪的道路。

附录3　S市社矫局未成年人社区
矫正调研访谈纪要

我们正在做未成年人人身危险性评估相关问题的研究，想了解学习未成年人社区矫正的现状，以及未成年人人身危险性评估在社区矫正中的具体应用、相关经验和急需解决的问题，恳请予以帮助。

一、能否简要介绍下贵单位开展未成年人社区矫正工作的具体流程。未成年犯的矫正程序与成年犯是否有差异？

未成年犯的矫正程序与成年犯有差异。一是矫正接收有差异。未成年社区矫正对象入矫登记时，要求监护人到场，由心理咨询师和司法所工作人员对其做入矫教育和心理健康测试，与监护人签订矫正责任书，督促监护人履行监护责任，承担抚养、管教义务。成年社区矫正对象不需监护人到场，入矫首次谈话由司法所工作人员组织。二是矫正小组成员有差异。未成年社区矫正对象办理入矫手续之后，由社矫局和司法所为其确定矫正小组，矫正小组成员包括其直系亲属作为监护人协助监管教育、指定熟悉未成年身心特点的社工或心理咨询师进行心理健康辅导，在校学生班主任参与矫正小组，协助矫正部门做好在校期间的监管教育。成年社区矫正对象无须指定熟悉身心特点的人加入矫正小组。三是管理单位有差异。由县级社矫局统一组织未成年社区矫正对象法治教育学习、心理辅导、社会公益、与监护人谈心谈话等活动；由司法所单独组织未成年社区矫正对象报告、签到、提交思想汇报、走访谈话等活动，为保护未成年人隐私，将未成年社区矫正对象与成年社区矫正对象分开进行集中教育。成年社区矫正对象由司法所进行管理教育。三是教育模式有差异。严管未成年社区矫正对象每周、普管未成年社区矫正对象每两周到县级社矫局参加法治教育和一对一心理跟踪辅导。严管期过后，心理咨询师或社工根据未成年社区矫正对象的表现情况、认罪悔罪态度、再犯罪风险、入矫后心理波动状态等调整心理矫治、教育矫正方案及心理辅导次数，逐步将其纳入普通管理。每月组织未成年社区矫正对象开展心理健康小组活动，每季度开设"家长课堂"。成年严管对象每周到县级社矫局参加入矫法治教育，由司法所负责日常监管；严管期内表现良好的，转为普通管理，由司法所负责日常监管和法治教育。四是日常监管有差异。对未成年社区矫正对象进行处罚时，要求其监护人当场签，既保护未成年人的合法权益，又有利于督促监护人履行监管教育责任；未成年社区矫正对象需要离开执行地的，需由其监护人同意；未成年社区矫正对象因就学需要办理跨市县活动或需要变更执行地的，应由其监护人提出。对成年社区矫正对象进行处罚或者办理时跨市县活动、变更执行地、外出审批的，本人办理即可。五是保密程度有差异。除司法机关办案需要或有关单位依据国家规定查询外，未成年社区矫正对象的档案信息不提供给任何单位或个人，解矫后对其档案进行封存。成年社区矫正对象档案按照正常程序管理、归档。六是解除矫正程序有差异。未成年社区矫正对象矫正期满前十日内司法所工作人员对其进行期满解除矫正谈话，监护人到场并在谈话笔录上签字；未成年社区矫正对象的解矫宣告，监护人到场，不公开进行。成年社区矫正对象在矫正期满三十日前，作出个人总结，社区矫正机构依法办理解除矫正手续和宣告，未强调监护人到场和是否公开进行。

二、贵单位对未成年社区矫正对象是否进行人身危险性（社会危险性）评估（含风险评估相关内容），具体程序是怎样的？

本单位对未成年社区矫正对象进行了人身危险性评估。

运用心理健康测评云平台中的心理健康症状量表（SCL-90），通过一系列自我报告的问题，全面评估未成年社区矫正对象在躯体化、强迫症状、人际关系敏感、抑郁、焦虑、敌对、恐怖、偏执及精神病性等10个方面的症状情况。艾森克人格测试问卷（EPQ），从内外向（E）、神经质（N）、精神质（P）三个维度评估人格。

测评后，对阳性指标分值过高的因子进行预警，及时反馈给社区矫正工作人员进行针对性的介入。

三、评估的主体通常由哪些人员组成？可否详细介绍一下具体的人员构成和职责分工？

评估人员组成的通常包括心理咨询师、社工、社区矫正工作人员等。

心理咨询师职责：从心理健康层面了解矫正对象是否有反社会人格、自杀风险、再次犯罪风险等。从心理层面帮助社区矫正对象重新找准自己的社会位置，矫治社区矫正对象的犯罪心理和行为恶习，预防社区矫正对象重新犯罪。

社工职责：一是疏导社区矫正对象心理情绪，纠正思想行为偏差，恢复和发展社区矫正对象的社会功能；二是修复社区矫正对象与家庭、社区的关系，重建社会支持网络；三是促进社区矫正对象就业，协助符合条件的社区矫正对象申请享受相关就业扶持政策，为社区矫正对象提供就业指导和职业介绍等服务；四是协调并督促未成年社区矫正对象的法定监护人，帮助其接受义务教育，鼓励有就学意愿的社区矫正对象接受教育；五是配合司法行政机关对拟适用社区矫正的被告人、罪犯进行社区影响调查、家庭和社会关系评估等工作；六是协助社区居民自治组织帮助生活困难、符合条件的社区矫正对象及家庭，依法获得相关救助政策，链接社会资源对其进行帮扶救助。

社区矫正工作人员职责：结合心理咨询师和社工的评估结论，为社区矫正对象设计有针对性的矫正方案，例如从家庭入手、从朋友关系入手开展社区矫正工作。

四、评估的内容具体包括哪些？

1. 评估内容在社区矫正不同阶段（比如入矫、出矫）是否存在差异？差异具体在哪里？

评估内容在社区矫正不同阶段存在差异。评估贯穿社区矫正对象入矫、在矫和解矫全过程，安排心理咨询师全过程跟踪服务，根据社区矫正对象在测评中表现的心理、行为特征和需求，调整个性化矫正方案，确保矫正方案"量身定制，精准施教"。

对入矫一周内的社区矫正对象，应通过与社区矫正对象及其家属的入矫谈话，充分了解其家庭情况、社会关系、经济状况、性格行为等基本情况，再依据矫治小组得出的心理综合分析结论，有针对性地给予心理咨询和辅导，入矫阶段着重了解认罪悔罪态度、再犯罪风险、入矫后心理波动状态等。入矫后，开展心理测试，对其进行风险评估，确保心理测试档案的准确性和心理矫治方案的有效性，为有针对性地制定矫正方案提供依据。定期进行常规心理测评，根据测评情况不断调整心理矫治和教育矫正方案。

2. 主要通过什么途径、方式(如数据库检索、调查访问等)获取危险性评估的信息?

主要通过问卷和访谈的方式,再结合数据库检索获取危险性评估的信息。其中,问卷测评是量化的,但带有隐藏性,访谈方式能够捕捉到社区矫正对象的认罪态度、社矫风险等。

五、评估的工具和方法适用情况是怎样的?

1. 危险性评估使用的工具(如量表)有哪些? 是否会区分成年人与未成年人?

会区分成年人与未成年人危险性评估。

心理健康症状量表(SCL-90)、艾森克人格问卷(EPQ)均有成年和未成年人版本。

2. 危险性评估采取的方法是偏重工作人员的经验分析,还是定量分析,抑或二者的结合?

危险性评估采取的方法是定量分析,再结合工作人员的经验分析。

3. 您认为当前我国针对未成年人的社矫工作是否存在不足,有哪些有待改进的地方?

当前我国针对未成年人的社矫工作仍有较大的进步空间。

第一,提高社区居民对未成年社区矫正对象的理解和接纳。近年来,未成年人暴力犯罪频发,公众对未成年社区矫正工作不理解,导致不参与、不配合,甚至出现排斥情绪,在社区居民的排斥与歧视中,未成年社区矫正对象不仅不能重新融入社会达到矫正的目的,更有可能会激化他们的负面情绪,甚至重新犯罪,因此,要提高社区居民对未成年社区矫正对象的理解和接纳,营造包容、理解的社会矫正氛围。

第二,加强未成年人社区矫正的针对性。由于未成年人身心特点的特殊性,应该根据未成年社区矫正对象的犯罪原因、心理特点、成长经历、家庭条件等情况,采取有针对性的矫正方案。

第三,加强社会力量参与未成年人社区矫正工作。要充分发挥企(事)业单位、社会组织、村(居)民委员会、社会团体、社会工作者、志愿者、心理咨询师等优势，对未成年人社区矫正对象开展有针对性的教育帮扶，运用专业的干预方法修复、矫正未成年人社区矫正对象的社会能力，帮助他们无障碍地回归社会。

第四，提高未成年人社区矫正对象的家庭教育水平和能力。未成年人违法犯罪具有多重因素，其中家庭教育背景是重要的影响因素。很多未成年人犯罪的背景是家庭教育环境存在问题，如缺乏关爱、家庭亲密度不高、家庭教育方式不当等。因此，应加强对未成年人家庭环境的研究和干预，从家庭环境入手，提高未成年人社区矫正的效果。

第五，提高未成年人的法律意识。在法润校园的内容上需要从简单的法律条款宣传向"以案说法""以案释法"方向转变，提高未成年人的法律意识。

六、评估结果在未成年人社区矫正中的证据效力如何？

1. 评估结果的呈现方式是怎样的？是报告、表格或者其他形式吗？

未成年人人身危险性评估结果是以测评报告的形式进行呈现的，一人一报告。

2. 评估结果是否影响以及怎样影响矫正措施的调整或实施？

评估结果对矫正措施的调整或实施是有影响的。

第一，通过评估全面了解未成年人社区矫正对象收到判决后的认罪、悔罪的心理状态。

第二，家庭成长不利因素严重影响未成年人社区矫正对象的社区矫正成效，对家庭的干预要从家长课堂走向直接干预。

第三，社区矫正对未成年社区矫正对象上学和就业带来了门槛，建议将更多社会力量引入社区矫正，帮助社区矫正对象开展职业规划、技能培训、家庭教育辅导、朋辈交往辅导等，帮助他们就学、就业、融入社会。

附录4　H市社矫局未成年人社区矫正
调查评估访谈纪要

一、贵单位开展未成年人社区矫正的具体流程。未成年犯的矫正程序与成年犯是否有差异？

开展未成年人社区矫正的具体流程，我局接受矫正决定机关的调查评估委托函后，按照程序开展调查评估，出具评估意见（同意或不同意）。适用社区矫正的经社区矫正决定机关决定后，按流程来我局报到，报到当天我局建立执行档案，接受委托的日常管理矫正对象的司法所建立工作档案，并对未成年矫正对象单独进行入矫宣告，并确定矫正小组，根据矫正对象的具体情况制定有针对性的矫正方案，实行分类管理，个别化矫正。在接受社区矫正期间，我局针对未成年矫正对象开展一系列法治教育，就业、就学等方面的帮扶活动，并向H市晨光社会工作服务中心购买服务，为未成年矫正对象提供专业的心理测试和心理疏导等帮教服务，分析矫正对象的犯罪原因，评估心理健康水平，对心理危机进行干预，帮助矫正对象摆脱心理负担，转变思想观念，有效预防矫正对象再次违法犯罪，帮助他们尽快地融入社会。在矫正对象矫正期满后单独进行解矫宣告，未成年矫正对象档案封存。

未成年犯与成年犯矫正程序的差异，是未成年矫正对象身份信息保密制度，矫正工作人员和参与社区矫正工作的人员必须对未成年犯的身份信息保密。例如调查评估阶段，走访调查要注意保护他们的身份信息和个人隐私，并要求被调查人对走访情况进行保密，单独进行法治教育、谈心谈话、入矫宣告和解矫宣告，未成年人矫正小组成员必须有熟悉未成年人身心特点的人员参加。在矫正阶段，以购买服务的方式定期请国家二级心理咨询师对他们开展心理疏导和帮教。期满解矫后，按照相关规定对他们的档案进行封存。

二、贵单位对未成年矫正对象是否进行人身危险性（社会危险性）评估（含风险评估相关内容），具体程序是怎样的？

调查评估阶段，经过走访调查，已向居住社区、邻居、学校、老师了解基本情况，矫正工作人员进行综合评估。对新入矫的未成年矫正对象，报到后五日内，必须和监护人或家长一起开展心理疏导活动。心理咨询师围绕矫正对象的安全、健康、权益、发展等维度进行需求评估，开展风险评估与控制、情绪抚慰、信息提供、认知调整、法治教育、家庭支持、资源链接等具体服务，并及时将评估结果反馈给我们，以便我们制定具体的个性化矫正方案。

三、评估的主体通常由哪些人员组成？可否详细介绍一下具体的人员构成和职责分工？

评估的主体是矫正工作人员和心理咨询师。

调查评估阶段矫正工作人员通过走访调查了解他们的犯罪原因、一贯表现，家庭、工作、学习和生活等情况，综合分析评估他们的社会危险性。

入矫后，心理咨询师通过更深层的心理疏导，发现一些未成年犯在面对矫正工作人员时隐藏的一些心理上问题。

四、调查评估的内容具体包括哪些？

1. 评估内容在社区矫正不同阶段（比如入矫、出矫）是否存在差异？差异具体在哪里？

经常有差异，有些家长为了未成年犯能够实施社区矫正，在矫正工作人员面前承诺会尽监管职责。等到未成年矫正对象入矫后，家长就外出打工，导致未成年矫正对象家庭监管严重缺失。

2. 主要通过什么途径、方式（如数据库检索、调查访问等）获取危险性评估的信息？

调查评估阶段，矫正工作人员实地调查走访，了解犯罪原因、家庭背景、一贯表现，再结合公安机关出具的未成年犯的违法记录，综合进行评估。

五、评估的工具和方法适用情况是怎样的？

1. 危险性评估使用的工具（如量表）有哪些？是否会区分成年人与未成年人？

成年人和未成年人有区分，目前评估使用的量表有以下三种：创伤后压力诊断量表（PDS）、贝克抑郁自评量表（BDI）、焦虑自评量表（SAS）。

2. 危险性评估采取的方法是偏重工作人员的经验分析，还是定量分析，抑或二者的结合？

两者结合，以经验分析为主，定量分析为辅。

3. 您认为当前我国针对未成年人的社矫工作是否存在不足，有哪些有待改进的地方？

有待改进的地方是就业指导和职业技能培训协调不够有力，部分在矫的未成年矫正对象工作变动十分频繁，并且缺乏固定的工作技能，组织的技能培训活动他们也不愿参加，社区矫正管理局及司法所在协调相关部门和单位为他们提供就业指导和技能培训力度不太够。很多未成年矫正对象的家庭监管严重缺失，家长为了生计外出打工，把监管的责任重担压到社区和司法所，未成年人心性本就不成熟，加之工作变动频繁，易外出且活动范围广，家长对子女的监护责任不到位，监护力度不够，从而使得青少年社矫对象社区、家庭、司法所"三位一体"监护网出现薄弱点。

六、评估结果在未成年人社区矫正中的证据效力如何？

1. 评估结果的呈现方式是怎样的？是报告、表格或者其他形式吗？

我局的调查评估结果是以意见书的方式提交给委托机关。当地的法院完全采纳我局的调查评估意见，但外地法院会有不采纳我局意见的情况。

2. 评估结果是否影响以及怎样影响矫正措施的调整或实施？

根据调查评估，可以看出该犯的犯罪原因，家庭、就业和生活以及悔罪表现等具体情况，从而根据具体情况制订个性化矫正方案。

参 考 文 献

一、著作

[1] 杰弗里·阿内特.阿内特青少年心理学(第6版)[M].郭书彩，等译.北京：
人民邮电出版社，2021.

[2] 罗斯科·庞德(Roscoe Pound).普通法的精神[M].唐前宏，等译.北京：法
律出版社，2001.

[3] 拉基莫夫.犯罪与刑罚哲学[M].王志华，丛凤玲，译.北京：中国政法大
学出版社，2016.

[4] 比尔·怀特.少年司法实践：做出改变[M].杨旭，姚沁钰，译.北京：社
会科学文献出版社，2024.

[5] 安德鲁·阿什沃斯.量刑与刑事司法(第6版)[M].彭海青，等译.北京：
中国社会科学出版社，2019.

[6] 陈瑞华.刑事证据法学[M].北京：北京大学出版社，2014.

[7] 陈伟.人身危险性研究[M].北京：法律出版社，2010.

[8] 陈兴良.刑法哲学[M].北京：中国政法大学出版社，2004.

[9] 陈兴良.刑法哲学(第5版)[M].北京：中国人民大学出版社，2015.

[10] 崔海英.人身危险性评估——以违法未成年人为样本[M].北京：法律出版
社，2020.

[11] 狄小华.中国特色少年司法制度研究[M].北京：北京大学出版社，2017.

[12] 风笑天.现代社会调查方法(第四版)[M].武汉：华中科技大学出版社，
2009.

[13] 高铭暄，马克昌.刑法学[M].北京：北京大学出版社、高等教育出版社，

2017.

[14] 侯东亮. 少年司法模式研究[M]. 北京：法律出版社，2014.

[15] 黄兴瑞. 人身危险性的评估与控制[M]. 北京：群众出版社，2004.

[16] 贾元. 预防性监禁制度研究[M]. 北京：中国社会科学出版社，2021.

[17] 杰克·莱文，詹姆斯·艾伦·福克斯. 社会研究中的基础统计学（第九版）[M]. 王卫东，译. 北京：中国人民大学出版社，2008.

[18] 李沛良. 社会研究的统计应用[M]. 北京：社会科学文献出版社，2001.

[19] 梁根林. 刑事制裁：方式与选择[M]. 北京：法律出版社，2006.

[20] 刘立杰. 少年刑法基本问题研究[M]. 北京：法律出版社，2013.

[21] 路琦，席小华. 未成年人刑事案件社会调查理论与实务[M]. 北京：中国人民公安大学出版社，2012.

[22] 马皑，孙晓，宋业臻. 犯罪危险性智能化评估的理论与实践[M]. 北京：中国法制出版社，2020.

[23] 邱兴隆. 罪与罚讲演录（第一卷）[M]. 北京：中国检察出版社，2000.

[24] 曲新久. 刑法的精神与范畴[M]. 北京：中国政法大学出版社，2000.

[25] 宋英辉，何挺，王贞会. 未成年人刑事司法改革研究[M]. 北京：北京大学出版社，2013.

[26] 宋英辉，等. 未成年人刑事司法改革研究[M]. 北京：北京大学出版社，2013.

[27] 王广聪. 变迁时代的福利司法：未成年人刑事审前程序的完善[M]. 北京：法律出版社，2019.

[28] 韦军，杨明. 社区矫正实务[M]. 南宁：广西人民出版社，2013.

[29] 文姬. 人身危险性评估方法研究[M]. 北京：中国政法大学出版社，2014.

[30] 吴宗宪. 社区矫正导论[M]. 北京：中国人民大学出版社. 2020.

[31] 吴宗宪. 西方犯罪学[M]. 北京：法律出版社，2006.

[32] 徐久生. 保安处分新论[M]. 北京：中国方正出版社，2006.

[33] 许永勤. 未成年人供述行为的心理学研究[M]. 北京：中国人民公安大学出版社，2011.

[34] 易延友. 证据法学[M]. 北京：法律出版社，2017.

［35］翟中东．国际视域下的重新犯罪防治政策［M］．北京：北京大学出版社，
　　　 2010.

［36］章恩友，宋胜尊．犯罪心理学［M］．武汉：湖北大学出版社，2011.

［37］郑杭生．社会学概论新修［M］．北京：中国人民大学出版社，2015.

二、期刊论文

［1］曾文科．论假释实质条件的合目的性解释［J］．环球法律评论，2024(01)．

［2］曾赟．服刑人员刑满释放前重新犯罪风险预测研究［J］．法学评论，2011
　　 (60)．

［3］曾赟．逐级年龄生平境遇犯罪理论的提出与证立——以重新犯罪风险测量为
　　 视角［J］．中国法学，2011(03)．

［4］车浩．从李昌奎案看"邻里纠纷"与"手段残忍"的涵义［J］．法学，2011(08)．

［5］陈海平．未成年人犯罪案件社会调查制度冷思考［J］．海南大学学报(人文社
　　 会科学版)，2009，27(01)．

［6］陈立毅．我国未成年人刑事案件社会调查制度研究［J］．中国刑事法杂志，
　　 2012(06)．

［7］陈丽玲．未成年人刑事案件社会调查报告制度运行分析——以桂林市检察机
　　 关办案实践为样本［J］．人民检察，2016(23)．

［8］陈姝．未成年人刑事案件社会调查制度的实践与完善［J］．人民司法，2014
　　 (21)．

［9］陈思贤．未成年人假释制度的理论解析及法律完善［J］．青少年犯罪问题，
　　 2013(05)．

［10］陈伟."人身危险性"与"社会危险性"的纠缠与厘定［J］．法治研究，2016
　　　 (03)．

［11］陈伟．反思人身危险性在定罪机制中的功能定位［J］．法商研究，2010，27
　　　 (04)．

［12］陈伟．论人身危险性评估的体系构建［J］．中国人民公安大学学报(社会科学
　　　 版)，2011(01)．

［13］陈伟．未成年人的人身危险性及其征表［J］．西南政法大学学报，2011(01)．

[14] 陈兴良.故意杀人罪的手段残忍及其死刑裁量——以刑事指导案例为对象的研究[J].法学研究,2013,35(04).

[15] 储槐植,赵合理.构建和谐社会与宽严相济刑事政策之实现[J].法学杂志,2007(01).

[16] 邓陕峡.我国社区矫正审前社会调查评估研究——以法院委托调查为视角[J].昆明理工大学学报(社会科学版),2015,15(04).

[17] 狄小华,倪一斌,马雷,等.我国少年司法社会调查制度研究[J].人民检察,2016(01).

[18] 狄小华.社区矫正评估研究[J].政法学刊,2007(06).

[19] 狄小华.罪犯心理的危险性评估[J].河南司法警官职业学院学报,2004(02).

[20] 杜全美.关于外来未成年人犯罪矫治与预防的调研报告——以 T 市 B 区2013 年至 2015 年审结案件为研究样本[J].预防青少年犯罪研究,2017(05).

[21] 樊荣庆,刘宇,尤丽娜.涉罪未成年人心理测评体系本土化研究[J].青少年犯罪问题,2016(03).

[22] 付凤,张亚.未成年人社会调查报告证据资格三问[J].人民检察,2019(07).

[23] 高通.逮捕社会危险性量化评估研究——以自动化决策与算法规制为视角[J].北方法学,2021,15(06).

[24] 高通.轻罪案件中的逮捕社会危险性条件研究——以故意伤害罪为例[J].政法论坛,2021,39(02).

[25] 高玥.社会支持理论的犯罪学解析与启示[J].当代法学,2014,28(04).

[26] 耿亮,张永强.论罪犯"确有悔改表现"的认定[J].西南石油大学学报(社会科学版),2016,18(01).

[27] 郭烁.论取保候审"社会危险性"条件的司法认定[J].学习与探索,2017(09).

[28] 郭烁.论取保候审"社会危险性"条件的司法认定[J].学习与探索,2017(09).

[29] 何川，马皑．罪犯危险性评估研究综述[J]．河北北方学院学报(社会科学版)，2014，30(02)．

[30] 何显兵．未成年人刑事犯罪宽严相济政策诠释[J]．江西社会科学，2013，33(04)．

[31] 侯东亮．芬兰少年司法福利模式及其启示[J]．预防青少年犯罪研究，2012(01)．

[32] 胡云腾．宽严相济刑事政策与未成年人犯罪量刑[J]．预防青少年犯罪研究，2017(01)．

[33] 黄彬．总体国家安全观视野下安置教育管理的人权保障[J]．中国刑警学院学报，2018(04)．

[34] 黄生林，童丽君．我国少年司法之人格甄别制度引入[J]．青少年犯罪问题，2015(01)．

[35] 姜尖．家庭因素与未成年人初次犯罪探析——对广东省未管所的 100 名未成年罪犯的调查与思考[J]．中国青年研究，2006(10)．

[36] 蒋索，何珊珊，邹泓．家庭因素与青少年犯罪的关系研究述评[J]．心理科学进展，2006，14(03)．

[37] 孔一．少年再犯研究——对浙江省归正青少年重新犯罪的实证分析[J]．中国刑事法杂志，2006(04)．

[38] 兰迪．去极端化视域下青少年涉恐犯罪防范策略研究——以"丹麦模式"为例[J]．山东警察学院学报，2019，31(01)．

[39] 李豫黔．未成年人犯罪现状原因及预防治理对策思考[J]．预防青少年犯罪研究，2023(02)．

[40] 林玙．论社区矫正风险评估及其相应制度——以未成年人犯罪为视角[J]．东南学术，2015(06)．

[41] 刘保民，朱洪祥，张庆斌等．江苏监狱罪犯狱内危险评估工具(J3C)的研发与应用[J]．犯罪与改造研究，2017(02)．

[42] 刘晓梅．刍议青少年暴恐犯罪新动态[J]．青少年犯罪问题，2015(06)．

[43] 陆士桢，常晶晶．简论儿童福利和儿童福利政策[J]．中国青年政治学院学报，2003(01)．

[44] 马康. 未成年人社会调查报告冷思考[J]. 预防青少年犯罪研究, 2016(03).

[45] 莫洪宪, 邓小俊. 试论社会调查制度在检察机关办理未成年人刑事案件中的运用[J]. 青少年犯罪问题, 2010(01).

[46] 莫然. 应然与实然之间的距离: 未成年人量刑实证研究[J]. 政法论坛, 2015, 33(04).

[47] 乔东平, 谢倩雯. 西方儿童福利理念和政策演变及对中国的启示[J]. 东岳论丛, 2014, 35(11).

[48] 秦宗文. 羁押必要性判断中的"一贯表现"证据研究[J]. 法学研究, 2023, 45(06).

[49] 荣晓红. 对我国检察机关刑事实体类案例指导、以案释法、文书说理制度的思考——兼议我国刑法司法解释制度的完善[J]. 江西警察学院学报, 2018(04).

[50] 邵劭. 未成年人犯罪案件中"品格证据"之梳理与适用[J]. 青少年犯罪问题, 2012(01).

[51] 沈东权, 沈鑫, 何浩斐. 社区矫正法实施背景下的调查评估制度探析[J]. 中国司法, 2021(07).

[52] 沈颖尹. 关于《刑法》第十七条的审思与完善——以《刑法修正案(十一)》为视角[J]. 北方法学, 2021, 15(03).

[53] 师索. 犯罪与风险——风险社会视野下的犯罪治理[J]. 犯罪研究, 2011(05).

[54] 施建芳. 罪犯分类行刑实践与思考[J]. 犯罪与改造研究, 2022(04).

[55] 四川省高级人民法院课题组. 未成年人刑事案件审理中社会调查制度的实际运用与分析[J]. 法律适用, 2014(06).

[56] 苏鹏成, 徐婷婷, 褚兴苗. 罪犯人格量表理论结构的因素分析[J]. 中国监狱学刊, 2022, 37(05).

[57] 孙娟. 论未成年人刑事案件社会调查报告的法律属性[J]. 青少年犯罪问题, 2016(06).

[58] 谭京生, 赵德云, 宋莹. 北京市法院未成年人刑事案件社会调查报告工作的调研及建议[J]. 青少年犯罪问题, 2010(06).

[59] 唐玲. 未成年人社会调查制度省察：制度检视与变革路向[J]. 当代青年研究，2020(06).

[60] 滕洪昌，李月华. 对我国涉罪未成年人心理测评实践的反思[J]. 青少年犯罪问题，2019(02).

[61] 题召伟. 我国假释制度的现实困境与完善建议[J]. 犯罪与改造研究，2024(01).

[62] 田野. 涉罪少年社会调查机制实证分析与展望——"少年司法保护之社会调查机制"研讨会观点述要[J]. 人民检察，2015(22).

[63] 万毅. 证据概念及其分类制度批判——法解释学角度的反思[J]. 兰州学刊，2015(06).

[64] 王复春. "手段残忍"裁判规则研究——以 680 件故意杀人案件为样本[J]. 中国刑事法杂志，2018(06).

[65] 王红斌，钱志强. 监狱服刑人员计分考核制度研究[J]. 犯罪与改造研究，2016(09).

[66] 王剑波. 我国受贿罪量刑地区差异问题实证研究[J]. 中国法学，2016(04).

[67] 王奎. 论人身危险性的评价因素[J]. 政治与法律，2007(03).

[68] 王燃，孙艺桐. 人身危险性评估的算法治理——从算法透明与商业秘密冲突展开[J]. 上海政法学院学报(法治论丛)，2023，38(03).

[69] 王书剑. 社区矫正调查评估报告研究——兼与未成年人刑事案件社会调查报告比较[J]. 预防青少年犯罪研究，2020(06).

[70] 王烁. 英国量刑指南制度及其对我国的启示[J]. 刑法论丛，2017，50(02).

[71] 王贞会. 审查逮捕社会危险性评估量化模型的原理与建构[J]. 政法论坛，2016，34(02).

[72] 王贞会. 未成年人严格限制适用逮捕措施的现状调查[J]. 国家检察官学院学报，2019，27(04).

[73] 邬凡敏，王群. "宽罚严管"的少年刑事司法政策[J]. 河北法学，2010，28(01).

[74] 吴瑞益. "估堆量刑"与"必减主义"之省思——未成年人犯罪规范化量刑模式构建[J]. 预防青少年犯罪研究，2015(05).

[75] 吴艳华，张凯，吴春．论我国社区矫正风险评估体系的构建与完善[J]．中国监狱学刊，2012(02)．

[76] 谢宏斌，王东卫．未成年人社会调查制度的适用域探究——以犯罪分层理论为基础[J]．甘肃社会科学，2016(01)．

[77] 徐昀．未成年人社会调查制度的完善与运用——两种心理学的视角[J]．当代法学，2011，25(04)．

[78] 许明，蔡穗宁．关于完善我国社区矫正调查评估工作的思考[J]．中国法治，2023(03)．

[79] 许斯文．未成年人刑事案件社会调查制度适用之分析[J]．天津检察，2013(02)．

[80] 杨东亮．刑罚个别化的正当程序载体：判决前调查报告[J]．证据科学，2013，21(03)．

[81] 杨飞雪．刑事案件社会调查制度研究——以未成年人刑事案件为例[J]．人民司法，2009(03)．

[82] 杨雄．未成年人刑事案件中社会调查制度的运用[J]．法学论坛，2008(01)．

[83] 杨雄．刑事强制措施实体化倾向之反思——以预防性羁押为范例[J]．政法论坛，2008(04)．

[84] 杨秀莉，关振海．逮捕条件中社会危险性评估模式之构建[J]．中国刑事法杂志，2014(01)．

[85] 杨玉晓．交通肇事案件捕前和解实证研究——以 H 省 Z 市人民检察院为样本[J]．江西警察学院学报，2018(03)．

[86] 杨宗辉，杨智博．我国青少年犯罪预防与互联网内容分级制度的整合研究——以社会学习理论为视角[J]．江西科技师范大学学报，2016(04)．

[87] 姚学强．"确有悔改表现"在司法解释中存在的问题及其改进研究[J]．犯罪与改造研究，2022(08)．

[88] 叶厚隽．试论刑罚个别化根据：人身危险性[J]．河南师范大学学报(哲学社会科学版)，2005(06)．

[89] 叶良芳，卢建平．也论人身危险性在我国刑法中的功能定位——兼与游伟研究员和陆建红审判员商榷[J]．南京大学法律评论，2008(Z1)．

［90］游伟，陆建红．人身危险性在我国刑法中的功能定位［J］．法学研究，2004（04）．

［91］张吉喜，梁小华．美国司法部审前风险评估模型及其对我国的启示［J］．中国刑事法杂志，2010（07）．

［92］张吉喜．逮捕社会危险性条件中犯罪嫌疑人逃跑风险评估研究［J］．中国法学，2023（04）．

［93］张吉喜．论刑事诉讼中的社会调查报告［J］．刑事法评论，2015，36（01）．

［94］张吉喜．统计学方法在评估"逮捕必要性"中的运用［J］．广东社会科学，2014（06）．

［95］张琳．逮捕羁押审查中社会危险性的证明问题研究［J］．中国刑事法杂志，2023（05）．

［96］张明楷．新刑法与并合主义［J］．中国社会科学，2000（01）．

［97］赵军，宋红彬．少数民族青少年分裂倾向定量研究——以新疆地区为例［J］．青少年犯罪问题，2017（01）．

［98］赵权，赵驰．酌定量刑情节司法适用问题与改进［J］．学术交流，2019（11）．

［99］赵廷光．论量刑原则与量刑公正——关于修改完善我国量刑原则的立法建议［J］．法学家，2007（04）．

［100］赵永红．人身危险性概念新论［J］．法律科学·西北政法学院学报，2000（04）．

［101］钟达先，隗永贵，于柏枝．《社区矫正法》实施后的社会调查评估实践分析及制度研究［J］．北京政法职业学院学报，2022（02）．

［102］周立武．论未成年人社会调查报告的审查与运用［J］．青少年犯罪问题，2018（04）．

［103］孜比布拉·司马义，张文静．新疆受教育程度对青少年犯罪的影响分析［J］．湖北警官学院学报，2019，32（04）．

［104］陈增宝．将社会主义核心价值观融入刑事裁判文书说理［N］．人民法院报，2021-03-19（005）．

［105］贾宇．中国新疆暴恐犯罪的现状与对策［C］//中国战略与管理研究会．战略与发展．海口：海南出版社，2015．

［106］刘晓梅．刍议青少年暴恐犯罪新动态［C］//犯罪学论坛（第三卷）．中国犯罪学学会预防犯罪专业委员会、上海政法学院刑事司法学院：中国犯罪学学会预防犯罪专业委员会，2016.

［107］古乾．假释条件之"确有悔改表现"认定研究［D］．重庆：西南大学，2022.

［108］胡宏龙．我国社区矫正审前调查评估制度研究［D］．湘潭：湘潭大学，2017.

［109］卢欣妍．涉罪未成年人人身危险性评估量表的本土化建构研究［D］．兰州：甘肃政法大学，2022.

［110］曲春玉．逮捕的社会危险性评估研究［D］．上海：华东政法大学，2022.

［111］吴一澜．社区矫正适用前调查评估模式研究［D］．上海：华东政法大学，2022.

［112］夏传敏．社区矫正调查评估研究［D］．重庆：西南政法大学，2018.

［113］袁浩．上海市闵行区社区矫正审前调查制度研究［D］．上海：上海师范大学，2018.

［114］张菁菁．缓刑适用中的社区影响评估机制研究［D］．石家庄：河北大学，2018.

［115］拓东．Y 监狱罪犯分级处遇管理研究［D］．西安：西安电子科技大学，2022.

三、外文文献

［1］Code of Ala. § 13A-5-52.

［2］Coroners and Justice Act 2009.

［3］Foye v. State，153 So. 3d 854 Type：Cases.

［4］Kallee Spooner，Michael S. Vaughn，Sentencing Juvenile Homicide Offenders：A 50-State Survey［J］．Va. J. Crim. L.，2017，5（02）.

［5］Michigan Compiled Laws Service. § 722. 824.

［6］Moen,M. C. Characteristics for the Identification of Children Who Commit Family Murder in South Africa［J］. Journal of Interpersonal Violence，2020，35.

［7］Monahan J. The Individual Risk Assessment of Terrorism［J］. Psychology，Public

Policy, and Law, 2012, 18(02).

[8] Revised Kansas Juvenile Justice Code. New Sec. 60.

[9] Stefanie Schmid, Roxanne Heffernan, Tony Ward, Why We Cannot Explain Cross-Culture Differences in Risk Assessment [J]. Aggression and Violent Behavior, 2020, 50(01).

[10] Tex. Fam. Code § 54. 01.

[11] Thomas H. Cohen, Amaryllis Austin. Examining Federal Pretrial Release Trend Over the Last Decade[J]. Federal Probation, 2018, 82(02).

[12] United States v. Briones, 18 F. 4th 1170 (9th Cir. 2021).

[13] Wis. Stat. § 938. 34.